Guía cultural para adaptarte
y triunfar en el extranjero

Ciudadano
GLOBAL

TOYI RODRÍGUEZ

ISBN: 979-8-9920836-6-8 (Tapa dura)
ISBN: 979-8-9920836-3-7 (Rústica)
ISBN: 979-8-9920836-4-4 (Ebook)

DATOS DE PUBLICACIÓN DE CATALOGACIÓN DE LA BIBLIOTECA DEL CONGRESO
Nombre: Rodríguez, Toyi (autor)
Título: Global Citizen: Un viaje cultural y transformador / por Toyi Rodríguez
Descripción: Carmel, IN (2025)
p. cm.
Incluye referencias bibliográficas.
Número de control de la Biblioteca del Congreso: 2024926693
1. Autoayuda
2. Memorias
3. Travel
Primera Edición: Marzo, 2025
Para obtener más información, visite: toyiRodríguez.com
Diseño de portada: Toyi Rodríguez.
Adaptación de portada por: Monica Chavez & Adam Hay
Editado por: Toyi Rodríguez
Asistencia de revisión por: William Johnson, Francisco Olguín y Bonnie Boatwright.

En aras de una narrativa más fluida, la autora ha incluido citas y referencias
bibliográficas a modo de consulta y sin fines academicistas, por esa razón se
ofrecen sin el formato APA. (N. del E.)

A José Luis, Andrea y Luis.
Los amo con todo mi corazón.

CONTENIDO

Guía cultural para adaptarte
y triunfar en el extranjero

Ciudadano
GLOBAL

TOYI RODRÍGUEZ

INTRODUCCIÓN

*"Solo eres libre cuando te das cuenta de que no perteneces
a ningún lugar, perteneces a todos los lugares, a ningún lugar en
absoluto".*
—*Maya Angelou*

La pandemia trajo desafíos y transformaciones inesperadas para todos nosotros, pero lo fue particularmente para dos de mis amigas más cercanas. Después de vivir en los EE. UU. con sus familias por asignaciones corporativas, regresaron a sus países de origen, cada una con experiencias únicas. Sus viajes reflejaron los altibajos de la vida de expatriado: momentos de triunfo y resiliencia junto con las luchas de adaptarse a nuevos idiomas, culturas y medios profesionales.

Como consultora intercultural, pasé años guiando a expatriados a través de estos desafíos, equipándolos con herramientas para sobrevivir y prosperar en sus nuevos entornos. Sin embargo, durante el cierre de las fronteras, debido a la pandemia, mi carrera se pausó y se detuvieron las reubicaciones. Esto me permitió reflexionar profundamente en cómo poder ayudar a mis futuros clientes y familias a adaptarse mejor a un nuevo país: ¿Por qué algunas personas crecen positivamente en estas transiciones mientras que a otros les cuesta tanto trabajo? Este período de introspección me permitió recopilar ideas desde perspectivas personales y profesionales, enriqueciendo mi comprensión de los desafíos de la adaptación cultural y los factores esenciales que contribuyen a una experiencia exitosa y satisfactoria.

Global Citizen es el resultado de esa introspección: una mezcla de consejos prácticos y empáticos, combinados con experiencia obtenida de años de navegar por la danza de la adaptación cultural. Está escrito pensando en cualquiera que desee mudarse al extranjero, o que ya lo haya hecho y se encuentre listo para embarcarse en un viaje de crecimiento, resiliencia y descubrimiento.

Mi amiga, la que enfrentó los mayores desafíos mientras vivía en el extranjero me inspiró a escribir este libro. Comparto algunos de los consejos que le di durante su estadía en los EE. UU. y los que desearía haber podido brindar antes de su regreso a casa. Inicialmente, me propuse recopilar algunos consejos prácticos para apoyar a mis clientes una vez que se reabrieron las fronteras, ayudándolos a navegar sus transiciones con confianza y facilidad. Lo que comenzó como una lista con unos cuantos consejos se convirtió en una guía completa, que finalmente evolucionó hasta convertirse en este libro.

Al pasar estas páginas, espero que sientas la presencia de una amiga, alguien que realmente entiende tu viaje y está aquí para escucharte, animarte y acompañarte en cada paso del camino. ¡No estás solo en esta aventura! Permíteme ayudarte a descubrir las oportunidades y el crecimiento que ofrece esta increíble experiencia y hacerla lo más gratificante y satisfactoria posible.

LO QUE PUEDES ENCONTRAR EN ESTE LIBRO

Como apasionada defensora de la diversidad y la inclusión, mi misión es inspirar empatía, curiosidad y respeto al abordar diferencias culturales. Mi objetivo es fomentar conexiones emocionales e intelectuales al proporcionar una ruta para comprender y valorar diversas perspectivas. *Global Citizen* refleja mi compromiso con esta visión, combinando los conocimientos prácticos de mi experiencia profesional como consultora intercultural, donde he apoyado a docenas de familias de más de veintiocho nacionalidades en la adaptación a nuevos entornos, y a través de lo que he aprendido durante mis interacciones con personas de más de cien nacionalidades.

Este libro también es profundamente personal. Se basa en mis veinticinco años viviendo en el extranjero, en Bélgica, Estados Unidos y México y viajando a cuarenta y ocho países alrededor de Asia, Europa, África y América. Cada capítulo está impregnado de lecciones aprendidas, anécdotas y consejos para explorar y entender otras culturas.

Global Citizen es un libro de autoayuda que combina elementos de un libro de memorias, consejos motivacionales, frases inspiradoras, investigación y charlas para expatriados. Su mensaje predominante gira en torno a interactuar y comunicarse con éxito con personas de diversas culturas y disfrutar la experiencia de vivir en el extranjero. Está dirigido a cualquier persona que busque nuevas experiencias en un país extranjero o sienta curiosidad por la diversidad.

Este libro está diseñado para ser flexible. Puedes leerlo de principio a fin o saltar a los capítulos más relevantes para ti. Comienza con el Capítulo 1, que sienta las bases para comprender las diferencias culturales reflexionando sobre tus valores, creencias y prejuicios. A partir de ahí, siéntete libre de explorar temas que resuenen con tus necesidades y experiencias, culminando en el Capítulo 16, que te invita a reflexionar sobre tu viaje y descubrir tu yo más auténtico.

El libro está dividido en dos partes bien definidas, cada una diseñada para brindarte las herramientas necesarias para sobresalir en un mundo globalizado. La primera parte te sumerge de lleno en la comprensión de distintas culturas, ayudándote a desenvolverte y comunicarte con fluidez y empatía más allá de las fronteras. Al cerrar las brechas culturales y fomentar el respeto mutuo, sentarás las bases para construir relaciones más sólidas y armoniosas.

Frecuentemente, interacciones con la mejor intención pueden derivar en conflictos, oportunidades perdidas o disminución de confianza, simplemente porque nos cuesta comprender otras perspectivas. Mi objetivo es reducir esta confusión, promoviendo la sensibilidad cultural y brindando una visión más profunda de diversas tradiciones, valores y formas de ver las cosas. Al final, busco contribuir a un mundo donde las diferencias sean aceptadas y apreciadas, en lugar de malinterpretadas.

Esta sección abarca ocho capítulos que invitan a la reflexión, incluye estudios de teóricos culturales, sociólogos, antropólogos y psicólogos, combinando estas ideas con mis observaciones e investigaciones. Los capítulos tres a siete, se centran en la exploración de dimensiones culturales específicas, destacando sus extremos contrastantes. Repletos de ejemplos identificables y estrategias prácticas, estos capítulos sirven como una ruta práctica para ayudar a navegar con confianza por las diferencias culturales.

La segunda parte del libro también contiene ocho capítulos, cada uno con consejos prácticos para adaptarse a un nuevo entorno. Desde decidir si mudarse o no, hasta dominar un nuevo idioma y hacer amigos. Estos capítulos se fundamentan con ideas de la psicología, la filosofía y la sociología. El contenido se basa en mi experiencia personal e investigación, e incluye ejemplos de la vida real. Finalmente, el libro concluye con el capítulo 16, invitándote a adaptarte sin perder tu autenticidad.

Mi objetivo es empoderarte para que adoptes lo que te guste de una nueva cultura, aprendas otras formas de hacer las cosas y, por último, que conozcas una parte de ti que aún no descubrías. El libro es más que una guía; es una invitación a transformarse y desarrollar tu máximo potencial. Descubrirás que cada interacción y adaptación cultural te obliga a replantearte quién eres en tu esencia, desafiando tus percepciones y empujándote a crecer. Por último, la verdadera libertad no radica en atarse a un lugar o identidad, sino en encontrar autenticidad y conexión donde sea que estés, trascendiendo las etiquetas y las normas sociales, y permitiéndose existir auténticamente en cualquier lugar.

En esencia, el corazón de este libro es ayudarte a:

- Obtener una comprensión más profunda de otras culturas y perspectivas.
- Promover la conexión y la colaboración entre culturas.
- Superar obstáculos y situaciones difíciles al mudarse a un nuevo país.
- Hacer que el nuevo lugar se sienta como en casa.
- Celebrar lo que te hace único.

Tanto si eres un expatriado, un viajero o simplemente alguien que desea aprender más sobre otras perspectivas, espero que este libro te inspire a reflexionar sobre por qué tú y los demás piensan, actúan y creen lo que creen. Este libro está diseñado para guiarte hacia una vida más auténtica al mismo tiempo que te anima a cultivar la empatía y la curiosidad hacia los demás.

¿POR QUÉ ESTE LIBRO?

Quería escribir un libro que ayudara a las personas a adaptarse con éxito a un nuevo país, a romper prejuicios y estereotipos, a fomentar vínculos profundos y a desarrollar un aprecio por las diversas formas en que las personas experimentan el mundo para que el viaje sea lo más gratificante posible.

Vivir en el extranjero no se trata solo de cambiar de dirección, se trata de transformar tu perspectiva. Es una invitación a ir más allá de lo conocido y sumergirse en un mundo lleno de nuevas ideas, personas, estilos de vida y formas de pensar. Se trata de descubrir quién eres cuando te enfrentas a lo desconocido y cómo creces cuando enfrentas lo inesperado.

Claro, los desafíos de vivir en el extranjero son reales, pero también es sumamente gratificante. Espero motivarte y recordarte que los obstáculos que enfrentas no son barreras, sino peldaños hacia el crecimiento personal, la resiliencia y una visión más enriquecida del mundo.

Vivir en el extranjero ha sido una de las experiencias más transformadoras de mi vida. Ha ampliado mis horizontes, fortalecido mi adaptabilidad y ha remodelado mi comprensión del mundo. También he visto cómo ha tenido un impacto profundo en otros, desafiando nociones preconcebidas, cultivando la independencia y forjando lazos profundos con personas de diversos orígenes.

A medida que te embarcas en tu viaje, espero que este libro se convierta en un compañero que te ayuda a superar los desafíos, celebrar las alegrías y sumergirte en la aventura de ser parte de una comunidad global. Mientras recorres estas páginas, descubrirás estrategias para prosperar en nuevos entornos, ideas que te invitarán a cuestionar tus propias suposiciones y relatos que te inspirarán a sumergirte en la experiencia.

Vivir en el extranjero no se trata solo de aprender nuevas culturas, se trata de descubrirte a ti mismo. Acelera el crecimiento personal de una manera que quedarse en casa nunca podría. Espero que encuentres el coraje para superar tus zonas de *confort*, la sabiduría para apreciar la diversidad y la alegría de crear un sentido de pertenencia dondequiera que estés. Ábrete a un mundo de crecimiento y transformación que puede enriquecer todas las facetas de tu vida.

¿QUÉ ES LA INTELIGENCIA INTERCULTURAL?

El campo intercultural surgió como respuesta a la creciente necesidad de comprender y navegar por las diferencias culturales, ganando impulso después de la Segunda Guerra Mundial. La preocupación por el odio y la violencia entre grupos religiosos, étnicos y culturales, junto con el aumento de las interacciones mundiales en contextos diplomáticos, empresariales y militares, puso de manifiesto la importancia de fomentar el entendimiento intercultural. Arraigado en la antropología, la sociología, la psicología y la lingüística, el campo tiene como objetivo cerrar las divisiones y reducir los malentendidos mediante la promoción de la empatía, la inteligencia cultural y el respeto mutuo.

Varios factores, incluidas las experiencias personales, las normas sociales, los estereotipos, los prejuicios y las respuestas emocionales, dan forma a nuestras percepciones y opiniones sobre los demás. La categorización estereotipada, o el *"principio de menor esfuerzo"*, a menudo nos lleva a hacer suposiciones basadas en rasgos superficiales como la apariencia, el lenguaje corporal o el tono de voz.

Si bien los estereotipos son una parte natural de la cognición, y estos atajos mentales nos ayudan a procesar la información rápidamente, con frecuencia son infundados y dan lugar a juicios inexactos, lo que alimenta los prejuicios, la división y la discriminación. Los prejuicios suelen provenir del miedo, la ignorancia y la incomprensión, más que de la razón, lo que crea barreras para una conexión.

Los malentendidos a menudo surgen de diferencias y normas culturales invisibles, lo que hace que las personas bien intencionadas malinterpreten las acciones o intenciones de los demás. Al reconocer estos factores y cuestionar nuestras suposiciones, podemos formar percepciones más justas y empáticas, mejorar nuestra capacidad de interactuar entre culturas y crear un mundo más armonioso.

UNA NOTA PERSONAL SOBRE EL CONTENIDO

Este libro tiene como objetivo fomentar la comprensión y el aprecio mutuos entre culturas, fomentando la unidad, el respeto y la empatía por todas las personas, independientemente de su color, raza, género, idioma o creencias. Deseo que al aprender sobre nuestras diferencias ayude a cerrar las divisiones, superar los malentendidos y crear un mundo más empático e inclusivo.

He tratado de ser sensible, respetuosa y consciente al abordar las diferencias culturales, pero reconozco que la cultura es un tema delicado y que algunos comentarios pueden interpretarse de manera diferente. Si alguna parte de este libro ofende involuntariamente, sepan que esa nunca fue mi intención. Este libro no pretende apuntar con el dedo, juzgar, generalizar o reforzar estereotipos. En cambio, mi objetivo es resaltar la belleza de la diversidad cultural para fomentar la comprensión y el respeto, no la división, y ayudarlos a navegar por los malentendidos y las malas interpretaciones que pueden surgir de estas diferencias.

Cada individuo es único, y algunos provienen de entornos diversos y multifacéticos que mezclan elementos de múltiples culturas. Incluso dentro de un mismo país, existen diferencias determinadas por factores como la geografía, la religión, la raza, el entorno urbano o rural, el estatus económico y el tiempo que alguien ha vivido en un lugar en particular. Es importante no hacer suposiciones sobre los rasgos de una persona basándose únicamente en su lugar de origen. Si bien he hecho todo lo posible para evitar generalizaciones, algunas fueron necesarias para proporcionar orientación práctica. Por favor, considera las ideas presentadas como principios generales en lugar de reglas absolutas: siempre existirán excepciones, y ninguna perspectiva puede abarcar toda la gama de experiencias humanas.

También es importante señalar que escribo desde mi punto de vista como consultora intercultural, basándome en observaciones personales y perspectivas profesionales. Por lo tanto, algunas de mis reflexiones pueden diferir de tus experiencias. También estoy consciente de mis privilegios y reconozco que no todos los comparten. Sin embargo, creo que los principios de este libro son relevantes para la mayoría de las personas, independientemente de sus circunstancias.

Reconozco los sesgos inherentes a mis antecedentes. Si bien los prejuicios son una parte natural del ser humano, hago un esfuerzo por estar consciente de ellos y que no me influencien al escribir. Mi objetivo es abordar cada interacción con apertura, respeto y un deseo genuino de comprender.

Estoy convencida de que la mayoría de las personas son, por naturaleza, buenas, tienen buenas intenciones y realmente desean comprenderse y conectarse entre sí. Los malentendidos a menudo surgen de la ignorancia más que de la malicia, una situación en la que todos nos hemos encontrado en algún momento. No podemos apreciar algo que no entendemos. Nuestras diferencias nunca deben dividirnos; en cambio, podemos aprender de ellos y verlos como una oportunidad para el crecimiento y el autodescubrimiento.

Espero que este libro sirva como un pequeño paso para evitar conflictos, resolver malentendidos y promover la empatía y el respeto, llevando a relaciones más profundas.

Con cariño,
Toyi Rodríguez

PARTE I

Conociéndonos

*Diferencias culturales y el lenguaje no
hablado del mundo*

Las diferencias culturales han dado forma a la historia de la
humanidad durante mucho tiempo, definiendo comunidades y uniéndonos a través de la humanidad. En el corazón de estas diferencias se encuentra una intrincada red de
lenguajes no hablados: gestos, costumbres, rituales y señales que
transmiten un significado mucho más allá de las palabras. Estas formas sutiles, pero profundas de comunicación, revelan la
esencia de quienes somos, dando forma a nuestras identidades
e interacciones.

En esta sección, exploraremos el fascinante mundo de las diferencias culturales, el lenguaje no hablado y los matices culturales que
definen a las sociedades de todo el mundo. Desde el sutil arte de la
comunicación no verbal hasta las tradiciones que anclan las identidades, descubriremos cómo estos elementos dan forma a las relaciones,
fomentan la comprensión y, a veces, provocan confusión. Comprender estos códigos te dará una visión más profunda del mundo.

Juntos, descubriremos las reglas implícitas que rigen el comportamiento en otras culturas. Descubrirás cómo el lenguaje corporal
cambia de una región a otra, cómo un simple gesto en una cultura

puede tener un significado completamente diferente en otra, y cómo el silencio puede decir mucho según el contexto. También exploraremos los rituales y los códigos de etiqueta que definen las interacciones sociales, revelando la profundidad de la expresión cultural.

Comprender y respetar las diferencias culturales puede facilitar la comunicación en los negocios, la diplomacia o el día al día. Más allá de los beneficios prácticos, este viaje hacia la inteligencia cultural es también un camino hacia una mayor empatía. Aprender sobre las costumbres y las comunicaciones no verbales de los demás ofrece una visión profunda de sus valores y perspectivas, fomentando un sentido de conexión que trasciende las diferencias superficiales.

A medida que nos sumergimos en este rico mundo de dinámicas culturales, les animo a que se acerquen a él con curiosidad y apertura. Valorar la forma en que la humanidad se expresa y celebra la diversidad hace que nuestro mundo sea extraordinario. Al hacerlo, profundizarás tu comprensión de los demás y enriquecerás tu aprecio por la complejidad y la belleza de la cultura humana.

CAPÍTULO 1

La superficie cultural

"La cultura de una nación reside en el corazón y el alma de su gente".
—*Mahatma Gandhi*

DESCUBRIENDO LAS PROFUNDIDADES DE LAS DIFERENCIAS CULTURALES

Antes de vivir en los Estados Unidos, creía que tenía una sólida comprensión de la cultura estadounidense. Había viajado al país varias veces, interactuado con algunos estadounidenses, aprendido sobre su geografía e historia, visto numerosas películas y programas de televisión, y memorizado las letras de docenas de canciones. Sabía que tenía que trabajar en mi inglés, pero asumí que ese era el único aspecto cultural que me faltaba.

¡Estaba tan equivocada!

Rápidamente me di cuenta de que las diferencias culturales se extienden más allá del idioma, la arquitectura, el clima, la ropa, la comida o el arte. Cuanto más interactuaba con los estadounidenses, más descubría los aspectos no universales de las culturas que daban forma a nuestras interacciones y visiones del mundo. Estas son algunas de las suposiciones que hice inicialmente:

- **Humor:** pensé que todos nos reíamos de los mismos chistes y encontrábamos las mismas cosas divertidas.
- **Valores:** asumí que los valores eran universales y que todos priorizaban las mismas cosas en la vida.

- **Privacidad:** creía que todos compartíamos niveles similares de apertura y esperábamos los mismos límites al compartir información y pasar tiempo con amigos o familiares.
- **Respeto y poder:** pensaba que el respeto y la admiración se mostraban por los mismos rasgos en todas partes, y asumí que las personas entendían qué comportamientos eran respetuosos y apropiados en diferentes situaciones.
- **Etiqueta:** asumí que los códigos de vestimenta, los conceptos de modestia y las reglas de etiqueta eran consistentes en todo el mundo.
- **Lenguaje corporal:** consideré que todos interpretaban los gestos con las manos, las señas, el contacto físico y el espacio personal de manera similar.
- **Temas de conversación:** pensé que todos sabíamos qué temas eran apropiados para situaciones y conversaciones específicas.
- **Volumen de la voz:** asumí que todos ajustamos nuestros niveles de voz de manera similar de acuerdo con nuestras emociones y el contexto.
- **Justicia, equidad y ética:** creía que los conceptos de lo correcto y lo incorrecto eran tan universalmente claros como el blanco y el negro.
- **Comunicación:** asumí que todo el mundo podía "leer entre líneas" y captar pistas contextuales en las conversaciones.
- **Trabajo:** Pensé que todos entendíamos los roles de los jefes, subordinados y compañeros de trabajo de la misma manera, junto con la forma de mostrar respeto y causar una buena impresión en el trabajo.

Mis nociones de una cultura única para todos eran completamente erróneas. Si bien existen algunas similitudes, también hay diferencias notorias. Cada una de estas áreas tenía distinciones culturales únicas que yo había pasado por alto, y esta comprensión remodeló mi comprensión de lo que realmente significa conectarse entre culturas. Por ejemplo, en México, nos burlamos de nosotros mismos y nos reímos de nuestros errores o desgracias. A veces, nuestros chistes pueden parecer crueles para los extranjeros, pero es nuestra forma de relajarnos, mantenernos felices y no tomarnos la vida demasiado en serio cuando tenemos poco o ningún control sobre una situación.

El humor mexicano es rico y diverso. Disfrutamos de los juegos de palabras inteligentes, a menudo usando doble sentido para crear chistes humorísticos y, a veces, subidos de tono. Este tipo de humor, conocido como "albur", es una forma de arte verbal que implica pensamiento rápido y conocimiento cultural. Burlarse de uno mismo o de nuestros defectos, el humor negro, la sátira cultural y social y la ironía son comunes en México.

Hacemos chistes y memes, sobre todo: terremotos, incendios, política, presidentes (tanto buenos como malos), divorcio, muerte, nacimiento, mujeres, hombres, médicos, abogados, vida cotidiana, mascotas, escuela, trabajo, atributos físicos y nosotros mismos. Nos reímos y no nos ofendemos fácilmente, incluso si alguien se burla de nosotros. A menudo respondemos con otro chiste y nos reímos de nuevo.

Sin embargo, lo que en México se considera humor puede ser percibido como *bullying* en otro país. Si este tipo de chistes se contaran abiertamente en los EE. UU. o en muchos otros países, podrían ser altamente ofensivos, prohibidos o ilegales. Sin embargo, no todos los chistes mexicanos son malintencionados; muchos son universalmente divertidos y fáciles de entender. Lo mismo ocurre con el humor en todo el mundo. Cada país tiene un estilo único de humor y chistes internos que los foráneos pueden no entender, al menos no inicialmente.

Cada tipo de humor refleja el paisaje cultural único del que surge, proporcionando una visión de lo que las diferentes sociedades encuentran divertido y por qué. Comprender el humor ofrece una visión de las capas de la identidad cultural, pero es solo una pieza de un rompecabezas mucho más grande. Para apreciar plenamente las complejidades de la interacción humana, debemos dar un paso atrás y explorar el concepto más amplio de la cultura en sí misma.

¿QUÉ ES LA CULTURA?

La cultura es un concepto complejo y amplio que abarca el comportamiento social, las normas, el conocimiento, las creencias, las artes, las leyes, las costumbres, las capacidades y los hábitos de los individuos dentro de un grupo. Incluye cómo las personas hacen las cosas, por qué y los significados que asignan a estas actividades.

Elementos de una cultura

Valores y creencias: los principios e ideologías fundamentales que guían el comportamiento y proporcionan un sentido de lo que está bien y lo que está mal.

Normas y costumbres sociales: las reglas y expectativas por las cuales una sociedad guía el comportamiento de sus miembros. Pueden ser leyes explícitas o reglas sociales implícitas y se transmiten de generación en generación.

Lenguaje: las palabras habladas, los símbolos escritos y las señales no verbales utilizadas para comunicarse, todas las cuales tienen significados culturales.

Arte y símbolos: artes visuales, literatura, música y símbolos culturales que transmiten los valores estéticos de una cultura y la historia compartida.

Rituales, tradiciones y ceremonias: actividades que se practican regularmente y que refuerzan los valores y normas de la cultura, incluidas las ceremonias religiosas y las celebraciones comunitarias.

Tecnología y herramientas: los productos y técnicas que desarrolla una cultura, reflejando sus valores y prioridades en la resolución de problemas y haciendo la vida más fácil.

Educación y conocimiento: cómo una cultura transmite conocimientos y habilidades a sus miembros. Esto incluye la educación formal e informal.

Instituciones sociales: estructuras organizadas dentro de una sociedad que satisfacen las necesidades de sus miembros y mantienen el orden social.

Sistemas económicos: los métodos y principios por los cuales una cultura produce, distribuye y consume bienes y servicios.

ICEBERG CULTURAL

En 1976, Edward T. Hall desarrolló el Modelo del Iceberg Cultural como una analogía de la cultura. El concepto es que solo podemos ver una pequeña porción del iceberg por encima de la superficie, mientras que la parte mucho más prominente permanece oculta por debajo. Esta parte oculta representa los aspectos intangibles y profundos de la cultura, como los valores y las creencias. El modelo del iceberg cultural explora y explica las complejidades de la cultura: lo que se ve y lo que permanece oculto.

Elementos visibles de la cultura: algunos de estos componentes son fáciles de observar y tangibles, como la música, la danza, la comida, el idioma, la arquitectura, la ropa, el arte y los símbolos culturales como banderas, iconos religiosos o emblemas nacionales. Estos componentes culturales se pueden experimentar con nuestros sentidos; Podemos saborear, oír, ver, tocar u oler. Representan una pequeña parte de su cultura.

El Iceberg **CULTURAL**

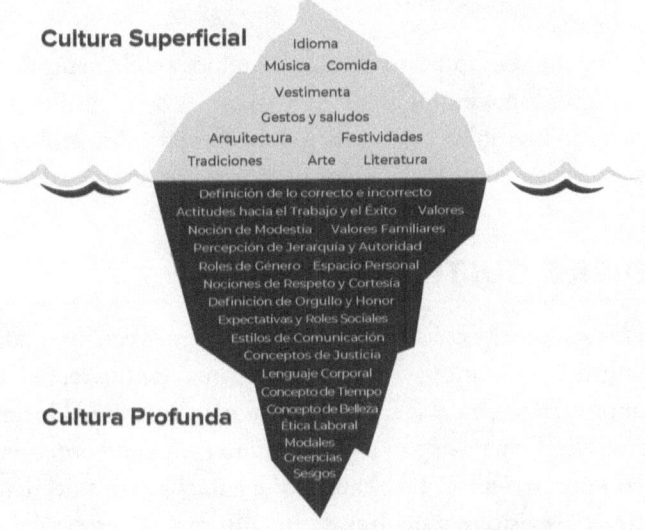

Cultura Superficial

Idioma

Música Comida

Vestimenta

Gestos y saludos

Arquitectura   Festividades

Tradiciones   Arte   Literatura

Definición de lo correcto e incorrecto

Actitudes hacia el Trabajo y el Éxito   Valores

Noción de Modestia   Valores Familiares

Percepción de Jerarquía y Autoridad

Roles de Género   Espacio Personal

Nociones de Respeto y Cortesía

Definición de Orgullo y Honor

Expectativas y Roles Sociales

Estilos de Comunicación

Conceptos de Justicia

Lenguaje Corporal

Concepto de Tiempo

Concepto de Belleza

Ética Laboral

Modales

Creencias

Sesgos

Cultura Profunda

Figura 1. El Iceberg Cultural.

Elementos invisibles de la cultura: la parte más grande y compleja de cualquier cultura es más difícil de ver. Esta es la parte más profunda, que incluye preferencias, opiniones, valores y creencias; actitudes hacia el matrimonio, el género, los ancianos, la autoridad, los extranjeros y la muerte. Su comunicación no verbal incluye expresiones faciales, contacto visual, espacio personal, saludos, señas, tono de voz y silencio, así como reglas de etiqueta, modales y sentido del humor. Además, existen roles relacionados con el género, la edad, las jerarquías y la clase, así como percepciones de la moralidad, la belleza, el liderazgo, la modestia, el tiempo, la formalidad y la justicia. Estos aspectos ocultos suelen ser más difíciles de entender y articular.

Por ejemplo, en una reunión de negocios, los aspectos visibles serían el código de vestimenta, el lenguaje formal y los protocolos de la reunión. Los elementos ocultos serían las actitudes hacia la jerarquía, la importancia de las relaciones y los enfoques para la toma de decisiones. En las interacciones sociales, los elementos visibles serían los saludos, el lenguaje corporal y los rituales sociales. Los elementos ocultos serían los conceptos de espacio personal, expresividad emocional y comportamiento informal *vs.* formal.

Comprender el modelo del iceberg cultural es crucial para una comunicación e interacción intercultural efectivas. Las interpretaciones erróneas a menudo surgen cuando juzgamos una cultura basándonos solo en sus aspectos visibles sin reconocer los elementos más profundos que influyen en el comportamiento.

En los siguientes capítulos, profundizaremos en elementos culturales específicos, centrándonos en los aspectos intangibles de la cultura profunda, las partes a menudo invisibles y más difíciles de entender. Sin embargo, son precisamente estos elementos los que nos permiten conectarnos con los demás.

TU ICEBERG CULTURAL

Comprender su iceberg cultural es esencial para volverse más consciente de sí mismo y mejorar sus interacciones con personas de diferentes culturas. Así como usamos el modelo del iceberg cultural para entender a los demás, también podemos usarlo para explorar y analizar nuestros antecedentes culturales, valores y comportamientos. Este capítulo te guiará a través del descubrimiento de los aspectos visibles y ocultos de tu cultura y la comprensión de cómo da forma a tu identidad y visión del mundo.

Para comprender otra cultura, primero debe comprenderse su cultura interna e identificar sus creencias, prejuicios, pensamientos, impulsos y valores. Esto ayudará a las personas a descubrir su yo más auténtico y a crecer individual, emocional y espiritualmente. En este capítulo, quiero animarte a mirar hacia adentro.

¿Quién eres?

La identidad de una persona es multifacética y combina elementos tangibles e intangibles. Trata de responder a esta pregunta sin mencionar tu nombre, rol, profesión o atributos físicos. Estás definido por tus valores, creencias, sueños, metas, logros, aspiraciones, pasiones, habilidades, comportamientos, prejuicios, lo que representas y lo que te importa.

La identidad abarca la forma en que uno se percibe a sí mismo, y también la forma en la que los demás nos reconocen en diferentes contextos. Integra varios aspectos de la vida de un individuo, abarcando una variedad de componentes personales, sociales y culturales. Comprender los diversos elementos de una identidad puede facilitar una autoconciencia e interacciones más profundas con los demás. Este enfoque holístico reconoce la riqueza de las experiencias humanas individuales y colectivas al reconocer y comprender la profundidad de las identidades personales. Refleja la complejidad de la vida humana y las diversas influencias que dan forma a nuestras percepciones de nosotros mismos y de los demás.

En 1902, el sociólogo Charles Horton Cooley presentó su perspectiva: *"No soy quien creo que soy; no soy quien tú piensas que soy; soy quien creo que tú crees que soy".*

Esta cita subraya la complejidad de la identidad, destacando cómo las opiniones de los demás influyen en nuestra percepción de nosotros mismos e, inevitablemente, en nuestra percepción de los demás.

Todos nos enfrentamos a presiones externas a lo largo de nuestra vida. Nuestra familia, nuestros amigos, nuestra religión, la sociedad y los medios de comunicación dictan lo que debemos ser y hacer. Cuando adaptamos nuestras identidades para satisfacer las expectativas de los demás, a menudo nos sentimos infelices, deprimidos, indignos o insatisfechos.

Por lo general, estamos rodeados de otras personas que se comportan de manera similar a nosotros. Cuando nos mudamos a otro lugar, la exposición a nuevas normas culturales y valores nos impulsa a reflexionar sobre nuestros valores y creencias. Este proceso conduce al refuerzo o al abandono de esas creencias.

Vivir en otro país puede afectar profundamente tu identidad, influyendo y remodelando la forma en que te ves a ti mismo y cómo es que te perciben los demás. Esta experiencia impacta varias dimensiones de tu identidad, exponiéndote a diversas experiencias, valores y sistemas de creencias que pueden ayudarte a comprenderte mejor a ti mismo. ¿Cómo puedes saber si te gusta o no te gusta algo si nunca lo has probado o experimentado?

AUTODESCUBRIMIENTO PARA NAVEGAR POR UN MUNDO DIVERSO

Nuestras necesidades, deseos, valores y creencias influyen en nuestras emociones, acciones y comportamientos. En otras palabras, conducen nuestras vidas. Embarcarse en un viaje de autodescubrimiento puede ser profundamente gratificante. Puede ayudarte a comprender tu verdadero yo, alinear tu vida con tus deseos y valores más íntimos y mejorar tus interacciones con los demás. Este es el primer paso crucial y la base para garantizar una experiencia satisfactoria y enriquecedora mientras se vive en el extranjero. Aquí hay cinco pasos simples para guiarlo a través de este proceso transformador:

1. Reflejar.
2. Identifica tus valores fundamentales.
3. Descubre tus creencias.
4. Reconoce tus sesgos.
5. Examina las normas y expectativas sociales.

El autodescubrimiento también implica comprender tus fortalezas y debilidades, identificar tus pasiones y reconocer tus patrones emocionales, pero no profundizaré en ellos aquí.

1. Reflexiona

Dedica tiempo con regularidad a pensar profundamente o escribir en un diario sobre tus experiencias, lo que te apasiona y dónde encuentras significado. Silencia las voces y las influencias externas, escucha las tuyas y no pierdas de vista tu verdadero yo.

Analiza y cuestiona tus miedos, pensamientos, comportamientos, emociones, creencias, motivos y dudas. Son buenos indicadores para descubrir tu autenticidad. ¿Qué hay debajo de ellos? ¿Por qué sigues aferrándote a ellos?

2. Identifica tus valores fundamentales

Los valores nos ayudan a navegar por la vida sabiamente. Son algo más que preferencias personales; Son suposiciones profundamente arraigadas que guían nuestros comportamientos e influyen en nuestras interacciones sociales y respuestas emocionales. Comprender y reflexionar sobre sus valores puede conducir a una mayor conciencia de sí mismo, mejores relaciones y comportamientos que se alineen con sus objetivos.

Ser consciente de tus valores y creencias requiere una profunda autoconciencia. Curiosamente, aunque la mayoría de las personas pueden identificar fácilmente su color, canción o comida favorita, a menudo carecen de información sobre sus valores fundamentales. Tienden a seguir las normas sociales esperadas sin mucha reflexión. Esto puede volverse particularmente desafiante cuando se muda a un nuevo país, donde las diferencias culturales conducen a un *shock* a medida que las normas sociales cambian de maneras desconocidas. Comprender y clarificar tus valores proporciona una brújula que te ayuda a navegar por estas corrientes culturales desconocidas con mayor rapidez y confianza.

Te recomiendo que hagas una larga lista de los valores que son importantes para ti. Luego, haz una lluvia de ideas y preguntas reflexivas que te ayuden a profundizar en tus creencias y motivaciones para identificar tus valores fundamentales.

Figura 2. Identifica tus valores.

Estas son algunas preguntas que invitan a la reflexión para ayudarte a descubrir y definir tus valores fundamentales:

- ¿Cuáles fueron los momentos más gratificantes de tu vida? ¿Por qué estos momentos se sintieron tan satisfactorios? ¿Qué valores estaba honrando?
- ¿Cuándo te has sentido más feliz, más contento o realizado? Analiza lo que estaba sucediendo en esos momentos y qué valores se estaban cumpliendo.

- ¿Cuál fue la etapa en la que estabas en tu mejor momento y por qué? ¿Qué valores honraste?
- Piensa en las ocasiones en las que te sentiste molesto o frustrado. ¿Qué valores se cuestionaban o se ignoraban en estas situaciones?
- ¿Cuáles son tus logros más significativos?
- ¿A quién admiras más y por qué? ¿Qué cualidades admiras en tus amigos y por qué?
- ¿Cómo han influido tu educación y tus antecedentes en tus valores?
- ¿Hay alguna cualidad en los demás que no puedas tolerar?
- ¿Qué legado quieres dejar atrás? ¿Cómo gastarías tu tiempo si el dinero no fuera un problema?
- ¿Qué actividades te hacen perder la noción del tiempo?
- ¿Cuáles son los factores decisivos para ti en las relaciones? Saber lo que no puedes tolerar a menudo puede resaltar tus valores.
- ¿Qué significa el éxito para ti?
- ¿Qué injusticias o problemas te apasionan más?

Estas preguntas provocan un pensamiento profundo y una reflexión sobre lo que realmente te importa. Es una excelente manera de determinar si tus valores son genuinamente tuyos o impuestos por la sociedad. Este proceso puede ser complejo pero esencial en el viaje del autodescubrimiento.

Ahora, revisa tu lista teniendo en cuenta tus respuestas anteriores. Prioriza tus valores por importancia y redúcelos a los tres o cinco primeros. Estos valores fundamentales te ofrecerán un sentido más claro de dirección y propósito.

El impacto de los valores al vivir en el extranjero

Los valores son creencias, opiniones o ideales que dan forma a nuestras percepciones y acciones. Si bien algunos valores pueden evolucionar con las circunstancias, los valores fundamentales están profundamente arraigados y forman una parte vital de nuestra identidad. Es esencial reconocer y defender estos principios intrínsecos, especialmente cuando se vive en el extranjero.

Mudarse a un país extranjero puede hacer que siéntate sientas vulnerable y distanciado de tu entorno familiar, como la familia, los amigos y su entorno habitual. Algunas personas pueden comprometer sus valores fundamentales para adaptarse a una nueva cultura y satisfacer la necesidad innata de conexión. Este compromiso, sin embargo, puede conducir a la frustración, la tristeza, el resentimiento o incluso la depresión, ya que puede sentirse como una autotraición.

Encontrarse con una cultura diferente te expone a diversas experiencias, valores y sistemas de creencias, lo que ofrece una oportunidad para la autorreflexión y la comprensión. El crecimiento y el enriquecimiento personal surgen cuando este proceso se alinea con tus valores fundamentales, lo que te permite permanecer fiel a ti mismo. Además, cuando nuestros valores se alinean con las virtudes morales, libres de fanatismo, mejora nuestro carácter y fomenta la aceptación genuina.

Abordar la experiencia con apertura y voluntad de adaptación, adoptando con flexibilidad nuevas perspectivas y valores. Esfuérzate por el crecimiento personal y la superación personal, pero prioriza honrar y proteger tus valores fundamentales. Trátate a ti mismo con compasión y siéntete orgulloso de los principios que te definen. Aquellos que permanecen arraigados en sus valores mientras aceptan las diferencias culturales tienden a tener un sentido más claro de propósito, toman decisiones reflexivas y llevan vidas más satisfactorias.

3. Descubre tus creencias

¿Cuáles son tus creencias fundamentales? ¿Aquellos que influyen en las decisiones importantes de la vida o en su perspectiva sobre temas controvertidos? Estos incluyen suposiciones sobre la política, la religión, la moralidad, las relaciones, la carrera y las capacidades personales.

Para cada creencia, trata de rastrear su origen. ¿Cómo llegaste a sostener esta creencia? ¿Se basa en experiencias personales, influencias de otros (familia, amigos, mentores), antecedentes culturales o educación?

Evalúa la evidencia que respalda tus creencias. Considera: ¿mi creencia se basa en información o suposiciones objetivas y confiables? ¿He buscado activamente información que apoye y contradiga esta creencia?

Desafía o cuestiona activamente tus creencias exponiéndote a diferentes perspectivas. Desafiar tus suposiciones no se trata de demostrar que estás equivocado, sino de asegurarte de que tus creencias sean lo más precisas y constructivas posible. Es un proceso valiente y esclarecedor que no solo fortalece tus convicciones, sino que también te hace más abierto y empático hacia las opiniones de los demás.

Expande tus horizontes leyendo una variedad de libros y artículos, explorando diferentes perspectivas y viendo noticias de diversas fuentes. Participa en conversaciones con personas con puntos de vista opuestos, abordando estas discusiones con respeto y mente abierta. Hacerlo desafiará tu pensamiento, fomentará una mayor comprensión y desarrollará una visión del mundo más amplia. Esta práctica agudiza tu pensamiento crítico y profundiza tu empatía por las experiencias y creencias de los demás.

Los apegos emocionales sólidos a menudo pueden nublar nuestro juicio. ¿Te aferras a esta creencia porque te hace sentir seguro, reconfortado o justificado? ¿Llegarías a la misma conclusión si dejaras de lado las emociones (miedo, ira, seguridad, confusión)?

Prepárate para cambiar tus creencias si la evidencia y la razón sugieren que debes hacerlo. Cambiar una creencia no significa que estabas equivocado; Significa madurez intelectual y habilidades de pensamiento crítico.

4. Reconoce tus sesgos

El Diccionario Oxford define el sesgo como *"un prejuicio a favor o en contra de una cosa, persona o grupo en comparación con otro, generalmente de una manera considerada injusta"*. Los sesgos pueden afectar nuestras percepciones, decisiones e interacciones de manera sutil pero significativa.

Hay 188 sesgos cognitivos conocidos que afectan nuestro pensamiento y acciones. Estos sesgos surgen de varios factores, incluidos los atajos de procesamiento de la información, las motivaciones emocionales y la influencia social. Todos tenemos prejuicios, pero al tomar conciencia de ellos, podemos tomar decisiones más informadas y fomentar una mayor comprensión y equidad en nuestras interacciones.

A pesar de tener a menudo una connotación negativa, los sesgos también pueden ser útiles en contextos específicos. Su impacto depende del contexto y de cómo se apliquen. Si bien pueden dar lugar a errores y prejuicios, también cumplen funciones esenciales que pueden mejorar la toma de decisiones, la cohesión social y el bienestar personal. Reconocer la naturaleza dual de los sesgos puede ayudarnos a aprovechar sus beneficios y, al mismo tiempo, mitigar sus posibles desventajas.

Los sesgos se clasifican en grupos más pequeños, que incluyen sesgos cognitivos, sociales, de memoria, de percepción, de toma de decisiones y de contexto específico. Estos son algunos consejos para identificar tu sesgo:

Identificar tu sesgo comienza con la autoconciencia y la reflexión crítica sobre tus procesos de pensamiento. Busca activamente información que desafíe tus creencias actuales. Por ejemplo, cuando investigues o te formes una opinión, busca deliberadamente pruebas o perspectivas opuestas y evalúalas con una mente abierta. Este enfoque puede ayudar a prevenir la tendencia a centrarse únicamente en los datos que respaldan sus ideas preconcebidas.

Practica la atención plena y expande deliberadamente tu enfoque más allá de los pensamientos o emociones inmediatas. Cuando notes que te estás concentrando en detalles específicos, pregúntate si podría haber otros factores relevantes que estés ignorando. Pregúntate si tus creencias o acciones están impulsadas por el pensamiento independiente o por la influencia de otras personas a tu alrededor. Ser consciente de las presiones sociales puede ayudarte a mantener la objetividad.

En el caso de los sesgos sociales, como el sesgo del endogrupo y el sesgo de homogeneidad del grupo externo, reflexiona sobre tus suposiciones acerca de las personas de diferentes grupos sociales. Desafía tu tendencia natural a ver a tu grupo como más diverso y a los forasteros como más homogéneos. Este sesgo puede reducirse interactuando con personas de diversos orígenes y evitando generalizaciones excesivas. Con respecto a los estereotipos y prejuicios, sé consciente de las suposiciones que haces en función de la apariencia, la raza o los antecedentes de alguien, y trata de tratar a cada individuo como una persona única en lugar de como un representante del grupo.

En el caso de los sesgos en la toma de decisiones, como el sesgo del *statu quo* y la aversión a la pérdida, considera que el miedo al cambio o a la pérdida influye en tus decisiones. Reconocer que te aferras a lo familiar simplemente porque es cómodo o que evitas los riesgos debido a una posible pérdida, puede ayudarte a tomar decisiones más equilibradas y racionales.

Comprender estos sesgos puede ayudar a desarrollar estrategias para contrarrestar su influencia, promoviendo una toma de decisiones más racional e interacciones sociales más justas e inclusivas. Cada tipo de sesgo proporciona un desafío específico para el pensamiento objetivo y el juicio imparcial, lo que revela la importancia de la conciencia y las medidas correctivas en nuestros patrones de pensamiento.

Ten en cuenta tu lenguaje y reacciones en diversas situaciones, especialmente cuando interactúes con personas de diferentes orígenes raciales, de género, sexuales o socioeconómicos. Las palabras que usas y la forma en que respondes a las personas de diversos grupos pueden revelar sesgos sutiles y subyacentes de los que quizás no seas consciente. Reflexionar regularmente sobre estas interacciones puede ayudarte a identificar patrones que indican suposiciones prejuiciosas o estereotipos.

Diversifica tu entorno. Busca activamente y comprométete con personas, culturas e ideas diferentes a la tuya. Exponerte a varias perspectivas puede desafiar y, en última instancia, reducir tus prejuicios. Sé más consciente de tus reacciones inmediatas y de los pensamientos que hay detrás de ellas. Comprométete con la educación continua en temas de prejuicio y discriminación. Esto puede incluir leer libros, ver documentales y asistir a talleres.

Cuando hagas una suposición, da un paso atrás y pregúntate por qué piensas de esa manera y si la evidencia lo respalda. Reconocer y abordar tus sesgos contribuye a interacciones y decisiones más justas en tu vida personal y profesional.

5. Examina las normas y expectativas sociales

Ten en cuenta las normas sociales y los comportamientos que son comunes en tu cultura. ¿Cómo interactúan las personas? ¿Cuáles son las reglas tácitas sobre el respeto, la comunicación y las relaciones? ¿Qué se considera correcto y malo, moral e inmoral? ¿Cuál es el concepto de belleza, éxito y amor? ¿Cuáles son los roles de género, estatus o rango?

Presta atención a los comportamientos, prácticas y creencias comúnmente aceptados en tu sociedad. Fíjate en los patrones con los que actúan las personas y en lo que consideran "normal". Cuestiona las normas y piensa críticamente. Reflexiona sobre tu comportamiento y tus suposiciones. Considera qué normas sigues y por qué.

¿Por qué existe la norma? ¿Quién lo estableció y con qué propósito? ¿A quién beneficia? ¿Quiénes podrían verse perjudicados o perjudicados por ello? ¿Promueve la equidad y la justicia? ¿Se basa en la lógica, en la tradición o en ambas?

Estas son algunas preguntas que pueden ayudarte a explorar y aprender más sobre una cultura más profunda:

- ¿Cuáles son las funciones y responsabilidades de los diferentes miembros de la familia? ¿Cómo se trata y se considera a los ancianos en tu cultura?
- ¿Cuáles son las normas culturales en torno al matrimonio y las relaciones? ¿Cómo se crían y educan los niños en su cultura? ¿Cuál es la importancia de la familia extendida y la comunidad en tu cultura?
- ¿Cuáles son las principales festividades culturales o religiosas y cómo se celebran? ¿Cuáles son algunos rituales importantes del ciclo de la vida (nacimiento, mayoría de edad, matrimonio, muerte)?
- ¿Cómo se transmiten las historias y los mitos tradicionales de generación en generación?

- ¿Cuáles son los valores fundamentales en los que hace hincapié tu cultura? ¿Cómo ve tu cultura el honor, el respeto y el deber? ¿Cuáles son las principales creencias religiosas o espirituales en ella?
- ¿Cómo comunica la gente el respeto o la falta de respeto en tu cultura? ¿Qué papel juega la comunicación no verbal (gestos, lenguaje corporal)? ¿Cómo se utilizan las historias, los proverbios y el folclore en la comunicación?
- ¿Hay costumbres o tabúes relacionados con la comida? ¿Cómo influyen las prácticas culturales en las elecciones alimentarias y los hábitos alimentarios? ¿Qué papel juegan las comidas comunitarias en tu cultura?
- ¿Cuáles son las normas culturales en torno a la modestia y la apariencia? ¿Cuáles son los estilos de ropa tradicionales y sus significados? ¿Cómo se visten las personas para diferentes ocasiones (festivales, ceremonias, vida cotidiana)?
- ¿Cuáles son las expectativas de comportamiento en entornos públicos y privados? ¿Cómo se muestra la hospitalidad a los huéspedes y extraños? ¿Cuáles son las normas para saludar y dirigirse a los demás?
- ¿Cuáles son las costumbres en torno a dar y recibir regalos?
- ¿Cómo se resuelven normalmente los conflictos dentro de la comunidad?
- ¿Cuáles son algunos acontecimientos históricos que dieron forma a tu cultura? ¿Cómo se preserva y celebra el patrimonio cultural? ¿Cuáles son las historias de los principales héroes o figuras culturales? ¿Cómo ha evolucionado tu cultura? ¿Cómo influyen la colonización, la migración o la globalización en tu cultura?
- ¿Cuáles son las actitudes hacia los roles de género y la igualdad en su cultura? ¿Cómo se mantienen o adaptan los valores y las prácticas tradicionales en la actualidad?
- ¿Cómo se representa su cultura en los medios de comunicación y cómo afecta esto a la identidad cultural?

Estas preguntas pueden servir como punto de partida para una exploración más profunda de la cultura, ayudando a descubrir las intrincadas capas que definen su esencia.

Para comprender realmente el poder de la tradición y las normas culturales, es útil ver cómo se manifiestan en las decisiones de la vida real, que a menudo se entrelazan con momentos profundamente personales. Un ejemplo de mi vida es la historia de mi vestido de novia.

MI VESTIDO DE NOVIA

Elegir qué ponerse en un día importante como tu boda no es solo una cuestión de estilo personal; las normas culturales, las tradiciones familiares y las expectativas sociales influyen profundamente en ella. Aquí hay un ejemplo claro que destaca la influencia de estos factores en la decisión (y la vida) de una persona: mi vestido de novia.

Para muchas mujeres, el vestido más importante de sus vidas a menudo se considera su vestido de novia. Si bien el significado de un vestido puede variar según las experiencias personales y los contextos culturales, el vestido de novia generalmente se considera el más importante y simbólico debido a su profunda importancia emocional, simbólica y estética. Representa un momento crucial y sirve como un recordatorio duradero del día en que una mujer celebró su amor y compromiso con su pareja.

Si es el vestido más importante en la vida de una mujer, ¿no debería ser en nuestro color favorito? ¿En un color, patrón y estilo que represente nuestra personalidad única? Por lo general, elegimos el diseño y el estilo, pero ¿qué pasa con el color? Si vives en una cultura occidental como yo, ¿considerarías usar un rojo, verde, negro o cualquier color llamativo para tu vestido de novia?

Mi vestido de novia fue, lo has adivinado, ¡blanco! O marfil, si quería que sonara más único. Era blanco, como el de mi madre, mi abuela y todas las mujeres de mi familia durante generaciones. Recuerdo que pregunté por qué blanco, ya que habría elegido muchos otros colores antes que ese. La respuesta fue unánime: el blanco simboliza la pureza, la virginidad y los nuevos comienzos en la cultura occidental. Sin embargo, no estaba convencida, después de todo, las mujeres que se casan por segunda o tercera vez todavía visten de blanco. Para mí, el color no tenía ningún significado simbólico; se trataba simplemente de tradición.

Los valores de pureza y virginidad para las mujeres han estado profundamente arraigados en mi cultura durante generaciones. Si bien las nuevas generaciones pueden abordar estos conceptos de manera diferente, la tradición de usar vestidos de novia blancos sigue siendo fuerte y su significado cultural no ha cambiado significativamente.

Aunque aprecio la elegancia y la belleza del blanco, mis colores favoritos son el rojo y el azul. Si eligiera un vestido de novia basado en el simbolismo, sin duda optaría por el rojo, que representa el amor, la pasión, el deseo, la energía, la alegría y la emoción, cualidades que valoro más que las nociones tradicionales de virginidad y pureza.

Aun así, nunca se me ocurrió la idea de apartarme de la tradición de vestir de blanco. La costumbre estaba tan arraigada en mí que siempre me imaginé con un hermoso vestido blanco el día de mi boda.

Pasaron los años, y un día, mientras vivía en Bélgica y esperaba que comenzara mi cita de masaje, leí un artículo sobre una boda en una revista. Algo me llamó la atención: un precioso vestido de novia. Era elegante, sexy, súper femenino, ¡y era rojo! Hasta entonces, había asumido erróneamente que todos los vestidos de novia eran blancos.

El rojo es tradicionalmente el color que usan las novias durante las bodas indias. Simboliza la prosperidad, la fertilidad y la felicidad conyugal. El sari nupcial rojo o lehenga se considera auspicioso y se cree que trae buena suerte al matrimonio. También se cree que el rojo tiene cualidades protectoras.

Para mi sorpresa, el rojo es un color de vestido de novia tradicional (aunque no exclusivo) en varios países y culturas de todo el mundo, incluidos China, India, Vietnam, Nepal, Pakistán, Bangladesh, Corea del Sur, Turquía y Japón. En estas culturas, el rojo tiene varios significados simbólicos, como la buena suerte, la alegría, la prosperidad, la pureza, el amor, el compromiso, la felicidad, la espiritualidad y la protección. Además, en muchos otros países, las novias a menudo usan vestidos coloridos adornados con patrones florales o diseños geométricos, lo que muestra la rica diversidad de las tradiciones nupciales en todo el mundo.

Curiosa por la historia de nuestros vestidos de novia blancos, descubrí que usar un vestido de novia blanco es relativamente reciente en las costumbres matrimoniales. Desde los tiempos bíblicos hasta principios del siglo XIX, las novias en la cultura occidental no vestían tradicionalmente de blanco. No solo se consideraba poco práctico un vestido blanco, sino que tampoco era financieramente prudente que las novias compraran un vestido para usarlo solo una vez.

En 1840, la reina Victoria del Reino Unido usó un vestido blanco para su boda con el príncipe Alberto. Su boda fue una de las primeras bodas reales muy fotografiadas. Eligió usar un vestido blanco en encaje de Honiton para ayudar a la fábrica en apuros donde se creó la tela. Complementó su vestido blanco con una corona de flores en lugar de una tiara para mostrar que sería una monarca más realista. Su elección fue muy publicitada y ampliamente admirada, marcando una tendencia que sería seguida por muchas novias después de eso.

En el pasado, la ropa blanca era difícil de mantener y limpiar y solo podía ser usada por los ricos. Usar un vestido de novia blanco significaba riqueza y alto estatus social, lo que implicaba que la novia y su familia podían permitirse un vestido que se podía usar solo una vez y requería un mantenimiento cuidadoso.

La industria nupcial y los medios de comunicación populares han seguido reforzando la tradición de los vestidos de novia blancos. Las revistas de novias, las películas y los anuncios con frecuencia muestran a las novias con vestidos blancos, perpetuando la idea de que un vestido blanco es el estándar para las bodas. Por lo tanto, no era necesariamente el símbolo de pureza e inocencia que comúnmente se pensaba. Según la historia de los vestidos de novia blancos, el blanco era visto como un color para los ricos, más sobre mostrar la riqueza que la pureza.

Sin embargo, las tradiciones y su significado también cambian y se adaptan a lo largo de los años. Hoy en día, muchas novias eligen el blanco simplemente porque representa una estética atemporal o refleja su estilo personal o herencia cultural. El significado de un vestido de novia blanco ha evolucionado, pasando de ser un símbolo de riqueza a uno variado y único, como las novias que lo llevan.

Este es un claro ejemplo del poder de las tradiciones. Las novias han estado usando vestidos blancos para sus bodas en todo el mundo durante años sin cuestionar ni tratar de cambiar la tradición. A pesar de que la sociedad moderna ha evolucionado, desafiando y redefiniendo las nociones de pureza y virtud, la tradición del vestido de novia blanco se ha mantenido en gran medida inalterada.

En todos los rincones del mundo, las bodas han sido durante mucho tiempo una mezcla de tradiciones, valores culturales y expectativas sociales transmitidas de generación en generación. El vestido blanco se ha convertido en algo más que una prenda; Simboliza la conformidad con una norma cultural y las expectativas sociales que han resistido la prueba del tiempo. Esta dinámica revela un aspecto fascinante del comportamiento humano: la voluntad de adherirse a las tradiciones, incluso cuando ya no se alinean con los valores contemporáneos. Nos recuerda cómo las costumbres, los valores sociales, las tradiciones y las expectativas profundamente arraigadas pueden influir en nuestro pensamiento, creencias y acciones.

No estoy sugiriendo que las costumbres o tradiciones sean inherentemente malas. Cumplen un propósito esencial al ayudar a las personas a mantenerse conectadas con sus raíces culturales y fomentar un sentido de identidad y continuidad. Las tradiciones a menudo honran la historia y nos mantienen vinculados al pasado, recordándonos los valores y las experiencias colectivas transmitidas de generación en generación. Crean un sentido de pertenencia y ayudan a fortalecer las relaciones dentro de las comunidades. Además, las tradiciones aportan estructura y significado a los acontecimientos clave de la vida, ofreciendo consuelo y estabilidad, especialmente en tiempos de cambio, al tiempo que refuerzan importantes principios culturales y morales.

No me arrepiento de haber llevado un vestido blanco en mi boda. Fue un hermoso reflejo de la tradición y mi visión para el día. Sin embargo, también sirve como un poderoso recordatorio de cuan profundamente arraigadas pueden estar las costumbres y las expectativas sociales y cómo influyen en nuestras elecciones personales, a menudo sin que nos demos cuenta. Si bien las tradiciones pueden ofrecer consuelo, identidad y unidad, es importante reflexionar sobre si se alinean con nuestros valores y deseos o si las seguimos por costumbre o presión social. En última instancia, reconocer este equilibrio nos permite honrar el pasado al tiempo que creamos un espacio para la expresión individual.

CONCLUSIONES

- Las diferencias culturales se extienden mucho más allá de elementos superficiales como el idioma y la comida.
- La cultura abarca el comportamiento social, las normas, el conocimiento, las creencias, las artes, las leyes, las costumbres, las capacidades y los hábitos, que dan forma a la forma en que las personas hacen las cosas y los significados que asignan a las actividades.
- El modelo del iceberg cultural de Edward T. Hall ilustra que los elementos culturales visibles (por ejemplo, la música y la comida) son solo la punta del iceberg, mientras que los elementos más profundos e invisibles (por ejemplo, los valores y las creencias) se encuentran debajo de la superficie.
- Para entender otra cultura, primero hay que explorar tu propia cultura interna, sus valores, sus creencias, sus prejuicios y sus normas

sociales. Esta autoconciencia fomenta el crecimiento personal, emocional y espiritual.

- Identificar y honrar los valores fundamentales es crucial, especialmente cuando se vive en el extranjero, para mantener un sentido de identidad y navegar por nuevos entornos culturales sin sacrificar los valores personales esenciales.
- Las tradiciones dan forma y reflejan los valores de la sociedad. A pesar de los cambios en los valores, las tradiciones persisten debido a la presión social y a la memoria cultural colectiva.

CAPÍTULO 2

Correcto, incorrecto o diferente

"No son nuestras diferencias las que nos dividen. Es nuestra incapacidad de reconocer, aceptar y celebrar esas diferencias".
—*Audre Lorde*

Cuando aprendemos a ver las cosas desde varios ángulos y cambiamos nuestras perspectivas, a menudo descubrimos que puede haber múltiples respuestas correctas o formas de hacer las cosas. Tendemos a creer que nuestras experiencias y creencias definen lo que es preciso, y cualquier cosa que se desvíe de ellas debe estar equivocada. Sin embargo, no siempre es así. Entender diversas perspectivas revela la riqueza de los enfoques alternativos y nos recuerda que la verdad y la rectitud no siempre son absolutas.

Desde que nacemos, se nos enseña a comportarnos, vestirnos, actuar, comer y distinguir lo correcto de lo incorrecto de acuerdo con las expectativas de la sociedad. La religión, la cultura y las tradiciones juegan un papel clave en la formación de lo que somos y la forma en que pensamos. Crecemos con normas, reglas y estándares que guían nuestro comportamiento dentro de los grupos sociales, transmitidos de generación en generación y reforzados por familiares, amigos, maestros y figuras religiosas para ayudarnos a adaptarnos.

Se nos enseñan comportamientos apropiados para diversos contextos, como vestirnos para la iglesia, el trabajo o la cena, saludar a los demás, mostrar respeto y practicar la cortesía. Sin embargo, estos conceptos son relativos y varían ampliamente entre familias, individuos o lugares. Lo que una persona considera una conducta apropiada puede ser completamente lo contrario para otra persona. A pesar de nuestras buenas intenciones, las acciones a veces pueden ser malinterpretadas por personas de diferentes orígenes.

Entonces, ¿qué sucede cuando te encuentras en un entorno desconocido con normas y tradiciones que difieren de las tuyas? ¿Qué pasa si su conducta, perfectamente aceptable en su sociedad, se siente descortés o irrespetuosa en la tuya? ¿Te sientes excluido, incomprendido o incluso discriminado? ¿Evitas la interacción por confusión o autoprotección?

¿Están equivocados? ¿Tienes razón? ¿O simplemente somos diferentes?

En las siguientes páginas, compartiré ejemplos de mis experiencias con diversas culturas y tradiciones. Exploraré cómo navegar por estos matices y cómo encontrar puntos en común. Sala de maternidad

Crecí en México, donde la familia, los amigos y las interacciones sociales forman la base de nuestros valores fundamentales. Cuando nace un bebé, es costumbre que la familia y un gran grupo de amigos visiten el hospital para conocer al recién nacido y felicitar a los padres. Si bien los hospitales a menudo se sienten tensos con preocupaciones sobre la salud de un ser querido, el área de maternidad es un lugar de reunión vibrante y alegre.

En México, la sala de maternidad se llena de flores, regalos, globos y personas ansiosas por compartir en este día especial. Los nuevos padres a menudo preparan pequeños recuerdos, generalmente chocolates en cajas bellamente decoradas, como gestos de gratitud para todos los que pasan. No visitar al nuevo bebé en los primeros días puede verse como una falta de amistad o indiferencia, por lo que priorizamos y hacemos tiempo para visitarlo.

Unos meses después de mudarnos a Memphis, recibimos un correo electrónico de nuestros amigos estadounidenses, Bonnie y David, anunciando el nacimiento de su primer hijo. Como lo hubiéramos hecho en México, salimos del trabajo, nos detuvimos en una tienda para comprar flores y un regalo, y nos dirigimos al hospital para conocer al nuevo miembro de la familia. Pero cuando llegamos, nos sorprendimos al encontrar un pasillo vacío, sin señales de visitas, flores o decoraciones vibrantes (excepto por algunos letreros en la puerta: "Es un niño o una niña"). Cuando llamamos, David abrió la puerta, nos saludó sorprendido y nos preguntó si queríamos entrar. Adentro solo estaban la pareja y su recién nacido, no había una multitud bulliciosa, solo ellos y nosotros, los dos intrusos inesperados.

¡Incómodo!

No sabíamos qué hacer, ya que era evidente de inmediato que no habían previsto ningún visitante. A pesar de su sorpresa, nos recibieron calurosamente y compartimos un breve y precioso rato con su recién nacido antes de partir. No pudimos evitar preguntarnos por qué no había venido nadie más. En México, un bebé recién nacido suele atraer a una multitud. La ausencia de visitantes podría haber sugerido algunas complicaciones laborales, mala salud o lazos sociales tensos.

La explicación no tenía nada que ver con problemas de salud o dinámicas sociales. Era sencillo: diferencias culturales, que no habíamos reconocido ni entendido.

En los EE. UU., solo los familiares cercanos y algunos mejores amigos suelen visitar a los padres en el hospital. En contraste, en México, he visto habitaciones de hospital llenas con más de diez personas adentro, y aún más afuera esperando su turno para entrar.

Años más tarde, mi esposo y yo nos mudamos a Columbus, Indiana, donde Bonnie y David también se habían mudado, casualmente. Poco después, quedé embarazada de nuestra hija, Andrea. Nuestros amigos organizaron *baby showers* para ella, y cuando Andrea nació, mis padres volaron desde México para estar allí y ayudar a los nuevos padres inexpertos.

Andrea nació a las cuatro de la madrugada después de dieciséis horas de trabajo de parto. Mis padres, que habían estado en la sala de espera todo el tiempo, vinieron inmediatamente a nuestra habitación para encontrarse y sostener a su nieta en brazos. Tomamos fotos y compartimos la noticia con nuestros seres queridos, quienes respondieron con sinceras felicitaciones.

Alrededor de las 7 a.m., finalmente logré cerrar los ojos, con la esperanza de descansar un poco, pero la enfermera llegó poco después para asegurarse de que había alimentado al bebé. A las 8 a.m., el pediatra estaba allí para ver a Andrea. Alrededor de las 9 a.m., el fotógrafo del hospital llegó poco después para tomar fotos familiares, una oferta que rechacé de inmediato. No me apetecía parecer un zombi con un bebé en brazos, y no tenía la energía para vestirme para la ocasión. Justo cuando me estaba acomodando, alrededor de las 9:30 a.m., apareció el ginecólogo para revisarme, seguido por la enfermera nuevamente. Y así continuó: un desfile interminable de médicos y enfermeras, cada uno con sus tareas.

A las 5 p.m., no había dormido en más de 40 horas y estaba completamente exhausto. En ese momento, finalmente entendí por qué algunas personas prefieren no recibir visitas justo después de dar a luz. Sin embargo, solo una hora después, mis amigos latinos llegaron con regalos y flores, tal como lo había anticipado. De alguna manera, mi espíritu latino se activó, y el orgullo y la emoción de presentarles a nuestra hija me dieron una oleada de energía, lo que me permitió mantenerme despierta y saborear esas preciosas horas juntas.

Siguiendo nuestra tradición mexicana, entregamos cajas de chocolates con el nombre de Andrea como agradecimiento a cada amigo que nos visitó.

Sin embargo, a diferencia de México, ninguno de mis amigos estadounidenses nos visitó en el hospital. Solo Bonnie y David, que habían experimentado nuestras costumbres mexicanas durante sus años allí, se presentaron. En cambio, nuestros amigos estadounidenses nos visitaron después de que hubiéramos regresado a casa. No vinieron por una llamada social; llegaban con comidas, platos caseros de tres y cuatro platos que dejaban sin esperar quedarse o vernos. No tuve que cocinar una sola comida durante casi dos meses. Este gesto de amabilidad y practicidad fue un hermoso regalo que me permitió descansar y pasar tiempo con mi recién nacido. Esta era una tradición que no había encontrado en México, pero rápidamente se convirtió en una que aprecié y adopté sinceramente.

Cuando regresamos a casa, colocamos un globo rosa que decía "es una niña" en la puerta de nuestra casa, un gesto que habíamos visto que otros usaban para anunciar que el bebé había llegado a casa. Poco después, algunos vecinos dejaron silenciosamente regalos y tarjetas en nuestro porche, sin tocar el timbre para no molestarnos o arriesgarnos a despertar al bebé.

En 2009, cuando nació mi hijo Luis, el hospital había cambiado sus políticas, limitando las visitas y estableciendo horarios estrictos de visita. ¡Tal vez ya estaban hartos de que nosotros, los extranjeros, convirtiéramos la maternidad en una fiesta! Si bien debilitó nuestras celebraciones habituales, nos adaptamos y trasladamos la fiesta a casa. Cabe mencionar que todo esto sucedió antes de la pandemia. Desde entonces, es posible que los hospitales de todo el mundo también hayan implementado nuevas reglas con respecto a las reuniones y los visitantes.

Esta experiencia me enseñó una lección valiosa: las personas ofrecen lo que más valoran a sus seres queridos. Para algunos, es la presencia y la conexión física; Para otros, es tiempo y apoyo práctico. Me sentí querida y apreciada por ambos grupos. Mis amigos latinos me dieron las risas, los abrazos y la compañía que anhelaba. Por el contrario, mis amigos estadounidenses me ofrecieron tiempo y un apoyo atento que facilitó mi transición a la maternidad y me permitió pasar un tiempo precioso con mi recién nacido.

Entonces, ¿quién lo hizo de la manera "correcta"? ¿Fueron mis amigos los que vinieron al hospital o los que esperaron para conocer al bebé y trajeron comida? En los Estados Unidos, presentarse sin previo aviso puede ser visto como intrusivo, mientras que, en México, no visitar de inmediato puede ser percibido como indiferencia. Lo que se considera correcto en Estados Unidos podría verse como incorrecto en México, y viceversa.

Afortunadamente, mis amigos, Bonnie y David, entendieron que llegamos con las mejores intenciones, desconociendo las costumbres y matices en juego, al igual que yo me abstuve de asumir que mis amigos estadounidenses eran distantes simplemente porque no seguían mis expectativas mexicanas. Es fácil caer en la trampa de pensar que nuestro camino es el único. Podríamos juzgar a los demás en función de su comportamiento, vestimenta o interacción, etiquetando erróneamente las diferencias como defectos.

Me sentí increíblemente bendecida y agradecida por los hermosos gestos de afecto de mis amigos latinos y americanos. Cada grupo nos dio su tiempo, se esforzó y mostró su amistad y amor. Ambos querían hacernos felices y fueron extremadamente generosos expresándolo a su manera.

Estas diferencias a menudo crean barreras culturales sustanciales. Lo desconocido, lo desconocido, la falta de empatía y el miedo a no pertenecer pueden impedirnos formar conexiones con los diferentes. Sin embargo, mis experiencias han demostrado que comprender las razones detrás de estas diferencias ayuda a cerrar la brecha y crea conexiones. En lugar de etiquetar, juzgar o evitar a los demás en función de estas diferencias, te animo a que hagas preguntas y te acerques con empatía.

Cuando adaptarse a nuevas tradiciones no contradice nuestros valores fundamentales, aceptar y aprender de las diferencias puede fomentar el crecimiento personal y relaciones más sólidas. Algunos de mis amigos más cercanos son estadounidenses que no visitaron el hospital cuando tuve a mis bebés, que no salen de fiesta hasta las 3 a.m. o me saludan con un beso como lo hacen mis amigos latinos. Sin embargo, nuestro vínculo sigue siendo fuerte, y sé que siempre estarán ahí para mí, al igual que yo lo estaré para ellos.

Deja que las diferencias a tu alrededor inspiren una mayor comprensión, compasión y apertura. Si bien conectar a través de nuestras diferencias a veces puede ser un desafío, también es una oportunidad única para conocer los mejores aspectos de múltiples mundos.

CÓMO VALORAR LAS DIFERENTES PERSPECTIVAS

"La gente ve lo que quiere ver, y lo que la gente quiere ver no
siempre es la verdad".
—*Roberto Bolaño*

Todos tenemos una perspectiva única y valiosa. Es nuestra forma de ver y entender el mundo basada en nuestros valores, creencias, pensamientos, conocimientos y experiencias. Por lo tanto, nadie puede tener la misma perspectiva que tú. Las personas con antecedentes similares pueden tener perspectivas similares, mientras que aquellas con antecedentes diferentes pueden ver las cosas de manera diferente.

Figura 3. Valorando diferentes perspectivas.

Comprender que tus perspectivas y percepciones son solo eso, perspectivas y percepciones, no realidad absoluta, te permitirá estar abierto a puntos de vista nuevos y diferentes.

Valorar las diferentes perspectivas implica tratar de comprender el punto de vista de la otra persona con respeto, apoyo y empatía, incluso si difiere del tuyo. Se trata de ampliar tu perspectiva. Esto no requiere acuerdo, pero sí significa reconocer que sus experiencias y circunstancias han moldeado su perspectiva.

Para lograrlo, primero, sé consciente de tu perspectiva. Reflexiona sobre cómo se formó: ¿Qué eventos o experiencias influyeron en tus puntos de vista? ¿Cómo influyen tus creencias, valores y prejuicios en tu forma de pensar? Al comprender tu posición, puedes apreciarla mejor mientras permaneces abierto a los demás.

A continuación, escucha activamente. Trata de entender por qué alguien piensa de la manera en que lo hace. ¿Qué experiencias han moldeado sus puntos de vista? Permíteles compartir su historia, explorando sus antecedentes con compasión. ¿Cuáles son sus miedos, deseos y motivaciones? Escuchar con curiosidad en lugar de juzgar fomenta conexiones y comprensión más profundas.

Cuando compartas tu perspectiva, hazlo de forma abierta y respetuosa. Reconoce sus factores desencadenantes y concéntrate en comprender a los demás en lugar de reaccionar. Desarrolla la capacidad de expresar tus emociones mientras las regulas, asegurándote de que la conversación siga siendo constructiva.

Considera de qué modo su perspectiva difiere de la tuya. No tienes que estar de acuerdo o juzgar, simplemente reconoce que sus experiencias y antecedentes los han llevado a un punto de vista distinto. Pregúntate: ¿Puedo aprender algo de esto? ¿Ofrece nuevas perspectivas o posibilidades? Ver las perspectivas como inherentemente buenas o malas puede ayudarte a crecer.

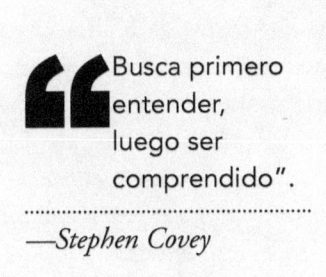

Busca primero entender, luego ser comprendido".
....
—*Stephen Covey*

Valorar las diversas perspectivas requiere humildad y el reconocimiento de que nadie tiene todas las respuestas. Significa buscar continuamente el conocimiento para ampliar su comprensión y apreciar que hay innumerables formas de abordar los desafíos y las oportunidades. La flexibilidad y la adaptabilidad son clave para el aprendizaje y el crecimiento.

Para fomentar un entorno en el que prosperen las diversas perspectivas, asegúrate de que todos se sientan escuchados, respetados y libres de expresarse sin temor a ser juzgados o aislados. Reconoce que estas perspectivas enriquecen nuestras vidas al enfocarse en las fortalezas en lugar de las debilidades.

PRIMER HALLOWEEN EN EE.UU.

Era septiembre en Collierville, una pequeña ciudad en los suburbios de Memphis, Tennessee. Las tiendas ya habían comenzado a decorar y vender artículos para Halloween. Predominaron los colores naranja y negro. Esqueletos, monstruos, fantasmas, payasos aterradores, brujas, superhéroes, vampiros y calabazas estaban por todas partes. Las películas de terror se transmitían en casi todos los canales. Sin duda, la anticipación de este evento se sentía en el aire.

En México, celebramos el Día de Muertos, una tradición indígena prehispánica asociada con las celebraciones católicas del Día de Todos los Santos, que se llevan a cabo el 1 de noviembre. Es un día festivo para honrar la vida y recordar a los seres queridos que han muerto. Algunas personas confunden las dos festividades, tal vez porque están separadas por solo un día o porque ambas involucran esqueletos y muertos.

Sin embargo, los significados y las formas de celebrarlos son completamente diferentes. Dicho esto, Halloween no es tan popular en México. Organizamos algunas fiestas de Halloween y la gente se disfraza para la ocasión; el 'truco o dulce' no es un evento tan importante como lo es en los EE. UU.

A pesar de que Halloween no es un gran día en México, ha sido una de mis celebraciones favoritas durante mucho tiempo. Creo que es súper divertido, me encanta la creatividad involucrada y disfruto ser una superheroína, una bruja, una doctora o cualquier cosa que quiera por un día.

En los Estados Unidos, nos invitaron a varias fiestas de Halloween y, a medida que encontré más disfraces y decoraciones, creció mi curiosidad sobre cómo se celebraba Halloween aquí. Quería participar plenamente, así que le pedí a una de mis amigas que me explicara la tradición en detalle. Ella me dijo: *"Los niños se disfrazan y van de puerta en puerta, tocando el timbre y diciendo 'truco o dulce'. Es como si dijeran: 'Danos caramelos o te jugaremos una mala pasada'. Necesitarás muchos dulces, especialmente en tu vecindario"*.

Nuestro vecindario era conocido por sus excelentes escuelas, grandes parques e instalaciones deportivas, que atraían a muchas familias jóvenes. En casi todas las casas vivían niños en edad escolar, por lo que se esperaba un largo desfile de niños que salían a pedir dulces. Siguiendo el consejo de mi amigo, compré una montaña de dulces, llené una calabaza gigante de plástico de color naranja brillante y me preparé para el gran día.

De camino a casa del trabajo, me di cuenta de que algunos niños ya habían empezado a pedir dulces. Corrí a casa, ansiosa por no perderme nada. Coloqué los dulces y esperé junto a la puerta, observando desde mi sala cómo los niños con disfraces fantásticos iban de una casa a otra, saltándose la mía por completo.

¿Por qué no se detuvieron en nuestra casa? Tal vez sabían que no teníamos hijos, o tal vez asumieron, como nuevos vecinos y mexicanos, que no celebrábamos Halloween. Esperé veinte o treinta minutos, viéndolos pasar sin tocar el timbre hasta que no pude resistirme. Agarré la calabaza y salí, decidida a compartir golosinas. No quería quedarme con todos esos dulces para mí.

Una vez que los niños me vieron afuera con la enorme calabaza llena de dulces, comenzaron a parar. Cada niño tomaba solo una pieza y se iba. ¿Solo un dulce? Me parecía insuficiente. En casa, las piñatas se tratan de agarrar todo lo que puedas, así que comencé a repartir puñados de dulces a cada niño. Rápidamente se corrió la voz; ¡En poco tiempo, éramos la casa más popular de la cuadra!

Charlando con un grupo de niños, mencioné que había estado esperando adentro, pero nadie había venido. Miraron alrededor de mi casa y dijeron: *"Oh, es porque no tenías la luz de la puerta de entrada encendida. Es señal de que podrían estar de vacaciones, enfermos, trabajando o no dispuestos a participar. Cuando está apagada no vamos".*

Ni siquiera se me había ocurrido que la luz exterior era la razón. Mi amiga se había olvidado de mencionar ese pequeño detalle. A pesar de que todas las luces estaban encendidas en el interior, se habían saltado nuestra casa porque una luz exterior estaba apagada. Este simple descuido me recordó que pequeños ajustes pueden tener un gran impacto. Incluso el más mínimo detalle, como un interruptor de luz, puede significar la diferencia entre conectarse o ser ignorado.

Por lo tanto, ¡siempre se curioso, pregunta y recuerda encender las luces!

CÓMO ADAPTARSE A UNA NUEVA CULTURA

Adaptarse a una nueva cultura requiere autoconciencia, resiliencia emocional, aprendizaje activo y adaptabilidad. Lo ideal es afrontarlo con curiosidad, apertura y flexibilidad. La curiosidad te permite explorar costumbres, tradiciones y valores desconocidos con un interés genuino, lo que te ayuda a apreciar los aspectos únicos de la cultura. Mantener una mente abierta, por su parte, te ayuda a dejar de lado las nociones preconcebidas y aprender de las experiencias que desafían tus creencias y hábitos. En tanto que la flexibilidad permite que te adaptes a otras normas sociales, probar alimentos desconocidos y comprender diversos estilos de comunicación.

Esta mentalidad adaptable te permite navegar por nuevos entornos con mayor facilidad, mostrar respeto por las costumbres locales y enriquecer tu experiencia general a medida que te sumerges en ella.

La vida en el extranjero es diferente y es fácil comunicarse mal o malinterpretar las señales. Comprender las normas y prácticas culturales de tu nuevo entorno y las razones detrás de ellas puede ayudarte mucho a adaptarte e impactar positivamente en tus relaciones.

Estos son algunos consejos para reducir los malentendidos y adaptarte con éxito a una nueva cultura:

- Observa.
- Escucha.
- Pregunta y cultiva la curiosidad con la voluntad de aprender.
- Mantén una mente abierta.
- Sé flexible, los pequeños cambios son muy útiles.
- Encuentra un mentor.
- Imita. Siempre que sea posible y sin comprometer tus valores o autenticidad.

Observa

Observa a los que te rodean. ¿Qué hacen? ¿Cómo se comportan? ¿Qué temas de conversación tienen? ¿Cómo pasan su tiempo libre o los fines de semana? ¿Qué regalos dan en diferentes ocasiones (para una invitación a cenar, un cumpleaños o una boda)? ¿Cuánto suelen gastar en un regalo? ¿Cuál es la etiqueta para cenar? ¿Cuál es el código de vestimenta?

Presta atención a las señales verbales y no verbales, al lenguaje corporal, al tono de voz, a los gestos y al espacio personal (proxémica). ¿Cómo se acercan a los ancianos, las mujeres, los niños o a las personas de mayor rango? ¿Cómo se saludan (entre amigos cercanos, conocidos, desconocidos, familiares, del mismo género y del género opuesto)? ¿Cómo se comunican entre sí?

Comprender y familiarizarse con estos comportamientos puede ayudar a demostrar sensibilidad cultural y respeto.

Escucha

Escucha activamente los pensamientos y perspectivas sin juzgar. Deja que tus prejuicios, expectativas, suposiciones y creencias pasen a un segundo plano.

La escucha supone estar dispuesto a desaprender viejas ideas, aprender cosas nuevas y ver el mundo a través de otros ojos.

Participa en la conversación estando completamente presente sin distracciones. Haz preguntas abiertas, presta atención al lenguaje corporal (tanto el de ellos como el tuyo) y mantén el contacto visual (asegúrate de entender la longitud culturalmente apropiada). Parafrasea o resume para asegurarte de que sabes lo que están comunicando. Escucha para entender, no solo para responder, juzgar u ofrecer consejos.

Pregunta, pregunta, pregunta

Cultiva una mentalidad de curiosidad adoptando una apertura genuina para aprender. La curiosidad es uno de los maestros más efectivos que te impulsan a explorar, cuestionar y comprender el mundo con un sentido de propósito más profundo. Esto te anima a hacer preguntas perspicaces y a analizar la información de forma crítica en lugar de aceptarla al pie de la letra. Al considerar múltiples perspectivas, obtienes una comprensión más rica y matizada del mundo que te rodea. Además, la curiosidad sobre la vida y las experiencias de los demás fomenta la empatía, fortalece sus conexiones sociales.

Siempre pregunta "por qué", "cómo" y "qué pasaría si" para profundizar tu comprensión del mundo que te rodea. No tengas miedo de hacer incluso las preguntas más básicas. Interactúa con personas de diferentes orígenes y campos.

Empatiza con diferentes puntos de vista tratando de entender las prácticas culturales desde la perspectiva de quienes las siguen. Considera los contextos históricos, sociales y emocionales que dan forma a estas tradiciones. Hacer preguntas de manera efectiva aclara dudas, muestra un interés genuino y demuestra participación en una nueva cultura. Sin embargo, siempre pregunta de manera respetuosa y reflexiva.

Recuerdo vívidamente, en 2003, cuando alguien me preguntó si había autos o televisores en México. No sabría decir si estaban bromeando, si realmente no tenían ni idea, o si tal vez se imaginaban a todos los mexicanos montando un burro para ir al trabajo. Por supuesto, no todos en México tienen un automóvil, ¡pero esa pregunta estaba muy lejos! Casi al mismo tiempo, alguien le preguntó a un amigo brasileño si la gente en Brasil se vestía como lo hace durante el Carnaval durante todo el año. ¿Seriamente?

Este tipo de preguntas a menudo se derivan de sesgos y suposiciones inconscientes. Para evitar hacer suposiciones, es mejor hacer preguntas abiertas que permitan una comprensión genuina. En lugar de preguntar si hay automóviles o televisores en México, podrían haber preguntado: "¿Cuáles son los métodos de transporte más comunes en México?" y seguir con: "¿Qué tan accesible es para las personas tener un automóvil?". Del mismo modo, en lugar de asumir que los brasileños se visten como si fuera Carnaval todo el año, una mejor pregunta sería: "¿Cuál es el código de vestimenta típico para el trabajo o los eventos sociales en Brasil?" Preguntas abiertas como estas invitan a una exploración más profunda y respetuosa de las diferentes culturas.

Si no estás seguro de cómo manejar una situación, pide pautas a alguien que esté familiarizado con la cultura. Algunas preguntas útiles podrían ser:

- ¿Qué es lo correcto en esta situación?
- ¿Qué debo hacer en este caso?
- ¿Qué puedo llevar?
- Estoy planeando hacer esto. ¿Estaría bien?
- ¿Hay alguna alergia alimentaria o restricción dietética que deba conocer? ¿O algún ingrediente o alimento que deba evitar o incluir al organizar una fiesta?
- Me di cuenta de esto. ¿Podría explicar de qué se trata?
- ¿Qué se espera que haga o evite en esta situación en este país?
- ¿Cómo se celebra este evento o fiesta tan especial?
- ¿Es aceptable participar en este evento o celebración?
- ¿Cómo puedo mostrar respeto por su cultura? ¿Para mi jefe? ¿Para el sexo opuesto?
- ¿Hay algún límite cultural que deba conocer?
- ¿Cuál es el código de vestimenta para este evento?

Cuanto más te prepares y aprendas sobre la nueva cultura, mejor. Sin embargo, todos cometemos errores inevitablemente cuando nos enfrentamos a situaciones desconocidas, lo cual está bien. Así es como aprendemos, y la mayoría de las personas no harán un gran problema si saben que eres extranjero, que no infringes ninguna ley y que actuaste con buenas intenciones.

Si cometes un paso cultural en falso, te disculpas, aprendes de ello y sigues adelante, ¡todo es parte de la aventura! No seas demasiado duro contigo mismo. Todos hemos estado allí y, sinceramente, es probable que eso sea una excelente historia para compartir en el futuro.

Mantén una mente abierta

Mantener una mente abierta te permite ver el mundo a través de diversas perspectivas, enriqueciendo tu comprensión y ampliando tus horizontes. Esto implica dejar de lado las nociones preconcebidas para dar entrada a nuevas ideas y experiencias. Evita hacer suposiciones basadas únicamente en tus percepciones.

Acércate a un nuevo entorno con respeto y voluntad de aprender. Dale a los demás el beneficio de la duda y trata de entender su perspectiva. Lo que puede parecer grosero o inusual en una cultura puede ser totalmente aceptable en otra. Las diferencias culturales no tienen que ver con lo que está bien o mal, sino que reflejan la diversidad de las experiencias humanas. Al respetar las costumbres locales y mostrar voluntad de adaptación, creas oportunidades para conexiones más profundas.

Sé flexible

Es posible que las cosas no siempre salgan según lo planeado, pero aceptar el cambio y mantenerte adaptable puede convertir lo inesperado en oportunidades. La flexibilidad significa estar abierto a nuevas experiencias y salir de tu zona de confort, ya sea que eso implique probar nuevos pasatiempos, explorar lugares desconocidos o adaptarte a diferentes rutinas y culturas laborales. Se trata de dar la bienvenida a la oportunidad de adaptarse a nuevas situaciones, como el clima o las costumbres locales, y encontrar alegría al interactuar con la comunidad de maneras que no había considerado inicialmente.

La flexibilidad suaviza tu transición. La mayoría de las veces, solo requiere pequeños cambios (como encender la luz). Ser flexible no significa que tengas que sacrificar tu autenticidad. Puedes encontrar formas únicas de contribuir mientras te mantienes fiel a ti mismo.

Por ejemplo, durante nuestro primer Halloween en los Estados Unidos, abracé un poco de la tradición local encendiendo la luz de la puerta principal y repartiendo dulces. Pero lo hice a mi manera: repartí muchas golosinas cuando nadie más en el vecindario lo hacía. Combinar la voluntad de adaptación con un toque personal creó una experiencia memorable, ¡haciendo que mi primer Halloween en los EE. UU. fuera un gran éxito!

Encuentra un mentor local

Encuentra un mentor local desde el principio para que te ayude a adaptarte rápidamente a la cultura del país, incluidos sus hábitos y comportamientos únicos. Lo ideal es elegir a alguien nativo de la zona para obtener información valiosa sobre su perspectiva y comprender mejor su enfoque y el de ellos.

Imita

Después de observar cómo se comportan los demás y escuchar activamente, considera imitar sus acciones cuando sea apropiado sin dejar de ser auténtico. ¿Hablan en voz baja, evitan el contacto visual o mantienen un espacio personal más grande? ¿O es más probable que se abracen, se besen, hablen en voz alta y muestren abiertamente sus emociones? Observa sus comportamientos únicos y ajusta tu enfoque de manera que fomentes la conexión, eso te permitirá adaptarte sin comprometer tu individualidad.

¿Por qué imitar? A menudo, eso demuestra que te preocupas y respetas su cultura. Por ejemplo, si te invitan a una casa y ves que el anfitrión de la familia y otros invitados se quitan los zapatos en la entrada, es cortés hacer lo mismo. Si todos en la mesa comparten platos, es bueno unirse. Si nadie comienza a comer incluso cuando se sirve la comida, ¡espera! Puede ser una falta de respeto ser el primero en atrincherarse. Si notas que todo el mundo se alinea en el lado derecho de una escalera mecánica, haz lo mismo.

Actuar de manera diferente a los lugareños puede ser percibido como ofensivo o irrespetuoso. En caso de duda, pregunta. Si no puedes preguntar y no estás seguro de qué hacer, el mejor enfoque es imitar a quienes te rodean a menos que entre en conflicto con tus valores.

Sin embargo, no hay que confundir apreciar e imitar algunas normas culturales con la apropiación cultural, que puede ser grosera. Merriam-Webster define la apropiación cultural como "tomar algo sin autoridad o derecho" e implica explotar, faltar al respeto o estereotipar los elementos culturales de un grupo minoritario. Por favor, no uses o muestres algo de otra cultura sin entender su significado, especialmente objetos religiosos o tradiciones. Pregúntale a un local de confianza si tienes dudas.

Recuerde que a menudo, un poco de curiosidad, una mente abierta y algunos ajustes menores pueden tener un gran impacto.

CONCLUSIONES

- Acércate a una nueva cultura con curiosidad, flexibilidad, una mente abierta y voluntad de aprender.
- Pequeños cambios pueden marcar una gran diferencia.

- Sé compasivo y perdona los errores culturales, tanto los de los demás como los tuyos.
- Tener razón no significa que los demás estén equivocados. Lo correcto, lo incorrecto, lo bueno y lo malo son relativos.
- Crea un entorno en el que todos se sientan escuchados, apoyados, respetados y libres de expresarse y compartir sus pensamientos.

CAPÍTULO 3

¿Qué dijo?

"Sé que crees que entiendes lo que pensabas que dije, pero no es así. Seguro que te das cuenta de que lo que escuchaste no es lo que quise decir".
—*Alan Greenspan*

La comunicación, el alma de la interacción humana, actúa como el puente que conecta a los individuos, las culturas y las sociedades. Sin embargo, la forma en que nos comunicamos varía significativamente en todo el mundo, lo que a menudo conduce a malentendidos e interpretaciones erróneas. Este desafío es particularmente pronunciado en la distinción entre las culturas de comunicación directa, que valoran la claridad y la franqueza, y las culturas de comunicación indirecta, que priorizan la armonía y la sutileza.

MI EXPERIENCIA: DE LA COMUNICACIÓN INDIRECTA A LA DIRECTA

Crecí en México, donde la gente generalmente evita decir "no" o hacer comentarios desagradables directamente. En cambio, tendemos a expresar desacuerdo o desaprobación de maneras sutiles e indirectas para mantener la armonía y evitar la incomodidad. Los comentarios negativos a menudo se entregan con delicadeza, con mucho cuidado para minimizar la ofensa.

Una de las cosas que más admiro de los estadounidenses es su franqueza. Dicen exactamente lo que piensan, dejando claras las expectativas. Sin embargo, adaptarme a este estilo de comunicación directo me llevó tiempo. Al crecer en una cultura en la que la franqueza a menudo se percibe como grosería, al principio me resultó difícil adaptarme.

Figura 4: Comunicación indirecta y directa.

En México, cuando nos enfrentamos a la disyuntiva entre la honestidad que corre el riesgo de ofender a alguien o una pequeña mentira para evitar conflictos, a menudo elegimos lo segundo. Si bien este enfoque fomenta la armonía y evita los sentimientos, también puede dar lugar a malentendidos y falta de claridad.

Cuando me encontré por primera vez con el estilo de comunicación directa en los Estados Unidos, fue un choque cultural. Escuchar comentarios contundentes, especialmente en lugares como Alemania y Bélgica, donde la comunicación puede ser aún más directa, a menudo me tomó desprevenida. He aquí algunos casos en los que mi estilo de comunicación indirecta chocó con el enfoque más directo:

Rechazar una invitación

En México, cuando alguien recibe una invitación a un evento al que sabe que no puede asistir, puede responder con: "Veré si puedo asistir" o "Haré todo lo posible para estar allí", incluso si ya está seguro de que no podrá ir. A menos que haya una excusa clara y aceptable, como un viaje programado o un compromiso de mayor importancia, a menudo se evita rechazar directamente la invitación. Este enfoque ayuda a suavizar el rechazo, minimizando la decepción para la persona que invita. En la cultura mexicana, este tipo de indirectos se consideran corteses y considerados

Mientras vivía en Memphis, invité a un amigo estadounidense a una fiesta. ¿Su respuesta? "Lo siento, pero no puedo asistir a su evento. Ya tengo otros planes". Y eso fue todo, sin más explicaciones, sin excusas, ¡nada! Admito que me sorprendió un poco lo enérgico que se sentía. En las culturas latinas, rara vez seríamos tan directos. En su lugar, ofreceríamos una novela completa de excusas para asegurarnos de que la persona sepa que queremos estar allí.

Le habría dicho: "¡Muchas gracias por considerarme! Me siento realmente honrado, pero viajaré con mi familia esa semana. Lamento mucho perdérmelo, pero tal vez podamos hacerlo en otro momento".

Sí, lo sé, son muchas palabras. Pero para nosotros, no es solo educado, sino que ¡así es como demostramos que nos importa! Nos encanta agregar palabras e historias, incluso para decir: "No, no puedo hacerlo". No es innecesario; Es nuestra forma de suavizar el golpe y mantener la relación. En la cultura latina, un poco más de calidez es muy útil.

En Alemania, descubrí rápidamente que este enfoque indirecto puede llevar a malentendidos. Por ejemplo, cuando alguien respondió a una invitación diciendo: "Tengo visitas en casa, pero asistiré a tu fiesta por un corto tiempo", es probable que un mexicano lea entre líneas y comprenda que esta persona probablemente no asistirá. Sin embargo, en Alemania, el anfitrión lo tomó como un "sí" definitivo y se sintió decepcionado cuando el invitado no se presentó. Los alemanes, estadounidenses y otras culturas directas valoran una respuesta clara y directa de "sí" o "no" a las invitaciones. Esta franqueza no solo establece expectativas, sino que también evita confusiones.

En estos últimos países., ser directo a menudo se ve como una señal de respeto y consideración por anfitrión. Una respuesta clara ayuda a saber exactamente qué esperar, evitando frustraciones y decepciones más adelante.

Dar retroalimentación

En México, cuando se proporciona retroalimentación sobre el trabajo de alguien, las personas a menudo se enfocan en los aspectos positivos e insinúan suavemente áreas de mejora. Por ejemplo, podrían decir: "Hiciste un gran trabajo en este proyecto. Tal vez podamos considerar algunos pequeños cambios para mejorarlo". Estar en desacuerdo, especialmente en un entorno social, generalmente se hace sutilmente para mantener la armonía. Frases como: "Tienes un buen punto, pero tal vez podamos verlo desde otro ángulo", se usan comúnmente, incluso en casos de fuerte desacuerdo.

Por el contrario, culturas como la alemana abordan la retroalimentación con honestidad y franqueza. Mis compañeros de clase y amigos decían cosas como: "Esto está mal. Hay que arreglarlo de esta manera". Si bien este enfoque puede parecer inicialmente duro, muchos aprecian su eficiencia y claridad.

LA ALFOMBRA VIEJA

Cuando estábamos buscando nuestra primera casa en los EE. UU., visitamos cinco o seis propiedades antes de encontrar una que nos gustara. La casa tenía seis años de antigüedad, y la alfombra blanca limpia, recién aspirada, pero mostraba desgaste en las áreas de alto tráfico. Aun así, decidimos hacer una oferta, teniendo en cuenta silenciosamente el costo de reemplazar la alfombra en la sala y el pasillo.

Nuestro agente inmobiliario, sin embargo, tenía una idea diferente. Sugirió ofrecer más por la casa mientras pedía un subsidio para reemplazar la alfombra. Luego, durante las negociaciones, dijo directamente a los propietarios: "La alfombra está vieja y manchada en las zonas de tráfico. Estamos pidiendo un subsidio para reemplazarlo".

Mi mente no entendía. ¿Les dijo a los dueños que su alfombra estaba vieja y sucia, y luego les pidió que nos pagaran para reemplazarla? Además, sacó a relucir los mosquiteros de las ventanas y otros pequeños arreglos. Estaba seguro de que los propietarios se sentirían ofendidos y rechazarían nuestra oferta.

Pero para mi sorpresa, acordaron el precio, arreglaron los problemas y proporcionaron el dinero para reemplazar la alfombra. Así es como funcionan las negociaciones para nuestro agente inmobiliario, los propietarios de las casas y otras personas acostumbradas a la comunicación directa. Los problemas se resuelven mejor a través de la apertura y la discusión honesta. Dado el estado de la alfombra, no se tomaron la crítica como algo personal; Probablemente lo esperaban. Sabían que afectaría el valor de la propiedad y vieron la negociación como un intercambio directo.

En mi cultura, este enfoque sería visto como demasiado contundente. Señalar defectos específicos, especialmente sobre el cuidado de la casa, a menudo se considera descortés. Si no te gusta la casa, simplemente no la compras sin decir por qué. Si te gusta, pero notas algunos problemas, se manejan de manera más sutil. Preferimos ajustar la oferta silenciosamente que señalar explícitamente los desperfectos.

No es que ignoremos los inconvenientes; simplemente preferimos abordarlos indirectamente. Ser abierto y señalar los problemas en una cultura de comunicación directa puede agilizar las negociaciones y conducir a resultados productivos sin crear conflictos, simplemente hace que las cosas avancen más rápido.

DESACUERDO CON EL JEFE

Venir de una cultura de comunicación indirecta y entrar en un entorno de comunicación directa puede ser toda una aventura. Lo experimenté durante uno de mis primeros viajes de trabajo a Estados Unidos. Estuve a cargo de implementar el módulo de inventarios del nuevo sistema para nuestra empresa en México. Viajé con el equipo de implementación para reunirme con el equipo de EE. UU. para obtener comentarios y sugerencias.

Durante una de las reuniones, me quedé boquiabierto cuando un colega le dijo a su jefe: "No creo que este cronograma funcione", frente a todo el equipo. Tenía un excelente punto y lo defendió amable y respetuosamente con grandes argumentos y hechos, pero fue extremadamente directo. Explicó: "Es posible que encontremos algunos desafíos durante las pruebas de integración. Los nuevos módulos de software tienen dependencias complejas, y apresurarse en esta fase podría conducir a problemas serios".

Para mi sorpresa, nadie pareció ofendido. En cambio, le preguntaron cuánto tiempo extra creía que necesitábamos. Escucharon respetuosamente, hicieron algunas preguntas, dejaron el tema abierto para un análisis más profundo y programaron una reunión de seguimiento. El hecho de que estuviera tan abiertamente en desacuerdo con un empleado de mayor rango era algo que no vi venir. Además, ni su mánager ni el director (con el que no estaba de acuerdo) estaban molestos.

En las culturas indirectas, como la japonesa, esto estaría completamente fuera de lugar. En lugar de estar en desacuerdo abiertamente, las personas pueden hacer preguntas o agregar comentarios velados para guiar la conversación en la dirección que desean. Pueden presentar sus hechos e información en privado. En casos más extremos, pueden permanecer en silencio incluso cuando no están de acuerdo. La mayoría de las culturas indirectas son jerárquicas (capítulo 5), y estar en desacuerdo con alguien con más poder o un rango más alto es una falta de respeto y también podría afectar tu posición.

Las culturas indirectas a menudo prefieren insinuar los problemas en lugar de abordarlos de frente, valorando la armonía y salvando las apariencias sobre la confrontación. Este enfoque funciona maravillosamente para mantener interacciones agradables, pero puede ser un desafío cuando te encuentras en una cultura que valora la franqueza.

Si bien la comunicación directa puede ser inicialmente incómoda para aquellos que no están acostumbrados a ella, puede conducir a una resolución de problemas más eficiente y expectativas más claras. Me di cuenta de que las aportaciones de los empleados eran valoradas en esta cultura de comunicación directa porque contribuían al éxito del proyecto.

A partir de entonces, traté conscientemente de adaptar mi estilo de comunicación. Aprendí a expresar mis preocupaciones y sugerencias más abiertamente, entendiendo que la claridad y la honestidad eran vistas como fortalezas en lugar de groserías en esta cultura. Todavía conservaba algunas de mis raíces indirectas, especialmente cuando se trataba de temas más sensibles, pero encontré un equilibrio que me permitió ser respetuosa y directa.

LOS 50 SIGNIFICADOS DEL NO

Para un comunicador directo, "sí" significa "sí" y "no" significa "no". Es claro, directo y deja poco espacio para la interpretación. Obtienes una respuesta honesta que refleja exactamente lo que están pensando, sin mensajes ocultos para decodificar.

En contraste, para un comunicador indirecto, "sí" puede significar una variedad de cosas: podría ser un "sí" genuino, pero también podría significar "sí, pero en realidad no puedo", "no" o "no estoy seguro". La interpretación depende en gran medida del contexto. A menudo, dicen lo que creen que tú quieres escuchar para evitar conflictos o incomodidades. Sin embargo, si lees entre líneas, es probable que encuentres la respuesta correcta dentro de sus palabras o lenguaje corporal.

Lo mismo se aplica al "no", que puede tener muchos significados. Podría traducirse como "tal vez", "no en este momento, pero sí más tarde", "pregúntame de nuevo" o "Estoy interesado, pero soy demasiado tímido para decirlo directamente". Los comunicadores indirectos a menudo usan frases como

"Necesito pensar en ello", "tal vez", "Es posible que necesite verificar" o "eso podría ser difícil" como formas educadas de decir "no".

En un estilo de comunicación indirecta, las respuestas honestas a menudo están envueltas en capas de cortesía y sugerencias sutiles. Comprender este estilo requiere escuchar atentamente, observar y, a veces, leer entre líneas para descubrir el mensaje subyacente. Para aquellos acostumbrados a la comunicación directa, este enfoque matizado puede parecer como navegar por un laberinto de significados implícitos, pero para el comunicador indirecto, se trata de mantener la armonía y el respeto.

Ejemplo #1:
Amigo que pasa por la casa de un amigo

Mexicano - Mexicano Indirecto-Indirecto	Americano - Americano Directo-Directo	Mexicano - Americano Indirecto-Directo
Mexicano 1: Hice Margaritas; ¿Te apetece uno?	Americano 1: Hice Margaritas; ¿Te apetece uno?	Mexicano: Hice Margaritas; ¿Te apetece uno?
Mexicano 2: No, gracias.	Americano 2: No, gracias.	Americano: No, gracias.
Mexicano 1: ¿Estás seguro?		Mexicano: ¿Estás seguro?
Mexicano 2: Sí, se ven muy bien, pero no gracias.		Americano: Sí, estoy seguro, gracias.
Mexicano 1: ¿Solo uno?		Mexicano: ¿Solo uno?
Mexicano 2: Está bien, solo uno.		Americano: [En su mente] ¿Qué le pasa a este tipo que no entiende que no quiero Margaritas?
Mexicano 1: ¿Quieres otro?		
Mexicano 2: ¡Claro! ¿Por qué no?		

En México, como en muchas culturas, como Japón, Arabia Saudita, Irán e India, cuando alguien te ofrece algo una vez, una bebida, una cosa o un favor, a menudo es solo un gesto cortés. Sin embargo, si se ofrecen dos o más veces, es una señal de que realmente quieren cuidarte como invitado o amigo y esperan sinceramente que aceptes.

Aceptar una oferta de inmediato, por otro lado, puede parecer demasiado ansioso. Puede dar la impresión de que estás desesperado, demasiado hambriento o necesitado, ¡incluso si lo estás! El enfoque cortés es rechazar una o dos veces, y luego aceptar después de que insistan unas cuantas veces. Por ejemplo, si alguien comenta: "Las margaritas se ven geniales", a menudo es una señal: "Me encantaría probar algunas, pero esperaré a que me preguntes de nuevo, así que estoy seguro de que no es una molestia compartirlas".

Este baile de ofertas y rechazos es parte de la etiqueta cultural, una forma de asegurarse de que el anfitrión hable en serio con su oferta y que usted, como huésped, no sea impositivo. Se trata de mantener un equilibrio entre generosidad y humildad, una forma sutil de demostrar que aprecias la oferta, pero no eres lo suficientemente presuntuoso como para tomarla al pie de la letra en la primera ronda.

Ejemplo #2:
Ir a almorzar cuando tienes hambre

Japonés - Japonés Indirecto-Indirecto	Alemán - Alemán Directo-Directo	Alemán - Japonés Directo-Indirecto
Japonés 1: [Se da cuenta por el lenguaje corporal de que su amigo tiene hambre] ¿Te gustaría comer algo?	Alemán 1: ¿Tienes hambre?	Alemán: ¿Tienes hambre?
Japonés 2: Solo si tú también quieres.	Alemán 2: Me muero de hambre. Vamos a comer algo.	Japonés: Mmm, solo un poco. [Su estómago ruge y se muere de hambre].
Japonés 1: ¿Dónde quieres comer?	Alemán 1: Yo también. ¡Vamos!	Alemán: Entonces, sigamos con lo que estamos haciendo.
Japonés 2: Donde quieras.		Japonés: [Silencio, excepto por el rugido de su vientre].
Japonés 1: Puedes elegir.		
Japonés 2: ¿Qué tipo de comida te gusta?		
Japonés 1: Cualquier cosa que te guste está bien para mí.		
Japonés 2: ¿Te gusta el sushi?		

Japonés - Japonés Indirecto-Indirecto	Alemán - Alemán Directo-Directo	Alemán - Japonés Directo-Indirecto
Japonés 1: Sí, me gusta el sushi.		
Japonés 2: Luego podemos ir a un restaurante de sushi.		

Los alemanes son conocidos por su estilo de comunicación directa. Es probable que lo expresen sin rodeos si tienen hambre, están enojados, emocionados u orgullosos, dejando poco espacio para la interpretación. Dicen lo que quieren decir y quieren decir lo que dicen.

En Japón, sin embargo, la indirecta se considera un sello distintivo de la cortesía. Declarar: "Sí, me muero de hambre" puede sonar descortés y egocéntrico. La cultura japonesa es colectivista, donde la armonía del grupo a menudo tiene prioridad sobre los deseos individuales. A la hora de decidir una comida, por ejemplo, un japonés puede asegurarse primero de que los demás también tengan hambre y hablar de lo que a todos les gustaría comer, haciendo hincapié en las necesidades del grupo por encima de las suyas propias.

La frase "solo un poco" ilustra este contraste cultural. Para un alemán, "solo un poco" significa exactamente eso. Pero para un japonés, podría significar "Sí, tengo bastante hambre" mientras minimiza la intensidad. Se sorprenderían si su contraparte alemana ignorara las señales sutiles, como un estómago rugiente o el lenguaje corporal que insinúa una verdadera hambre.

El silencio japonés también sirve como una poderosa herramienta de comunicación. El silencio puede transmitir una variedad de significados, como "Estoy decepcionado", "No estoy de acuerdo contigo" o simplemente "Estoy reflexionando sobre esto". A menudo se usa para evitar conflictos, dando a las personas espacio para procesar sin sentirse presionadas a responder de inmediato.

En la comunicación japonesa, "sí" a veces puede significar "no". Imagina que estás dando una presentación y luego le preguntas a un colega japonés si entendió todo. Podrían responder: "Sí, lo hice", incluso si no lo hicieron. ¿Por qué? Porque decir "no" rotundamente puede sugerir que no explicaste lo suficientemente bien o podría implicar una crítica, haciéndote quedar mal ante los demás. Al responder "sí", su objetivo es proteger sus sentimientos y su honor, manteniendo la armonía social.

Tailandés - Iraní Indirecto-Indirecto	Australiano - Holandés Directo-Directo	Holandés - Tailandés Directo-Indirecto
Tailandés: Voy a organizar una fiesta este sábado para celebrar mi cumpleaños. ¿Podrías venir?	Australiano: Voy a organizar una fiesta este sábado para celebrar mi cumpleaños. ¿Podrías venir?	Holandés: Voy a organizar una fiesta este sábado para celebrar mi cumpleaños. ¿Podrías venir?
Iraní: Me gustaría ir, pero no estoy seguro de poder porque tengo que visitar a mi abuela. Te lo haré saber.	Holandés: Lo siento, no puedo ir. Ya tengo otros planes.	Tailandés: Es el cumpleaños de mi esposo, pero creo que puedo pasar por tu fiesta un ratito.
Una semana después de la fiesta:		Sábado: Los holandeses esperan a los tailandeses, que nunca aparecieron.
Iraní: Lamento haberme perdido tu fiesta. Mi abuela necesitaba ayuda y yo no podía escapar.		

Para muchos asiáticos, habitantes de Oriente Medio y africanos, decir "no" rotundamente puede ser un desafío. En estas culturas, las respuestas matizadas proporcionan una forma de declinar sin ofender o decepcionar a la persona que las invita. Si la otra persona también es un comunicador indirecto, es probable que lea entre líneas y entienda el mensaje previsto. Sin embargo, para un comunicador directo, tales respuestas pueden parecer ambiguas o incluso engañosas. Pueden interpretar la respuesta matizada como un "sí" tentativo y sentirse decepcionados cuando la persona no asiste.

Por el contrario, cuando un comunicador indirecto recibe una respuesta directa como: "No puedo ir; tengo otros planes", puede parecer abrupto o incluso desconsiderado. Pueden percibirlo como una falta de agradecimiento por la invitación o el evento. Para aquellos acostumbrados a rechazos más suaves, un "no" directo puede parecer demasiado contundente, sin la cortesía y la sutileza que esperan.

Este choque de estilos de comunicación pone de relieve valores diferentes: los comunicadores directos priorizan la claridad y la eficiencia, mientras que los comunicadores indirectos enfatizan la armonía y la cortesía, incluso si eso significa que la respuesta es menos definitiva.

CULTURAS DIRECTAS E INDIRECTAS

Dominar el equilibrio entre los estilos de comunicación indirecta y directa es crucial para fomentar la comprensión y las interacciones efectivas en los negocios internacionales, la diplomacia y las relaciones personales. Si bien la comunicación indirecta prioriza la armonía y minimiza la confrontación, puede parecer ambigua o evasiva para los comunicadores directos que valoran la claridad y la eficiencia.

Por el contrario, la comunicación directa, aunque clara, puede parecer contundente u ofensiva para aquellos acostumbrados a enfoques más sutiles. Adaptarse a estos estilos requiere tiempo, conciencia y una apreciación de sus valores subyacentes.

COMUNICACIÓN DIRECTA

Este estilo de comunicación enfatiza la claridad, la honestidad, la simplicidad y la transparencia. Su expresión abierta de pensamientos y sentimientos deja poco espacio para la ambigüedad. Las culturas que valoran la comunicación directa a menudo prefieren respuestas directas, como "no", "no puedo" o "no sé", en lugar de poner excusas o evitar el problema. Este enfoque es visto como un signo de respeto, que fomenta la confianza y fomenta un diálogo genuino y efectivo.

Se asocia con la eficiencia y asertividad en muchos países occidentales, incluidos Estados Unidos, Alemania, Dinamarca, los Países Bajos y Australia. Los ponentes expresan sus intenciones, necesidades e ideas con pocas palabras, valorando los intercambios concisos y francos. La retroalimentación y la crítica se dan abiertamente y se toman menos personalmente, y los debates y desacuerdos se ven como pasos normales hacia la resolución. La escucha activa y la ausencia de mensajes ocultos crean un estilo de comunicación transparente y centrado en la solución que prioriza la claridad y la comprensión mutua.

Estos son algunos consejos a la hora de comunicarse con referencias culturales indirectas:

- Dale tiempo a construir una buena relación antes de pasar directamente al tema principal.
- Sé paciente; comprende que los estilos desconocidos pueden tardar más en llegar al mismo punto.

- Demuestra que la persona importa más que el negocio o la transacción.
- Observar el lenguaje corporal, los gestos y el tono; Escucha "entre líneas". Reconoce que frases como "Puede ser difícil" o "Lo intentaré" pueden indicar renuencia.
- Usa una comunicación sutil y evita respuestas cortas y directas como "No, no puedo".
- Comprende frases clave que pueden tener diferentes significados en contextos distintos, como "Puede ser difícil", "Lo intentaría", "No estoy seguro", "Mañana" y "En un minuto".
- Pídele a un lugareño que te aclare si estás confundido.
- Proporciona comentarios negativos en privado y sé amable ofreciendo contexto o antecedentes adicionales.
- Evita presionar por la inmediatez; los comunicadores indirectos pueden tardar más en responder.
- ¡Practica, practica, practica y ten mucha paciencia!

COMUNICACIÓN INDIRECTA

Estas culturas priorizan la armonía, la sutileza y el contexto, a menudo confiando en señales no verbales, tono y contexto situacional para transmitir significado. Por lo general, se evita la crítica o la confrontación, ya que es primordial mantener la armonía social y prevenir la ofensa. La desaprobación a menudo se expresa a través de señales no verbales, mientras que las verdaderas intenciones pueden transmitirse mediante historias, metáforas, lenguaje corporal u otros métodos indirectos.

Para preservar las relaciones y evitar herir sentimientos, los comunicadores pueden evitar las respuestas directas o contundentes, a menudo absteniéndose de decir "no" directamente. En su lugar, pueden ofrecer excusas o respuestas indirectas. En estas culturas, ser diplomático y no hacer el ridículo es más importante que dar una respuesta directa, ya que las respuestas cortas o directas pueden percibirse como descorteses.

Este estilo prevalece en muchos países asiáticos, incluidos Japón, China y Tailandia, así como en Arabia Saudita, India, gran parte de América Latina (por ejemplo, México, Honduras y Chile) y la mayoría de las naciones africanas. La comunicación indirecta es valorada por su capacidad para mostrar respeto y mantener relaciones.

Consejos al comunicarse con culturas directas:

- No te lo tomes como algo personal. Los oradores directos hacen declaraciones directas sin intención de ofender.
- Reconoce que las respuestas cortas, las solicitudes específicas o los comentarios críticos no son signos de agresión. Son solo expresiones de honestidad y eficiencia.
- Practica decir exactamente lo que piensas, sientes o tus intenciones.
- Utiliza menos palabras tanto en la comunicación escrita como en la hablada, centrándote en el punto principal.
- Mantén a las personas informadas de cualquier progreso o nuevos desarrollos.
- Recuerda que los oradores directos valoran las respuestas cortas y honestas por encima de las amables. Es una señal de confianza y respeto.

Adoptar ambos estilos enriquecerá tus habilidades de comunicación. Puedes aprender a apreciar la honestidad y la franqueza de la comunicación directa mientras valoras la sensibilidad y el tacto de la comunicación indirecta. Esto te ayudará a adaptarte y desarrollar la capacidad de comprender y respetar varios estilos de comunicación.

CONCLUSIONES

- Comunicación directa: enfatiza la claridad, la honestidad, la simplicidad y la transparencia.
- Comunicación indirecta: valora la armonía y la sutileza, utilizando señales no verbales, tono y contexto para comunicar significado.

CAPÍTULO 4

¿Qué hora es?

*"La forma en que pasamos nuestro tiempo define
quiénes somos".*
—*Jonathan Estrin*

El tiempo, una constante universal, se percibe y valora de manera diferente en todas las culturas. Si bien un día consta universalmente de 24 horas, una semana de siete días y un año de 12 meses, la forma en que las personas usan, organizan, perciben y valoran este tiempo puede variar drásticamente de un lugar a otro. Este capítulo explora las actitudes hacia el tiempo, destacando las diferencias clave y sus implicaciones.

Numerosos estudiosos han explorado el concepto de tiempo en diferentes culturas. Edward T. Hall examinó el contraste entre las orientaciones temporales monocrónicas (lineales) y policrónicas (cíclicas). Geert Hofstede analizó la orientación a largo plazo frente a la orientación a corto plazo como parte de su teoría de las dimensiones culturales, haciendo hincapié en cómo las sociedades planifican el futuro o se centran en los resultados inmediatos. Fons Trompenaars, diferenció entre orientaciones temporales secuenciales y sincrónicas, mientras que Richard Lewis clasificó las culturas en orientaciones temporales **lineales-activas**, multiactivas y reactivas, ofreciendo información sobre cómo varias sociedades abordan la gestión del tiempo y las relaciones.

Comprender los conceptos clave del tiempo es crucial cuando se interactúa entre culturas. Lo simplificaré en tres categorías generales:

- **Cultura del tiempo flexible:** el tiempo se percibe de manera fluida, centrándose en las relaciones y la flexibilidad.
- **Cultura del tiempo fijo:** el tiempo se considera lineal y secuencial, con fuerte énfasis en los horarios y la puntualidad.
- **Cultura del tiempo recurrente:** el tiempo se ve cíclicamente, centrándose en el flujo natural de los eventos.

CULTURA DEL TIEMPO FLEXIBLE

Hora mexicana

Cuando menciono el "hora mexicana", no me refiero a la zona horaria, sino más bien a un enfoque caprichoso del tiempo en sí. En México (y otros países como Brasil, Italia, España, India y Bangladesh), el tiempo fluye de manera ligeramente diferente en comparación con lugares como Alemania, Reino Unido, Japón, Suiza o Estados Unidos.

Entonces, ¿qué es exactamente la "hora mexicana"? No existe una definición oficial del diccionario, pero generalmente significa presentarse de 15 a 30 minutos después de la hora planificada. ¿Se considera esto tardío en México? La verdad es que no. Si bien la puntualidad se está poniendo de moda en el trabajo, especialmente en las empresas globales, los eventos sociales aún prosperan con un horario más flexible.

Desde que era joven, me ha encantado organizar fiestas. Lanzaba de tres a cuatro grandes al año en la casa de mis padres en México, donde vivía en ese momento. Al igual que con cualquier otra cosa, cuanto más lo hagas, más experiencia y conocimiento acumularás. Y con las fiestas, aprendí que nadie llega a tiempo. Los madrugadores solían llegar entre 10 y 15 minutos tarde. La mayoría de los invitados solían llegar aproximadamente media hora después de la hora de inicio, aunque siempre había algunos valores atípicos que aparecían a una hora impredecible.

No soy el tipo de persona a la que le gusta sentarse y esperar a que lleguen los invitados, así que planificaba mi día al minuto, preparando, limpiando y cocinando con una cuenta regresiva para la hora de la fiesta. Lo último que hacía era ducharme y arreglarme para no oler a comida ni preocuparme de que mi atuendo se ensuciara mientras cocinaba; también me hacía sentir fresca y relajada. Entonces, si la fiesta comenzaba a las 7 p.m., yo salía de la ducha y terminaba de maquillarme alrededor de las 7:15 p.m., lista justo antes de que llegaran los primeros invitados. El momento perfecto, siempre.

Durante años, este horario funcionó ¡siempre!

Excepto una vez. Había invitado a alguien nuevo, un amigo que, según supe más tarde, era una anomalía en el reloj de mi ciudad. Acababa de salir de la ducha, con el pelo mojado y el cuerpo aún cubierto por una toalla cuando sonó el timbre. Mi mamá abrió la puerta e inmediatamente corrió a mi habitación, advirtiéndome que el primer huésped, uno puntual, había llegado. Me puse la ropa apresuradamente. No tuve tiempo de secarme el pelo ni de maquillarme. No me preocupaba el maquillaje, pero mi cabello era otra historia. Si me dejaban solo, mi cabello se encrespaba increíblemente, y sabía que sería un desastre si lo dejaba secar al aire, y así fue. Terminé pareciendo un león durante toda la fiesta, gracias a este tipo puntual.

Bajé las escaleras para darle la bienvenida al invitado, que no entendía que las chicas mexicanas necesitan al menos 15 minutos después de la hora determinada para prepararse. ¿Y quién era? Por supuesto, tenía que ser el chico del que estaba enamorada. Él estaba todo vestido y arreglado para la fiesta, y yo era un desastre, un desastre recién duchado.

Este hombre es ahora mi esposo. Hasta el día de hoy, le recuerdo cómo arruinó mi rutina de preparación para la fiesta esa noche. Afirma que quería pasar más tiempo conmigo antes de que llegaran todos los demás. Buen intento, pero no se la creo. Han pasado más de 26 años juntos y aún no me da ni un minuto extra. Todavía es puntual para todo.

En caso de que te lo preguntes, sí, es mexicano, un mexicano con reloj extranjero, prueba de que la mayoría de las reglas tienen sus excepciones.

Tic-tac y tuk-tuks

Imagínate vivir en el segundo país más poblado del mundo, donde menos del 5% de los hogares poseen un automóvil. Para llegar a cualquier lugar, es probable que dependas de la segunda red de trenes más grande y una de las más concurridas del mundo, una que transporta más de 22 millones de pasajeros al día y llega tarde más del 20% de las veces. Una vez que bajes del tren, te enfrentarás a las bulliciosas calles, navegando a pie o en taxi, autobús o tuk-tuk (mototaxi) junto a un flujo aparentemente interminable de peatones, bicicletas, motocicletas, automóviles, vacas, perros callejeros, monos y otros animales. Bienvenido a la India, donde el transporte es una aventura y la puntualidad es una joya rara.

Los accidentes, las averías y otros acontecimientos impredecibles pueden provocar atascos y retrasos. Después de navegar por este laberinto, ¿puedes esperar de manera realista llegar a tiempo a tu cita? Probablemente no. En la India, como en muchos países similares, lidiar con los problemas de infraestructura, tráfico y tránsito es parte de la vida diaria.

Figura 5. Tiempo flexible y fijo.

Lo más probable es que no seas el único que perdió el autobús o llegó tarde. Las reuniones suelen comenzar con retraso y se prolongan con el tiempo, lo que crea un efecto dominó que retrasa el resto del día. Un accidente puede bloquear una carretera principal, obligando a un desvío prolongado y alargando aún más tu viaje. Y ahora, también llegarás tarde a tu próxima cita.

Sin embargo, los obstáculos de transporte no son los únicos que contribuyen a la impuntualidad. Las obligaciones familiares, las comidas prolongadas, las citas con el médico y las celebraciones espontáneas también influyen. Este enfoque relajado del tiempo es generalmente aceptado y rara vez se lamenta, especialmente fuera del lugar de trabajo. Los indios tienen una flexibilidad increíble con el tiempo, y los retrasos se ven como parte de la vida en lugar de un inconveniente.

¿La gente en la India espera disculpas por llegar tarde? La verdad es que no. Si el gobierno, los conductores de trenes, los conductores de autobuses o las vacas no se disculpan por los retrasos, ¿por qué deberían hacerlo? Algunos indios no se molestan en llamar para decir que llegan tarde porque a menudo no tienen idea de cuándo llegarán. La puntualidad es más una sugerencia que una regla; la mayoría de la gente no se lo espera.

¿Por qué no salen 30 o 40 minutos antes para asegurarse de que llegan a tiempo? Tal vez sea porque saben que los demás también llegarán tarde, así que ¿qué sentido tiene llegar a tiempo si eres el único allí? Apegarse a un horario rígido en una sociedad donde la mayoría de las personas adoptan una visión relajada del tiempo puede ser estresante. En cambio, van con la corriente. La Hora Estándar de la India (IST) se denomina humorísticamente "Tiempo Estirable de la India". Mientras que la "hora mexicana" puede significar llegar 10-15 minutos tarde, IST a menudo significa estar 45-60 minutos atrasado.

Este enfoque relajado del tiempo también se ve en el gobierno y los sectores públicos. Sin embargo, en las multinacionales y las empresas privadas, los indios suelen respetar los horarios y los plazos, y la puntualidad es muy valorada en los entornos empresariales. Sin embargo, cuando se trata de eventos sociales, el tiempo sigue siendo flexible.

Irónicamente, los indios son extremadamente puntuales con respecto a los rituales de "Muhurtha". Muhurtha es una ciencia del tiempo arraigada en la astrología védica (hindú), dicta meticulosamente los momentos más propicios para eventos importantes de la vida, como bodas, compra de propiedades o cierre de acuerdos importantes. En este contexto, el tiempo lo es todo.

Ciertos días y horas se consideran poco propicios para los negocios o las transacciones importantes, lo que puede provocar cancelaciones repentinas o cambios inesperados de última hora. Por ejemplo, los martes, jueves y viernes se consideran días particularmente favorables para comprar un terreno o una casa. El Abhijit Muhurat, una ventana de 48 minutos muy apreciada alrededor del mediodía, es ideal para bodas y otras ceremonias sagradas. Si viajas o realizas negocios en la India, es aconsejable prepararte para largas esperas, cambios repentinos de horario e interrupciones frecuentes. La flexibilidad es tu mejor aliada. Antes de organizar una reunión o cita crítica, considera las supersticiones y creencias locales que podrían afectar el momento. Si no estás seguro, consultar a un local puede ofrecerte una valiosa orientación.

Comprender el concepto fluido del tiempo en la India y otras culturas de "tiempo flexible" te ayudará a adaptarte a los matices culturales, trabajar de manera más efectiva con personas trabajadoras, diligentes y notablemente amigables, y prosperar en estos entornos vibrantes.

CARACTERÍSTICAS DE LA CULTURA DEL TIEMPO FLEXIBLE

En una cultura de tiempo flexible, el tiempo se percibe con más fluidez, lo que genera intriga y compromiso. Se valoran las relaciones humanas por encima del cumplimiento rígido de los horarios. En estas sociedades, el tiempo es abundante y las interacciones personales se priorizan sobre los plazos estrictos. La tardanza es más aceptable, ya que los compromisos sociales y las necesidades de las personas a menudo preceden a la puntualidad.

Los miembros de estas culturas tienden a ser más flexibles con el tiempo y las tareas. La impuntualidad es común, pero no implica una falta de respeto por el trabajo. En cambio, existe un enfoque flexible para completar las tareas, priorizando las actividades en función de su importancia, urgencia o interés personal.

Las personas pueden cambiar rápidamente de una tarea a otra y manejar múltiples tareas simultáneamente. Están acostumbrados a las interrupciones y a los cambios de planes y se adaptan rápidamente sin enfadarse. Los ven como una parte natural de la vida en lugar de una interrupción. Son excelentes improvisadores y hábiles para manejar situaciones caóticas.

Estas personas a menudo se sienten restringidas y limitadas por agendas estrictas, horarios o plazos. Prefieren la comunicación verbal o en persona a la correspondencia escrita. Socialmente, las relaciones juegan un papel crucial y son fundamentales para la eficiencia empresarial. No escatiman en tiempo a la hora de construir y mantener conexiones sólidas. Son locuaces y no dejan conversaciones inconclusas ni se apresuran a terminar una buena comida.

Para estas culturas, el momento presente es más importante que adherirse a una agenda, un horario o una cita. Valoran la importancia de cada momento y tratan de aprovechar al máximo cada oportunidad. Algunos países de esta categoría son India, Arabia Saudí, México, Brasil, Italia, España, Kenia y Nigeria, donde hay una actitud más relajada hacia el tiempo.

INTERACCIÓN CON LA CULTURA DEL TIEMPO FLEXIBLE

Como una cultura recurrente o de tiempo fijo:
Aunque la puntualidad no se espera ni se corresponde en esta cultura en la mayoría de los casos, se agradece, y llegar a tiempo siempre es una buena idea.

Cuando te inviten a un evento social, pregúntale a un invitado local cuándo es bueno llegar. Trata de llegar 10 minutos antes, pero espera afuera hasta que veas a otros invitados tocando el timbre. Evita ser el primero en llegar, ¡no querrás atrapar al anfitrión en bata de baño!

Lleva siempre un pequeño tentempié. Nunca se sabe cuándo se servirá la comida; los horarios de las comidas pueden variar. Si te mueres de hambre, come tu bocadillo discretamente, evitando hacerlo frente a los demás para evitar faltas de respeto.

Llega a tiempo a las reuniones, pero espera retrasos. Lleva algo que te mantenga ocupado, como trabajar en tu computadora portátil, un podcast o un libro, para que no sientas que estás perdiendo el tiempo esperando.

Anticipa que es posible que no se cumplan los plazos. Programa sus necesidades con anticipación: si necesitas algo para noviembre, solicítalo para septiembre. Haz un seguimiento regular para garantizar el progreso.

Construir relaciones sólidas es esencial en las culturas de tiempo flexible. ¡Prepárate para socializar mucho! Estas culturas otorgan un gran valor a las conexiones personales, así que asegúrate de agregar tiempo adicional a tu agenda para comidas tranquilas (y hagas lo que hagas, evita mencionar el trabajo durante las comidas a menos que lo hagan los demás). La hora de comer es casi sagrada y sirve como una maravillosa oportunidad para conectarse personalmente.

En estas culturas, la socialización se considera una parte integral de la construcción de relaciones, y compartir una comida es mucho más que comer. Es una oportunidad para generar confianza,

> "La paciencia es una forma de sabiduría. Demuestra que entiendes y aceptas el hecho de que a veces las cosas deben desarrollarse a su propio tiempo.
>
> —Jan Kabat-Zinn

compartir historias y formar vínculos más allá de la sala de juntas. Tómate tu tiempo, disfruta el momento y permite que la conversación fluya de forma natural. Al hacerlo, respetarás sus costumbres y sentarás una base sólida para una asociación exitosa.

Mantente preparado para largas presentaciones e interacciones sociales antes de las reuniones y algunas interrupciones durante las reuniones.

Trabajar con culturas de tiempo extendido requiere paciencia. Comprende que las cosas no siempre funcionan a tiempo y que la flexibilidad y paciencia serán tus mejores aliados en estos casos.

Al apreciar estas diferencias culturales y adaptar tu enfoque, descubrirás que interactuar con las culturas de tiempo extendido es una experiencia gratificante. La paciencia, la flexibilidad y un buen sentido del humor te ayudarán a navegar en las diferencias sin problemas.

CULTURA DE TIEMPO FIJO

Boda en Alemania

Nos invitaron a la boda de un amigo en Alemania: un mexicano se casaba con una alemana. Asistieron varios amigos y familiares de México, algunos que no estaban familiarizados con las costumbres alemanas.

Durante la recepción, el novio anunció: "La cena se servirá estilo buffet, y lo haremos a la alemana. De izquierda a derecha, una mesa a la vez puede pasar a servirse. Cuando la mesa uno ha terminado, la mesa dos puede seguir, y así sucesivamente".

Todos seguían sus instrucciones al pie de la letra. Conseguimos nuestra comida de una manera altamente funcional, eficiente y ordenada. Casi nadie hablaba en la fila, nos dirigimos directamente al buffet, nos servimos nuestra comida y regresamos a la mesa a disfrutarla. Todo el proceso fue rápido, silencioso y asombrosamente organizado.

Imagínese cómo se habrían desarrollado las cosas si no hubiera pedido el estilo alemán para el buffet. ¿Caos? ¿Espontaneidad? ¡Probablemente un poco de ambos!

Es probable que los invitados mexicanos lo hubieran abordado a su manera, cuando les hubiera dado la gana. Si tenían hambre, se dirigían directamente al buffet de inmediato. Podrían haber esperado hasta el último momento posible si no lo tenían. Las conversaciones habrían continuado, sin ser perturbadas por ninguna noción de horario. Algunos habrían esperado a que la fila se redujera antes de lanzarse, mientras que otros aprovecharían la oportunidad para cortar cuando vieran un hueco. Las filas se formarían y disolverían a medida que los invitados pasearan casualmente, tomando comida cuando les apeteciera en lugar de esperar una señal oficial.

El buffet habría cobrado vida propia: una mezcla dinámica de charlas, risas y flujos de ida y vuelta entre las mesas y la comida. Habría sido maravillosamente informal y completamente impulsado por el momento, ya que todos encontrarían su camino hacia la comida a su propio tiempo.

En resumen, las personas de una cultura de tiempo flexible tienden a hacer lo que parece mejor en el momento. Por otro lado, una cultura de tiempo fijo aborda las cosas de manera sistemática, organizando todo para ahorrar tiempo y esfuerzo.

Esta boda fue la fusión perfecta de culturas. Los alemanes aportaron eficiencia y orden, mientras que los mexicanos aportaron espontaneidad y calidez.

La cuenta en el restaurante en los EE. UU.

He visto muchas miradas de perplejidad cuando llevo a clientes internacionales a almorzar o cenar a los EE. UU. En algunos restaurantes estadounidenses informales, es costumbre que el camarero coloque la cuenta en la mesa sin que se le pregunte, a menudo con un alegre: "Cuando estés listo, no tengas prisa". Esto suele suceder cuando el camarero piensa que ya has terminado o casi has terminado con tu comida, y parece que no vas a pedir nada más.

Este movimiento puede confundir a los extranjeros: "¿No hay prisa?", preguntan a menudo mis clientes, completamente desconcertados. "¿Por qué iban a presentar la cuenta si no hay prisa?" Miran a su alrededor con nerviosismo para ver si hay una multitud esperando la mesa, pero por lo general, no la hay. O miran sus relojes, pensando que tal vez el restaurante está a punto de cerrar. Para ellos, la llegada anticipada de la factura se siente como un sutil empujón para pagar e irse. Se sienten apurados, como si alguien les estuviera dando la patada, y no pueden evitar encontrarlo un poco grosero.

Bienvenidos a los EE.UU., una cultura de tiempo fijo donde el tiempo es dinero. Aquí, es común que la factura llegue sin que la soliciten, no porque estén tratando de sacarte por la puerta (bueno, a menos que haya una fila). Pero la mayoría de las veces, están tratando de hacerte un favor. Asumen que es posible que debas apresurarte a regresar al trabajo o dirigirte a otro compromiso, y quieren ahorrarte tiempo al tener todo listo. Desde su perspectiva, solo están siendo considerados.

Esta misma mentalidad de "el tiempo es esencial" recorre la cultura estadounidense. Los restaurantes de comida rápida, por ejemplo, se basan en los principios de velocidad y comodidad. Atienden a viajeros y trabajadores ocupados que no tienen tiempo para una comida tranquila. No es de extrañar que Estados Unidos tenga más cadenas de comida rápida que cualquier otro país. White Castle, una de las hamburgueserías más antiguas de Estados Unidos, es incluso considerado el primer restaurante auténtico de comida rápida del mundo. Y luego, por supuesto, está el invento de la línea de montaje de Henry Ford, que revolucionó la fabricación de automóviles para maximizar la eficiencia. ¿Coincidencia? Yo creo que no.

Ya sea que se trate de la preparación de alimentos o la producción de automóviles, los estadounidenses han dominado el arte de hacer las cosas de manera rápida, masiva y rentable.

Cuando trabajes o interactúes con una cultura de tiempo fijo, debes estar preparado para que ellos respeten mucho tu tiempo y esperen que tú hagas lo mismo. Valoran la eficiencia, la planificación cuidadosa y la comunicación directa. Por lo tanto, la próxima vez que la cuenta llegue a su mesa con una sonrisa y un "No hay prisa", recuerda: no están tratando de expulsarte. Están siendo reflexivos a su manera, única y exclusivamente estadounidense.

CARACTERÍSTICAS DE LA CULTURA DEL TIEMPO FIJO

Las culturas de tiempo fijo priorizan los horarios, la puntualidad y la realización de una tarea a la vez. El tiempo se considera un recurso finito y es crucial gestionarlo de forma eficiente. En estas culturas, llegar tarde a menudo se percibe como una falta de respeto, y hay un fuerte énfasis en los plazos y la gestión del tiempo.

Para ellos, el tiempo es dinero, y están constantemente buscando formas de ser más eficientes. Están orientados al tiempo, a la tarea, al trabajo y a los resultados. Prefieren planificar meticulosamente y se sienten más cómodos con agendas, programas y horarios detallados. Los plazos son esenciales y valoran mucho hacer las cosas a tiempo.

Las personas en las culturas de tiempo fijo priorizan la lógica y los hechos. Trabajan en orden secuencial, terminando una tarea antes de comenzar la siguiente y evitando perderse en detalles irrelevantes. Sus conversaciones de trabajo son cortas y directas, y se espera una estricta puntualidad. Perder tu propio tiempo o el de otra persona se considera inaceptable.

Algunos países que encarnan la cultura del tiempo fijo incluyen los Estados Unidos, Alemania, el Reino Unido, Suiza, Austria, los Países Bajos y Escandinavia.

Por ejemplo, las reuniones de negocios en las culturas de tiempo fijo comienzan puntualmente a la hora programada. Llegar tarde puede verse como una falta de respeto por el tiempo de los demás. Los proyectos se planifican con plazos detallados e metas estrechamente supervisados. Por lo general, los retrasos se reciben con preocupación y acciones correctivas inmediatas. Las personas a menudo usan calendarios y planificadores para organizar sus días. Cada hora se contabiliza, lo que garantiza la máxima productividad y eficiencia. Las conversaciones son directas y concisas, especialmente en entornos profesionales. Hay un enfoque claro en el logro de objetivos sin charlas innecesarias.

INTERACCIÓN CON LA CULTURA DEL TIEMPO FIJO

Como una cultura de tiempo flexible

La mejor manera de lidiar con una cultura de tiempo fijo es respetar su tiempo. Esta regla se aplica a los mensajes, las conversaciones y los plazos. Habla directamente y ve directo al grano. Resume tus mensajes incluyendo solo los temas principales. Cumple con tus plazos, llega y sal a tiempo.

En las culturas de tiempo fijo, las personas hacen las cosas en orden secuencial. Tienes toda su atención cuando están contigo, y esperan lo mismo de ti. ¿Interrupciones? Absolutamente inaceptable. Silencia tu teléfono y no lo mires durante reuniones o cenas. Si es posible, deja a otra persona a cargo de los asuntos urgentes no relacionados con la reunión para que puedas concentrarte al 100%.

Planifica tu día con anticipación. La noche anterior, revisa el tráfico y ten lista tu ropa, llaves, maletín y cualquier otra cosa que puedas necesitar. Configura recordatorios y alarmas. Realiza un seguimiento del tiempo que tardarás en prepararte y llegar al destino, establece temporizadores y cúmplelos. Suceden cosas inesperadas, así que date un colchón de tiempo.

Algunas personas prosperan con la adrenalina de hacer las cosas en el último minuto, y esa adrenalina es adictiva. Si tienes prisa constantemente, planifica como si la reunión o actividad comenzara entre 30 y 60 minutos antes de lo programado (más 10 minutos adicionales, por si acaso).

Trata de planificar reuniones o encuentros en un momento en el que esperes menos interrupciones o retrasos. Evita las distracciones antes y durante tus eventos.

Como referencia cultural de tiempo recurrente

En la mayoría de las referencias culturales de tiempo fijo, puedes ponerte en contacto directamente con la persona a cargo de una tarea. No es necesario ponerse en contacto con su supervisor. Solo involucra a personas que trabajen directamente en un proyecto, a menos que se especifique lo contrario.

Sé directo en tus conversaciones. Las personas de culturas de tiempo fijo no se ofenderán y podrían confundirse si no comunicas explícitamente tus necesidades y expectativas.

Por lo general, estas culturas no pasan un tiempo prolongado socializando en el trabajo. Si necesitas conocerlos mejor, infórmales y asegúrate de que tengan programado ese tiempo social en sus agendas. Les gusta saber dónde están parados y tener un plan claro. Entonces, por ejemplo, puedes decir: "Nuestra reunión de trabajo comenzará a las 9 a.m. con un rompehielos, presentaciones y charla, y luego, a las 10 a.m., pasaremos a los problemas de trabajo".

CULTURA DE TIEMPO RECURRENTE

Encerar, encerar

La cultura japonesa es infinitamente fascinante. Este país ha sobrevivido a guerras y tsunamis, reconstruyéndose cada vez más fuerte y más sabio. Es una sociedad que combina a la perfección la modernidad y la tradición, con costumbres antiguas que se remontan a miles de años y que coexisten con la tecnología y el arte de vanguardia. Japón es uno de los países más potentes e industrializados del mundo.

Un aspecto clave de la cultura multifacética de Japón es su mezcla de religiones: el budismo y el sintoísmo. El sintoísmo se centra en este mundo, en esta vida y en todos los seres vivos de la naturaleza, ofreciendo sabiduría para una vida mejor. El budismo, por otro lado, se ocupa del alma y la vida después de la muerte, ayudando a los creyentes a ver la muerte como un nuevo comienzo en lugar de un final.

Japón también mezcla magistralmente las culturas de tiempo fijo y tiempo flexible. Los japoneses son conocidos por su puntualidad y lealtad a sus grupos y familias. Trabajan duro, crean buenas relaciones y aprenden a relajarse y disfrutar de la naturaleza. Puedes esperar que lleguen a tiempo tanto al trabajo como a los eventos sociales, pero también que sean generosos con su tiempo cuando se trata de amigos y compañeros de trabajo, sobresaliendo en la hospitalidad.

Mientras que las culturas de tiempo fijo enfatizan la productividad, la eficiencia y la planificación, las culturas de tiempo extendido se centran en la flexibilidad, la socialización y la espontaneidad. La cultura japonesa hace hincapié en la lealtad al grupo, el pensamiento en los demás y el desarrollo de la disciplina y el perfeccionismo, manteniendo la productividad y la puntualidad.

Una diferencia clave entre la cultura japonesa y otras es su énfasis en los resultados a largo plazo. Los japoneses se toman su tiempo para tomar decisiones importantes y se esfuerzan por hacer las cosas bien la primera vez. El tiempo, para ellos, es cíclico, como la naturaleza: primavera, verano, otoño, invierno; día y noche; nacimiento y muerte. Su amor y contemplación de la naturaleza influyen profundamente en su vida cotidiana y en el uso del tiempo.

Así como no podemos apresurar el ciclo natural de la vida, los japoneses no apresuran el tiempo o las decisiones. Creen que las oportunidades, los riesgos y los errores volverán a ocurrir, y que el tiempo les ayudará a tomar decisiones más sabias. No hay necesidad de acelerar antes de eliminar o disminuir los riesgos.

Estas diferencias culturales se ilustran bellamente en la película clásica de los 80, *The Karate Kid*. Si recuerdas la película, Daniel, un adolescente, quiere aprender karate para defenderse de los matones. El Sr. Miyagi, un maestro de karate japonés, se ofrece a entrenarlo usando métodos que a Daniel le parecen abuso laboral.

El Sr. Miyagi le pide a Daniel que pinte cercas, encera autos y lije pisos de maneras específicas. Estas tareas parecían inútiles para Daniel, que se sentía como un sirviente. Sin embargo, el Sr. Miyagi revela más tarde que los movimientos de las manos y los brazos son habilidades esenciales de karate.[1]

....

[1] *The Karate Kid* (1984) IMDb. Director: John G. Avildsen. Escritor: Robert Mark Kamen. Actores: Ralph Macchio, Pat Morita, Elisabeth Shue. Género: Acción, drama, familiar. Lanzamiento: 1984-06-22.

No estoy diciendo que este sea el método japonés estándar de enseñanza de karate, pero la técnica del Sr. Miyagi imparte lecciones esenciales, valores y percepciones filosóficas.

¿Qué podemos aprender del Sr. Miyagi? El Sr. Miyagi (representante de la cultura del tiempo recurrente) no le explicó su plan a Daniel (cultura del tiempo fijo). Simplemente lo puso a trabajar en tareas que no parecían relacionadas con el karate sin explicar por qué. Los japoneses a menudo valoran el silencio y son maestros de la lectura del lenguaje corporal. Observan, escuchan y piensan antes de comunicarse, lo que puede ser desconcertante para quienes están acostumbrados a la comunicación verbal.

Daniel quería resultados rápidos, mientras que el Sr. Miyagi se centró en desarrollar su carácter, paciencia, concentración y disciplina para obtener resultados a largo plazo, valores esenciales en la cultura japonesa. Entrenó la fuerza física y la mente de Daniel.

En la película, el Sr. Miyagi intenta atrapar una mosca con palillos, declarando que *un hombre que puede hacer eso puede lograr cualquier cosa*. Esta escena ejemplifica a la perfección los valores japoneses de paciencia, precisión, concentración y perfeccionismo. Claro, podría haber usado cualquier herramienta para atrapar la mosca más rápidamente, pero eligió deliberadamente un método que exigía habilidad y moderación, destacando los rasgos esenciales para el éxito en la vida.

La elección de los palillos no es solo para lograr un efecto dramático, es un símbolo de dominio del arte del control y la calma. Demuestra cómo el camino más lento y desafiante a veces puede desarrollar resiliencia, cultivar la paciencia y, en última instancia, conducir a una mayor sensación de logro. Al elegir la ruta desafiante, muestra la profunda creencia de que el verdadero éxito no se trata solo de hacer las cosas, sino de hacerlas con intención y maestría.

El Sr. Miyagi también es un maestro jardinero, y su meticuloso cuidado de sus árboles bonsái refleja la dedicación japonesa al detalle y la artesanía. El cuidado de los bonsáis requiere paciencia, precisión y un profundo conocimiento de la naturaleza, cualidades arraigadas en la cultura japonesa.

Esta filosofía se extiende al trabajo en equipo. En la cultura japonesa, el papel de cada persona es vital, y el éxito colectivo es tan importante como los logros individuales. Al igual que el Sr. Miyagi cuida cada rama de su bonsái con esmero, los equipos japoneses cultivan un entorno que valora y anima a cada miembro. Su forma de trabajar organizada y armoniosa refleja un compromiso compartido con la excelencia en cada tarea. Un ejemplo de esto es el Nemawashi.

Nemawashi: el arte de prepararse para el cambio

Nemawashi (根回し) es un término de jardinería japonés que se traduce como "girar las raíces". Antes de trasplantar una planta, los jardineros prestan especial atención a cada porción de las raíces, aflojándolas gradualmente antes de reubicarlas para garantizar un crecimiento saludable. Apresurar este proceso podría matar al árbol.[2]

Este concepto está profundamente arraigado en la vida y los negocios japoneses. Toyota, por ejemplo, describe el nemawashi como un primer paso clave en la toma de decisiones: compartir información y buscar opiniones para involucrar a todos los empleados. Las decisiones no se toman de forma independiente, sino como un proceso deliberado y colectivo.[3]

En Japón, la toma de decisiones hace hincapié en la preparación meticulosa para minimizar los errores y los riesgos. A diferencia de las culturas que priorizan las acciones rápidas para aprovechar las oportunidades, los japoneses creen que, si algo vale la pena hacer, vale la pena hacerlo bien, incluso si lleva más tiempo. Líderes de alto rango y equipos enteros colaboran para alcanzar el consenso grupal, asegurando la armonía y la propiedad colectiva de la decisión.

Este enfoque metódico fomenta la unidad y fortalece los lazos del equipo al involucrar a todos, desde los altos ejecutivos hasta los empleados más jóvenes. Aunque el proceso puede ser más lento, refleja un profundo respeto por la responsabilidad compartida y la sabiduría colectiva, lo que en última instancia reduce los riesgos y minimiza los errores.

Mientras que algunas culturas pueden preocuparse por las oportunidades perdidas debido a la lentitud de la acción, los japoneses dan prioridad a la preparación exhaustiva para hacer las cosas bien la primera vez. Este compromiso con la precisión a menudo da como resultado una ejecución más fluida y con menos errores.

Para aquellos que no están familiarizados con esta cultura, el tiempo dedicado a la toma de decisiones puede resultar frustrante. Sin embargo, apreciar este enfoque reflexivo puede evitar errores costosos y construir relaciones

---

[2]   *"Nemawashi (根回し) is a Japanese gardening term that translates to "turning the roots." Before transplanting a plant, gardeners give special attention to each portion of the roots, loosening them gradually before relocating them to ensure healthy growth. Rushing this process could kill the tree". Cultural Savy.* Disponible en: https://www.culturalsavvy.com/japan_Nemawashi.htm

[3]   What is nemawashi? *Toyota UK Magazine.* Clifford, Joe. Julio 1, 2024. Disponible en: https://mag.toyota.co.uk/nemawashi-toyota-production-system

a largo plazo. Y tal vez, al adoptar esta mentalidad, incluso puedan desarrollar la paciencia para atrapar una mosca con palillos.

CARACTERÍSTICAS DE LA CULTURA DEL TIEMPO RECURRENTE

Las culturas de tiempo recurrente se toman su tiempo para responder y tomar decisiones cruciales; sin embargo, valoran la puntualidad. Valoran el silencio para pensar y analizar. Están orientados a las personas, a la tradición y a la historia. Rara vez inician una acción o discusión; En cambio, prefieren escuchar primero para comprender mejor la posición de la otra persona.

Primero, observan minuciosamente, luego proceden a la acción. La toma de decisiones a menudo involucra a todo el equipo, lo que refleja un enfoque colectivo.

La honestidad, la lealtad, el trabajo duro y el cuidado de los demás son muy valorados. Enorgullecer a la familia es un motivador importante. Algunos países de esta categoría son Japón, Hong Kong, Corea, Vietnam y Taiwán.

INTERACCIÓN CON LA CULTURA DE TIEMPO RECURRENTE

Como una cultura de tiempo flexible

Al interactuar con culturas de tiempo recurrente, es crucial llegar a tiempo, evitar distracciones y adherirse a sus principios. Esto significa respetar sus horarios, mantenerse concentrado durante las reuniones y comunicarse de manera clara y concisa.

Como cultura de tiempo fijo

La paciencia es clave cuando se interactúa con culturas de tiempo recurrente. No apresures las cosas, especialmente cuando tomes decisiones importantes. Estas decisiones suelen someterse a un proceso extenso y requieren la aprobación de un grupo grande.

Tómate el tiempo para conocer a tus contrapartes y permitir la socialización. Compórtate con modestia y evita hablar en exceso de ti mismo o de tu empresa. Recuerda que, para ellos, tú no eres solo un socio comercial, sino un socio potencial a largo plazo. Cultivar esta relación requiere tiempo y esfuerzo.

ZONAS INDUSTRIALIZADAS VS. AGRÍCOLAS

Las percepciones del tiempo pueden variar ampliamente dentro de un mismo país, por ejemplo, entre el norte y el sur, los pueblos pequeños y las ciudades cosmopolitas, o las zonas costeras y centrales. Un ejemplo notable es el contraste entre las regiones industrializadas y las agrícolas, donde la naturaleza del trabajo y las prioridades sociales dan forma a las diferencias. Las regiones agrícolas a menudo se inclinan hacia enfoques más flexibles y recurrentes, mientras que las áreas industrializadas pueden exhibir la tendencia opuesta.

Zonas industrializadas

En las culturas industrializadas (de tiempo fijo), el tiempo se considera un recurso finito y valioso que debe gestionarse con precisión. Las fábricas, oficinas y otros lugares de trabajo funcionan con horarios estrictamente controlados para garantizar la máxima productividad y el mínimo tiempo de inactividad. La puntualidad es más que una virtud, es un requisito fundamental. Incluso pequeños retrasos pueden interrumpir líneas de producción enteras, causando ineficiencias costosas y alterando las operaciones cuidadosamente planificadas.

En estos entornos, cumplir con los plazos y ceñirse a los horarios es esencial para mantener el orden y alcanzar los objetivos comerciales. Cada segundo se tiene en cuenta, ya que el cumplimiento del tiempo impulsa la productividad y mantiene un sentido de disciplina y confiabilidad. Esta meticulosa gestión del tiempo respalda el objetivo más amplio de lograr la eficiencia, mantener las operaciones en marcha y, en última instancia, garantizar el buen funcionamiento de la organización.

El mantra "el tiempo es oro" es particularmente relevante en las zonas industrializadas. Cada minuto se considera valioso y la gestión del tiempo es una habilidad crítica. Los profesionales en estas áreas deben ser disciplinados y organizados, utilizando herramientas y técnicas para optimizar su tiempo y productividad, incluida la planificación, el establecimiento de objetivos y los horarios.

Zonas agrícolas

En las zonas agrícolas (culturas de tiempo recurrente), el tiempo se percibe de manera más fluida, enfatizando la flexibilidad y la adaptabilidad. El ritmo de la vida diaria suele estar dictado por los ciclos naturales, como las estaciones y las condiciones meteorológicas. Las tareas se realizan en función de la necesidad en lugar de un horario estricto, lo que permite un enfoque de cronometraje más relajado. Estas culturas consideran que las agendas estrictas son demasiado rigurosas y estresantes.

Las interacciones sociales y los lazos comunitarios tienen prioridad sobre los plazos rígidos en estas áreas. Las sociedades agrícolas tienden a tener una conexión más fuerte con el presente y las prácticas tradicionales. Hay un profundo respeto por las costumbres históricas y un enfoque en mantener un equilibrio armonioso con el entorno natural. Si bien la planificación futura sigue siendo importante, a menudo se aborda teniendo en cuenta la preservación del patrimonio cultural y la sostenibilidad.

Por lo tanto, las culturas de tiempo flexible, fijo y recurrente pueden coexistir dentro de un mismo país, lo que refleja una mezcla de influencias industrializadas y agrícolas.

***

Tratar con personas con un sentido del tiempo diferente al nuestro puede ser frustrante, estresante y confuso. Sin embargo, seguir algunos consejos y ser más comprensivos puede ayudarnos a trabajar e interactuar de manera efectiva cuando nuestros relojes no están sincronizados.

Además, el conocimiento de estas diferencias puede mejorar las experiencias de viaje, ya que los turistas pueden ajustar sus expectativas y comportamiento para alinearse con las costumbres locales.

CONCLUSIONES

- **Regla de oro:** la puntualidad es apreciada en todas las culturas, incluso cuando no se espera o no es recíproca. Practica llegar siempre a tiempo, pero prepárate para esperar.
- **Cultura de tiempo extendido:** valora las relaciones, adopta la multitarea, se adapta a las interrupciones frecuentes y se adapta rápida-

mente a los cambios. **Mejores características:** flexibilidad, paciencia y capacidad para llevar a la gente adelante.

- **Cultura de tiempo fijo:** enfatiza la puntualidad y se nutre de agendas, horarios, plazos y planes estructurados. **Mejores características:** disciplina, eficiencia y planificación.
- **Cultura de tiempo recurrente:** prioriza las asociaciones y relaciones mientras mantiene la puntualidad. La toma de decisiones es un proceso largo, que requiere el consenso del grupo y una consideración cuidadosa para minimizar los errores futuros. **Mejores características:** Armonía, gentileza y disciplina.

CAPÍTULO 5

¿Quién manda aquí?

El liderazgo consiste en hacer que los demás sean mejores como resultado de tu presencia. ¡Y asegurándote de que el impacto perdure en tu ausencia!
—*Sheryl Sanberg*

La distribución del poder es una piedra angular de las sociedades humanas e influye en la gobernanza, los negocios, las relaciones, las comunidades y las perspectivas personales. Este capítulo profundiza en los paradigmas contrastantes de igualitarismo, jerarquía, desigualdad e igualdad, examinando cómo estos modelos culturales dan forma y definen las interacciones humanas.

Figura 6. Culturas jerárquicas y equitativas.

TRANSPORTE Y RANGOS

¿Conducir un coche de lujo significa un mayor estatus social y poder? ¿Son las opciones de transporte público accesibles y ampliamente utilizadas en todas las clases sociales, o existe una clara distinción entre quién usa el transporte público y quién usa los vehículos privados? ¿Alguna vez has visto al CEO de una empresa, al primer ministro o a la realeza montando en bicicleta o utilizando el transporte público? Estas preguntas ponen de relieve cómo se percibe la riqueza y sus diversas conexiones con el poder en las distintas culturas.

En algunas sociedades altamente desiguales y jerárquicas, la riqueza a menudo representa más que el éxito financiero: indica poder, prestigio y acceso. Las posesiones materiales, como los coches de lujo, los relojes de alta gama o la ropa de diseñador, se utilizan para afirmar la posición de una persona en la jerarquía social. En culturas como la mexicana, la posición social está profundamente entrelazada con marcadores visibles de riqueza, como las fiestas extravagantes o el último automóvil de alta gama. Estos símbolos de riqueza proyectan éxito y abren las puertas a grupos y oportunidades exclusivas.

En México, es poco común ver a personas de alto rango usando el transporte público o en bicicleta para ir al trabajo, mientras que muchos empleados de nivel inferior no pueden pagar un automóvil. Estas disparidades subrayan y refuerzan las jerarquías sociales tanto dentro como fuera del lugar de trabajo. Este fenómeno es particularmente prominente en países o culturas con una brecha pronunciada entre diferentes clases sociales o económicas, donde los símbolos visibles de riqueza son indicadores inmediatos del lugar de uno en el orden social.

Por el contrario, es menos probable que la riqueza esté vinculada al poder o al privilegio en las culturas más igualitarias. En países como Suecia, Dinamarca y los Países Bajos, los líderes, incluidos los directores ejecutivos y la realeza, a menudo usan el transporte público o andan en bicicleta. Por ejemplo, la princesa heredera Victoria de Suecia y el príncipe heredero Haakon de Noruega y la princesa heredera Mette-Marit han sido vistos tomando el transporte público, mezclándose a la perfección con sus conciudadanos. Del mismo modo, el ex primer ministro holandés Mark Rutte se desplazaba en bicicleta, incluso llegando en bicicleta a las reuniones con el rey Willem-Alexander en las oficinas reales de La Haya.

Tales acciones reflejan los valores sociales que priorizan la igualdad, la practicidad y la sostenibilidad sobre el estatus material. Del mismo modo, los valores escandinavos como "Jantelagen", o la Ley de Jante, desalientan la ostentación de riqueza o superioridad, favoreciendo en su lugar la modestia y las contribuciones a la comunidad.

Cuando vivía en México, recuerdo lo importante que era para algunas personas tener la mejor y más elegante fiesta, automóvil, casa, reloj, accesorios o ropa. Era una forma de mostrar el éxito y proyectar un cierto estatus dentro de la comunidad. Ya sea organizando una celebración elaborada o invirtiendo en marcas de lujo, estas exhibiciones a menudo se consideraban símbolos de poder y prestigio. En culturas como la mexicana, el respeto por el estatus social y económico, la autoridad, el rango, los títulos y las calificaciones es grande.

Por el contrario, en los Estados Unidos, es más difícil determinar la posición laboral o el poder de alguien en función de su automóvil o ropa. Los empleados de varios niveles suelen conducir coches, por lo que las diferencias de estatus son menos evidentes.

En Bélgica, los coches de empresa suelen ser más prácticos que lujosos, haciendo hincapié en la utilidad por encima del estatus sin promover la desigualdad.

La desigualdad económica a menudo determina el grado en que la riqueza se traduce en poder. En países con puntuaciones altas en el Índice de Gini, como México (0,459) o Estados Unidos (0,398), la riqueza material tiene una influencia social y política. El coeficiente de Gini, que mide la desigualdad de ingresos en una escala que va de cero (igualdad perfecta) a uno (desigualdad total), pone de relieve estas disparidades. En estas sociedades, los artículos de lujo son vistos como símbolos de logro y autoridad, mientras que la dependencia del transporte público puede implicar un estatus inferior.

Por el contrario, naciones como Bélgica (0,259)[4] y los países escandinavos, con sus robustos sistemas de bienestar, logran una distribución más equitativa de la riqueza. Esto promueve la estabilidad social y una mejor calidad de vida, reduciendo el énfasis cultural en las exhibiciones materiales como marcadores de éxito.

Si bien el dinero y el estatus económico se valoran en la mayoría de los países, tienen una importancia aún mayor en las sociedades con altas puntuaciones de Gini. La riqueza abre puertas, otorga poder e impone respeto en estos lugares.

---

4   *World Inequality Database*. WorldBannk.org. (worldbank.org). Disponible en: https://data. worldbank.org/indicator/SI.POV.GINI

Curiosamente, incluso en las sociedades jerárquicas, no todo el mundo equipara la riqueza con el poder. Algunos individuos u organizaciones adoptan principios igualitarios independientemente de su contexto cultural. Empresas como Google y Facebook fomentan entornos en los que se prioriza la informalidad y el igualitarismo, con directores ejecutivos que se visten de manera informal y se hablan de tú. Del mismo modo, las personas adineradas en sociedades desiguales o jerárquicas pueden optar por la humildad y los valores realistas, lo que subraya la diversidad dentro de cada cultura.

En última instancia, si bien ningún país es completamente igualitario, igual, desigual o jerárquico, cada sociedad combina elementos de todos, pero algunas se inclinan más hacia un extremo del espectro. Naciones como Suecia, Noruega, Finlandia, Austria, Dinamarca, Israel y los Países Bajos se inclinan hacia el igualitarismo, valorando la humildad y la prosperidad compartida, mientras que países como Sudáfrica, Brasil e India enfatizan la riqueza como medio de poder y estatus. Japón, por su parte, logra un equilibrio, manteniendo una estructura jerárquica sin dar una importancia excesiva a la riqueza como marcador social.

La percepción de la riqueza y el poder refleja las realidades económicas y los valores culturales, influyendo en la forma en que las personas se relacionan entre sí y definen el éxito. En unas el estatus económico abre puertas, da privilegios, poder y se aplican las reglas de diferente manera, mientas en otras es simplemente un recurso que da comodidad, pero socialmente no hace diferencias.

TÍTULOS Y TARJETAS DE PRESENTACIÓN

La riqueza es solo uno de los factores que influyen en el nivel de desigualdad o estructura jerárquica de un país. La clase social, la ocupación, los títulos, la educación, el género, la edad, la religión y la raza también juegan un papel crucial. Cada sociedad tiene un enfoque único de estos factores.

Por ejemplo, en Japón, el rango, los títulos y la edad pueden tener más peso que los ingresos o la riqueza, lo que refleja un respeto profundamente arraigado por la jerarquía y la edad. En la India, el sistema de castas puede tener más importancia que factores como la edad o la riqueza a la hora de determinar el lugar de una persona en la sociedad. Mientras tanto, en Arabia Saudita, los roles de género son muy influyentes, a menudo tienen prioridad sobre otros factores. Cada cultura hace hincapié en diferentes aspectos, dando forma a la forma en que los individuos interactúan y a la forma en que se definen el estatus y el poder dentro de esa sociedad.

Un ejemplo es el uso de títulos y tarjetas de presentación en Japón. Las tarjetas tienen distintos significados culturales en diferentes partes del mundo. En Japón, por ejemplo, el intercambio de tarjetas de presentación, o "meishi koukan", es una práctica ritualizada impregnada de respeto y etiqueta. La forma en que se presenta y recibe una tarjeta de presentación puede reflejar la profesionalidad y la comprensión de la cultura empresarial japonesa.

Las tarjetas se presentan con ambas manos, acompañadas de un ligero lazo, y deben examinarse cuidadosamente antes de colocarlas en un tarjetero, nunca en un bolsillo. Esta ceremonia subraya el valor que se da a las primeras impresiones y a las presentaciones formales en la sociedad japonesa.

Durante y después de Meishi Koukan, la tarjeta de presentación debe ser respetada y tratada como una extensión de la persona que te la dio. La tarjeta se entrega y se recibe con ambas manos, y debe mostrarse durante la duración de la reunión; Nunca debe guardarse en un bolsillo o billetera.

El orden en el que se intercambian las tarjetas de presentación en Japón también es crucial. Los empleados de mayor rango siempre intercambian cartas primero, siguiendo la jerarquía.[5] Este protocolo muestra quién tiene autoridad y poder de decisión y quién está en el rango con el que debe contactar. Los profesionales japoneses prefieren trabajar con alguien del mismo nivel organizacional.

Normalmente, una tarjeta de presentación japonesa indicará primero el nombre de la empresa, seguido del puesto y la ocupación de la persona y, por último, su nombre.[6] Este orden refleja la importancia relativa de estos componentes. El tamaño y el prestigio de la empresa influyen en el estatus social del empleado, por lo que aparece en primer lugar. El puesto indica la antigüedad del empleado y la lealtad a la empresa, mientras que la ocupación muestra su formación académica. Estos elementos destacan el trabajo duro y el crecimiento profesional. El nombre del empleado ocupa el último lugar, lo que refleja la cultura colectivista de Japón (ver capítulo # 6), donde el grupo es más importante que el individuo.

------

[5]   "*The order in which business cards are exchanged in Japan is also crucial*". Matsuoka, Tomoko. *Japan Business Card Etiquette: What to Know and Do*. Mailmate. Agosto 12, 2023. Disponible en: https://mailmate.jp/blog/introductions-japanese-clients

[6]   "*Japanese business card will list the company name first*". Laura. *Complete Guide to Japanese Business Card Etiquette*. Yougo Japan. Disponible en: https://yougojapan.com/japanese-business-card-etiquette

Los títulos de trabajo son importantes en Japón. La forma en que te diriges a una persona cambia según su posición en relación con la tuya, lo que hace que las tarjetas de presentación sean esenciales para mostrar el nombre y el título adecuados como signo de respeto y cortesía. Esto se aplica a todas las profesiones e incluye distinciones entre puestos junior y senior. Si trabajas con profesionales japoneses, es posible que tengas que acostumbrarte a muchas reverencias, títulos y formalidades y aprender a dirigirte a la gente con cortesía.

Del mismo modo, en muchos países de Asia Oriental, las tarjetas de presentación son convenientes y necesarias. En China y Corea del Sur, el intercambio de tarjetas significa reconocimiento mutuo y la voluntad de entablar una relación comercial. En estas culturas, una tarjeta de presentación es más que información de contacto; Representa el rol, el rango y la empresa del individuo. Por lo tanto, la presentación de una tarjeta de presentación exige un nivel de decoro y respeto que refleja la naturaleza jerárquica de estas sociedades.

Por el contrario, las culturas occidentales, como las de Estados Unidos y Europa, pueden tratar las tarjetas con menos formalidad, pero no menos importancia. En estas regiones, las tarjetas son herramientas de eficiencia y claridad, ya que transmiten rápidamente información esencial durante las presentaciones. Si bien el ritual puede carecer de la naturaleza ceremoniosa de sus contrapartes orientales, la tarjeta de presentación en Occidente todavía sirve como un primer paso crucial en la creación de redes, proporcionando un recordatorio tangible de una nueva conexión.

Por el contrario, los países escandinavos como Noruega, Suecia y Dinamarca muestran un enfoque más igualitario de las prácticas comerciales y las interacciones sociales. En estas culturas, las tarjetas se intercambian con un simple apretón de manos, sin rituales elaborados ni órdenes específicas. La cultura empresarial escandinava, moldeada por los principios de Janteloven o la "Ley de Jante", promueve la igualdad y la humildad, a menudo desalentando la exhibición de estatus o jerarquía.

Los títulos de trabajo de las tarjetas de presentación son sencillos y se centran en el papel de uno en lugar de en los elogios académicos u honoríficos. Los títulos académicos no se utilizan en sus tarjetas. Los títulos corporativos como "director financiero" o "gerente de ventas" se utilizan para aclarar su área de trabajo. Las interacciones generalmente se basan en el nombre de pila, independientemente del rango, lo que refleja una sociedad donde los títulos se enfatizan menos y la igualdad es primordial. Llamar a un escandinavo por su título o profesión o usar Sr. o Sra. no es esperado y puede considerarse grosero y arrogante incluso para el CEO o los senior.

Dinamarca y Suecia, por ejemplo, se encuentran entre los pocos países que exigen legalmente la igualdad de derechos laborales entre hombres y mujeres y tienen algunas de las tasas de pobreza y Gini más bajas del mundo.

Cuando se trata de una cultura igualitaria, prepárate para arremangarte y dejar atrás tus títulos y diplomas.

EL PRIVILEGIO DEL ORDEN DE NACIMIENTO Y LA EDAD

En muchas culturas, el orden de nacimiento y la edad conllevan importantes beneficios y responsabilidades, que influyen en la dinámica familiar y en los roles individuales. Como hija mayor, he experimentado de primera mano los privilegios y presiones únicos asociados con ello. Ser el primogénito conlleva un conjunto de expectativas y oportunidades que moldean el carácter y el camino de la vida de una persona de manera profunda.

Soy el primer hijo de tres y el primer nieto de dieciocho por parte materna[7]. Incluso antes de que yo naciera, mi familia ya me había etiquetado como la "líder" de la nueva generación. Este título vino con el honor de tomar varias decisiones. Por ejemplo, a menudo decidía qué juegos jugábamos y establecía las reglas para mis hermanos y primos, quienes normalmente seguían mis órdenes. Cuando queríamos dulces, bocadillos o bebidas de la tienda cercana, mis padres, tíos y tías me daban el dinero para pagar y distribuir las golosinas.

A los seis años, yo era la única de entre los nietos y nietas que podía sumar y restar, lo que naturalmente me convirtió en el encargado de manejar el dinero designado para el fondo de golosinas de nuestros primos. Se convirtió en una tradición a medida que crecíamos, incluso después de que los demás se pusieron al día con sus habilidades matemáticas. Mi primo mayor y yo nos encargamos de administrar los fondos de la golosina para el grupo, una tarea que continuamos durante algunos años hasta que nos convertimos en un clan igualitario.

---

[7] En este caso se expresa en masculino para referirse a que es la primera, tanto de hijos como de hijas, así como entre los nietos y las nietas. N. del E.

Si bien los privilegios de ser la mayor eran gratificantes, venían acompañados de presiones y expectativas considerables. Mis padres querían que fuera un buen ejemplo para mis hermanos y primos, que fuera en quien pudieran confiar y que los vigilara cuando los adultos no estuvieran presentes. A medida que mis hermanos y primos crecían, las ventajas de ser el mayor comenzaron a desaparecer, pero las expectativas y responsabilidades siguieron aumentando.

Orden de nacimiento y edad en diferentes culturas

En muchas culturas, el género, el orden de nacimiento y la edad influyen significativamente en la jerarquía y la autoridad, no solo en asuntos pequeños como golosinas y dulces, sino también en estructuras más formales. Las monarquías son un claro ejemplo. El derecho a gobernar tradicionalmente recae en el hijo mayor del monarca reinante. En el Reino Unido, por ejemplo, la reina Isabel II fue la primogénita del rey Jorge VI y la reina Isabel. Históricamente, la corona pasaba al hijo mayor, pero sin un heredero varón, pasaba a la hija mayor, la reina Isabel II. El príncipe Carlos, el primer hijo de la reina Isabel II, fue el siguiente en la línea de sucesión al trono, seguido por el príncipe William, su hijo mayor. Esta tradición continúa, aunque ha evolucionado ligeramente. Desde 2013, el hijo mayor hereda el trono independientemente del género, lo que refleja un movimiento hacia la igualdad de género y mantiene el privilegio de ser el mayor.[8]

En Arabia Saudita, el orden de sucesión sigue la antigüedad agnática, lo que significa que los hermanos del rey tienen un nivel de sucesión más alto que sus hijos. Esta monarquía absoluta, en la que el rey tiene el control y la autoridad completos (como en Arabia Saudí, Omán, Afganistán, Brunéi, Jordania y los Emiratos Árabes Unidos), es diferente de las monarquías absolutas y las monarquías constitucionales, en las que el poder del monarca es limitado y más simbólico (como se ve en muchos países europeos).[9]

Capitalismo familiar: heredar profesiones en Italia

En Italia, las personas pueden no heredar una corona, pero a menudo heredan una profesión o un papel dentro del comercio o negocio de larga historia familiar. Las empresas familiares, especialmente en sectores tradicionales como

---

[8]   *England Brth Oder. British royal family line of succession: Who's who.* CNN. Disponible en: https://www.cnn.com/2022/09/08/world/royal-family-line-of-succession/index.html

[9]   *Succession to the Saudi Arabian throne.* Wikipedia.

la vitivinicultura, la moda o la artesanía, se transmiten de generación en generación, y cada miembro asume una posición específica dentro de la jerarquía familiar. El cabeza de familia, normalmente el varón de mayor edad ejerce la más alta autoridad y poder. Supervisa los activos de la familia, toma decisiones financieras importantes y guía la dirección de la familia.

El poder dentro de la familia se distribuye jerárquicamente, a menudo según el género y la edad. El hijo mayor suele ocupar el segundo lugar de mayor autoridad, seguido por el segundo hijo, y así sucesivamente. Esta estructura se extiende a sus hijos y a la red familiar más amplia, que abarca tíos, primos y parientes lejanos, cada uno con un lugar definido dentro de la jerarquía familiar. En este sistema, la lealtad y la unidad familiar son vitales, ya que se espera que los miembros más jóvenes mantengan las tradiciones familiares, contribuyan al éxito de la familia y respeten la cadena de autoridad. A través de esta jerarquía, las familias italianas mantienen la continuidad, preservan su herencia y garantizan que su legado familiar perdure a través de las generaciones.

Cuando el padre muere o se jubila, el siguiente en la cadena familiar jerárquica toma su lugar. Esta práctica se resume en la expresión italiana "capitalismo familia", o capitalismo familiar, que se refiere a la tradición de transmitir una empresa privada de una generación a la siguiente.

La industria de la moda de lujo es un buen ejemplo de esta práctica. Empresas como Missoni, Fendi, Salvatore Ferragamo y Ermenegildo Zegna han transferido con éxito la propiedad y la gestión de una generación a la siguiente.[10]

Aunque este concepto ha evolucionado recientemente, con las nuevas generaciones a menudo buscando trayectorias profesionales diferentes a las tradicionales de su familia, sigue siendo la norma para muchas empresas familiares italianas. Esta estructura jerárquica también influye en la vida cotidiana. Por lo general, la pareja más longeva de la familia toma la mayoría de las decisiones críticas, lo que refleja el mismo respeto por la antigüedad y la experiencia que se observa en el ámbito empresarial.

[10] *"Companies like Missoni, Fendi, Salvatore Ferragamo, and Ermenegildo Zegna have successfully transferred ownership and management from one generation to the next".* Olsen, Kerry. *The Italian Fashion Family.* The New York Times. Febrero 22, 2022. Actualizado en abril 18, 2022. Disponible en: https://www.nytimes.com/2022/02/22/style/italian-family-businesses-milan-fashion-week.html

La edad y el respeto en las culturas de Asia Oriental

En muchas culturas de Asia Oriental influenciadas por el confucianismo, como China, Japón, Corea, Vietnam, Taiwán y Hong Kong, la edad determina significativamente la jerarquía social, el respeto y las responsabilidades dentro de las familias y organizaciones. Como enseñó Confucio, estas sociedades enfatizan la importancia de mantener relaciones armoniosas a través del respeto a los superiores y a los mayores.

De acuerdo con las enseñanzas confucianas, cinco relaciones principales esbozan la estructura del orden social: gobernante a súbdito, padre a hijo, esposo a esposa, hermano mayor a hermano menor y amigo a amigo. En tres de estas relaciones, la edad proporciona a los individuos una mayor autoridad y responsabilidad, lo que refleja una dinámica paternalista en la que el mayor desempeña el papel de protector y mentor, transmitiendo la sabiduría al menor.

Los ancianos son profundamente respetados por su sabiduría, espiritualidad y experiencia de vida. Sus opiniones tienen un gran peso; Se espera que las personas más jóvenes los honren respetando y siguiendo sus consejos. En muchos lugares de trabajo de Asia Oriental, por ejemplo, la antigüedad suele ser un requisito para el ascenso, y se necesitan años específicos de experiencia antes de que alguien pueda ascender en la escala organizativa, incluso si cumple con los requisitos de conocimientos y habilidades del trabajo. Este enfoque subraya el valor que se otorga a la edad y la experiencia por encima de las meras calificaciones.

Dentro de las familias, los miembros mayores son vistos como tutores responsables de tomar decisiones cruciales para el bienestar de la familia. Ellos median en conflictos, ofrecen consejos y brindan orientación, mientras que se espera que los miembros más jóvenes muestren respeto, usen un lenguaje honorífico, obedezcan sus directivas y se preocupen por ellos, especialmente a medida que crecen.

Este respeto se extiende a las ceremonias sociales y religiosas, donde los ancianos a menudo asumen roles principales, simbolizando su estatus y la reverencia que inspiran. La etiqueta social refuerza esta deferencia hacia los ancianos a través de varios actos, como hacer una reverencia, ofrecerles los mejores asientos y servirlos primero durante las comidas. En estas culturas, honrar a los ancianos no es simplemente una costumbre, sino un aspecto fundamental de los valores sociales, asegurando que la edad equivalga a respeto y responsabilidad.

Grupos familiares conjuntos en la India

Los grupos familiares conjuntos, o familias extendidas, son estructuras familiares tradicionales en la India donde varias generaciones viven juntas bajo un mismo techo. Este sistema familiar ha sido una parte integral de la cultura india durante siglos, encarnando valores de unidad, responsabilidades compartidas y respeto profundamente arraigado por los mayores. Por lo general, el hogar incluye abuelos, padres, hijos y, a veces, incluso bisabuelos, junto con parientes lejanos como tíos, tías y primos. Cada miembro de la familia tiene funciones y deberes específicos que contribuyen al bienestar y la armonía de la familia.

La familia conjunta suele estar encabezada por el miembro masculino de mayor edad, que asume el papel de patriarca de la familia. Este líder es responsable de tomar decisiones importantes, guiar a la familia y resolver conflictos, a menudo con el apoyo de otros miembros mayores. La estructura hace hincapié en el respeto por la edad y la experiencia, y se espera que los miembros más jóvenes busquen la orientación de los mayores en asuntos importantes.

El cuidado de los ancianos es un aspecto central del sistema familiar conjunto, donde los miembros más jóvenes apoyan a sus parientes mayores. Enviar a los padres o abuelos a hogares de ancianos se considera ampliamente deshonroso y contrario a los valores culturales, ya que significa un incumplimiento del deber de cuidado de la familia. En este sistema, el bienestar de cada individuo está estrechamente ligado al apoyo colectivo de la familia, lo que fomenta un sentido de seguridad, pertenencia y continuidad a través de las generaciones.

Envejecer en una cultura igualitaria

Si bien muchas culturas veneran la edad, en sociedades igualitarias como los Países Bajos, Suecia, Finlandia y Australia, el respeto y la influencia no se basan en la edad. Aquí, las opiniones de jóvenes y mayores se valoran por igual, y la voz de todos se escucha con el mismo nivel de importancia. El pensamiento independiente y la autoexploración son muy apreciados, y los padres inculcan estos principios en sus hijos desde una edad temprana.

En estas culturas, las familias a menudo valoran las relaciones democráticas; el pensamiento independiente y la exploración son muy valorados. Se alienta a los niños a participar en discusiones, compartir sus opiniones y participar en los procesos de toma de decisiones dentro de la familia. Este enfoque fomenta un sentido de igualdad y respeto mutuo por las perspectivas individuales, lo que permite que todos, independientemente de su edad, contribuyan con sus pensamientos e ideas, incluso si son diferentes a sus padres. Los niños aprenden a negociar, a comunicarse eficazmente con los adultos y a desarrollar soluciones lógicas, cultivando un sentido de autonomía y autoexpresión.

A medida que crecen, los jóvenes son libres de labrarse su camino sin la presión de ajustarse a las expectativas familiares o adherirse a los roles tradicionales. Son libres de seguir carreras y pasiones basadas en intereses personales en lugar de legados familiares, lo que les permite dar forma a sus identidades. Esta autonomía se considera esencial para el desarrollo personal y es respetada por los padres, que apoyan las decisiones independientes de sus hijos.

En el ámbito laboral, la situación es comparable. Todas las contribuciones son valoradas, independientemente de la edad, y las oportunidades de ascenso se basan en el mérito y los logros individuales más que en la antigüedad. Este enfoque meritocrático fomenta un entorno de trabajo justo y dinámico, en el que las ideas se juzgan por su contenido y no por la edad o el rango de la persona que las presenta.

Las interacciones interpersonales también reflejan estos valores igualitarios. En el ámbito social y profesional, las personas más jóvenes se dirigen a los adultos mayores por sus nombres de pila en lugar de por sus títulos o apellidos formales, lo que promueve la igualdad.

CUANDO LA DESIGUALDAD VIOLA LOS DERECHOS HUMANOS

Este capítulo explora cómo las sociedades estructuran las jerarquías, las dinámicas de poder y su impacto en los individuos. Tanto los sistemas jerárquicos como los igualitarios ofrecen ventajas y desafíos. Visto a través de la lente de la diversidad humana y los principios meritocráticos, la desigualdad no es inherentemente negativa; Refleja diferencias en habilidades, esfuerzos y etapas de desarrollo. La diversidad humana enriquece a la sociedad, ya sea en habilidades, inteligencia o creatividad.

Imagina un mundo en el que todos poseyeran habilidades e inclinaciones idénticas. Un mundo así carecería de la innovación y la creatividad que impulsan el progreso. Nuestras diferencias generan nuevas ideas, conducen a descubrimientos revolucionarios y fomentan la riqueza cultural. En este contexto, la desigualdad refleja la variación natural del potencial y los intereses humanos.

La meritocracia, piedra angular de las sociedades modernas, recompensa a las personas en función del esfuerzo, el talento y las contribuciones, en lugar de factores arbitrarios como la clase, la riqueza o el género. Por ejemplo, los atletas que sobresalen a través de la dedicación y la habilidad merecen un reconocimiento que refleje sus logros. No sería razonable esperar que alguien que no entrena o carece de habilidades atléticas sea tratado de la misma manera que un campeón olímpico. En este sentido, la desigualdad es un justo reconocimiento al esfuerzo individual y a la excelencia.

Otro aspecto esencial de la desigualdad es la necesidad de privilegios y responsabilidades apropiados para la edad. Esperar que los niños y los adultos cumplan con las mismas reglas y estándares no es práctico ni justo. En este contexto, la desigualdad no es una forma de discriminación, sino más bien un reconocimiento de las diferentes etapas del desarrollo humano. Garantiza que las personas reciban el apoyo, los recursos y las oportunidades adecuadas a su edad y nivel de madurez, fomentando un crecimiento y desarrollo saludables.

Del mismo modo, las consideraciones de género, capacidad y otras facetas de la diversidad a menudo requieren diferentes formas de apoyo o expectativas personalizadas.

Sin embargo, la desigualdad se vuelve dañina cuando tiene su origen en injusticias sistémicas, como el racismo, el género o la discriminación por estatus socioeconómico, que niega a las personas sus derechos y oportunidades. Estas formas de desigualdad perpetúan la exclusión, obstaculizan el progreso y crean barreras que impiden que las personas alcancen su pleno potencial. Son injustos y perjudiciales, y perpetúan ciclos de pobreza y exclusión.

Por esta razón, este capítulo fue quizás el más difícil de escribir. El objetivo de este libro es fomentar la tolerancia y la aceptación entre culturas sin emitir juicios. Sin embargo, es difícil mantener la simpatía cuando las diferencias culturales cruzan una línea, lo que conduce a la injusticia, la discriminación o incluso las violaciones de los derechos humanos. Te animo a leer los siguientes dos subcapítulos con cautela, ya que profundizan en temas complejos que, si bien es necesario comprender, pueden ser profundamente desalentadores y deprimentes.

FAVORITISMOS SOCIALES Y ECONÓMICOS

Las personas de clases sociales o económicas privilegiadas creen que inherentemente merecen un trato, oportunidades o recursos especiales. Este derecho se deriva de un sentido de superioridad profundamente arraigado que puede perpetuarse a través de las estructuras sociales, la educación y las desigualdades sistémicas que son históricas. A menudo conduce a comportamientos en los que los que tienen derecho a un trato preferencial, hacen caso omiso de las luchas de las clases desfavorecidas y se resisten a los cambios que desafían su elevada posición en la sociedad. El derecho de clase refuerza las jerarquías sociales y perpetúa la desigualdad al justificar la distribución desigual de la riqueza y el poder.

Este derecho a la clase todavía se practica en muchos lugares. Uno de los más notorios es el sistema de castas en la India. Esta jerarquía social tradicional ha estado profundamente arraigada en la sociedad india durante siglos. Divide a las personas en diferentes grupos en función del nacimiento y la ocupación, y tiene importantes implicaciones sociales, económicas y políticas.

Se cree que el sistema de castas, conocido como "varna" en sánscrito, se originó a partir de antiguos textos hindúes como el Rigveda. El Rigveda menciona cuatro varnas o clases sociales principales: Brahmanes, Kshatriyas, Vaishyas y Shudras.[11]

Los Brahmanes están en la cima de la jerarquía, tradicionalmente responsables de los rituales religiosos, la enseñanza y el mantenimiento del conocimiento sagrado. El segundo nivel está formado por los Kshatriyas, que tradicionalmente servían como guerreros, reyes y administradores. El tercer grupo, los Vaishyas, se dedican al comercio, la agricultura y el comercio. En la parte inferior están los Shudras, que realizan trabajos manuales y de servicios.

Fuera del sistema de Varna están los Dalits, históricamente considerados "intocables" y sometidos a una severa discriminación y exclusión de la sociedad en general. Con el tiempo, el sistema de Varna evolucionó hasta convertirse en el más complejo sistema Jati, que incluye miles de subcastas basadas en la ocupación, la región y la etnia.

El sistema de castas impone la segregación social, dictando el matrimonio, la comida y la interacción social basada en la casta. Las castas han determinado tradicionalmente la ocupación y el papel económico de una persona,

---

[11] Duignan, Brian. *Varna*. Hinduism. Britanica. Agosto 10, 2024. Disponible en: https://www.britannica.com/topic/varna-Hinduism

lo que ha llevado a una rígida división del trabajo. Históricamente, las castas superiores han tenido un mejor acceso a la educación, los recursos y el poder político, mientras que las castas inferiores se han enfrentado a la exclusión sistémica y la pobreza.[12]

El concepto de Dharma (deber) en el hinduismo se ha utilizado para justificar el sistema de castas, en el que a cada casta se le asignan deberes y responsabilidades específicas. La creencia en el karma (acciones en vidas pasadas que afectan la vida presente) refuerza la idea de que la casta de uno es el resultado de las acciones anteriores.

La Constitución de la India, aprobada en 1950, abolió la "intocabilidad" y prohibió la discriminación basada en la casta[13]. La India ha aplicado políticas de acción afirmativa, incluidas reservas en la educación y los empleos gubernamentales, para mejorar la situación de las castas históricamente desfavorecidas. Sin embargo, a pesar de las medidas legales, persisten la discriminación basada en la casta y los prejuicios sociales, especialmente en las zonas rurales.

El derecho de clase, en el que los individuos o grupos creen que merecen inherentemente privilegios y ventajas debido a su estatus socioeconómico, es un fenómeno que se observa en todo el mundo. Se manifiesta de diversas formas, como en los círculos aristocráticos y las familias reales, las escuelas de élite y los clubes sociales exclusivos que preservan las distinciones de clase, perpetuando un sentido de derecho entre los nacidos en el privilegio. Los oligarcas rusos, que ejercen un inmenso poder económico y político, a menudo esperan un trato preferencial debido a su riqueza y conexiones. Del mismo modo, en China, los "principitos" (hijos de funcionarios de alto rango) representan una clase que se beneficia de la influencia política heredada, lo que les da derecho a oportunidades lucrativas y acceso al poder.

Estos ejemplos ponen de relieve cómo el derecho de clase refuerza la estratificación social a través de las culturas y los sistemas políticos, a menudo creando barreras que impiden el acceso a la igualdad de oportunidades. Abor-

[12] Class Entitlement. Adapted from several sources:
Untouchability and Segregation. Humans Rights Watch. Disponible en: https://www.hrw.org/reports/2001/globalcaste/caste0801-03.htm
What is India's caste system?. BBC News. Junio 19, 2019. Disponible en: https://www.bbc.com/news/world-asia-india-35650616
Szczepanski, Kallie. *History of India's Caste System*. ThoughtCo. Febrero 24, 2020. Disponible en: https://www.thoughtco.com/history-of-indias-caste-system-195496
[13] *Indian Constitution*. Law Notes. Disponible en: . https://lawnotes.co/article-17-of-the-indian-constitution-abolition-of-untouchability

dar estas ventajas arraigadas sigue siendo un paso fundamental para fomentar la equidad y desmantelar las desigualdades sistémicas en todo el mundo.

ROLES DE GÉNERO E IGUALDAD

La desigualdad de género, aunque está profundamente arraigada en las sociedades de todo el mundo, se ve cada vez más cuestionada a medida que el mundo avanza hacia una mayor equidad. Se han logrado grandes avances, y muchos países han dado pasos significativos para cerrar la brecha de oportunidades y derechos para hombres y mujeres. Sin embargo, las normas y los sesgos arraigados siguen influyendo sutilmente en los comportamientos, las percepciones y el acceso a las oportunidades, lo que nos recuerda que el camino hacia la plena igualdad está en curso.

Si bien las diferencias biológicas entre hombres y mujeres son innegables, no justifican las desigualdades en derechos, privilegios, poder, oportunidades o seguridad.

Los siguientes subcapítulos sobre la igualdad de género extraen información de recursos clave, como el Índice Mundial de Brecha de Género, el Índice de Mujeres, Paz y Seguridad y los informes de las Naciones Unidas. El Índice Global de Brecha de Género clasifica a 156 países en función de las oportunidades económicas, la educación, la salud y el empoderamiento político, mientras que el Índice de Mujeres, Paz y Seguridad evalúa a 170 naciones en materia de seguridad, justicia e inclusión. En conjunto, estas herramientas ponen de relieve las disparidades de género persistentes y los factores multifacéticos que impulsan la desigualdad, haciendo hincapié en la necesidad continua de avanzar hacia una verdadera igualdad.

Mi experiencia con los roles de género en los EE. UU.

Durante meses, mi esposo y yo llevamos a cabo un experimento personal para explorar los roles y prejuicios de género, específicamente en las interacciones financieras cotidianas. Cada vez que salíamos a cenar, pedía intencionalmente la cuenta para ver si el camarero me lo daba a mí, como quien lo solicitaba, o a mi esposo. A pesar de mi solicitud, a menudo le entregaban a él la cuenta, lo que refuerza la suposición común de que los hombres son responsables de las decisiones financieras.

Este experimento puso de manifiesto los sutiles, pero generalizados sesgos de género arraigados en la vida cotidiana. A pesar de que inicié la solicitud, la asunción de la autoridad masculina en asuntos financieros parecía automática, y en la mayoría de los casos los camareros le entregaban la cuenta a mi esposo. De vez en cuando, lo colocaban en el centro de la mesa, pero rara vez me lo daban a mí. Este patrón reveló cómo las expectativas sociales en torno al género y las finanzas aún influyen en las interacciones, a menudo sin un pensamiento consciente. Refuerza el estereotipo de que los hombres son los principales responsables de la toma de decisiones y proveedores, una creencia que sigue socavando la independencia y el empoderamiento de las mujeres.

Otra experiencia personal de sesgo de género proviene de mi papel en el negocio inmobiliario. Como propietaria de una empresa de bienes raíces, gestiono todo, desde la contratación de mano de obra y la aprobación de proyectos, hasta la supervisión de la ejecución de contratos. Esto implica trabajar en estrecha colaboración con electricistas, plomeros, agentes inmobiliarios y contratistas. Sin embargo, a pesar de mi papel, me encuentro con situaciones en las que estos profesionales buscan la confirmación de mi pareja antes de continuar.

Por ejemplo, podrían hacer preguntas como: "¿Deberíamos esperar la aprobación de su esposo antes de comenzar?" o "¿Le gustaría llamarlo para confirmarlo?". Estas interacciones implican que mis decisiones por sí solas no son suficientes y que se necesita la aprobación de mi pareja para validarlas. Esto es frustrante y desalentador, ya que disminuye mi autoridad y socava mi papel como propietaria de un negocio.

Lo que llama la atención es que estas preguntas nunca están dirigidas a mi esposo. Sus decisiones se toman al pie de la letra, mientras que las mías se cuestionan. Aunque no sucede a menudo, esta disparidad subraya el persistente sesgo de género en la industria, donde la autoridad de las mujeres se cuestiona con frecuencia y las decisiones de los hombres rara vez se discuten.

Aunque las opiniones de la sociedad están evolucionando, sigue existiendo la creencia tácita de que los hombres son los principales responsables de la toma de decisiones y los proveedores o tienen más autoridad que las mujeres. Esto plantea preguntas importantes: ¿Hay casos en los que los roles tradicionales de género tienen un propósito? ¿Justifican los factores biológicos estos roles convencionales? ¿Siguen siendo necesarios los roles de género para proteger a las mujeres?

Valoro los actos tradicionales de caballerosidad, como sentirme protegida por los hombres, que mi esposo pague la cuenta en los restaurantes o disfrutar de la cortesía de que se me abran las puertas. Estos gestos me hacen sentir apreciada y cuidada. Al mismo tiempo, abogo firmemente por la igualdad de género, especialmente en áreas como las oportunidades laborales, la igualdad salarial y la libertad de tomar mis propias decisiones sin requerir validación o aprobación. Creo que es posible equilibrar la apreciación de los roles tradicionales con el mantenimiento de la independencia y la autoridad de una mujer, especialmente en los entornos profesionales.

Apoyo compartir las responsabilidades con mi esposo en casa, pero no necesariamente en una división estricta de 50-50. En cambio, dividimos las tareas en función de nuestros horarios y compromisos fuera de casa. Este enfoque flexible nos permite contribuir a las tareas domésticas y al cuidado de los niños de una manera que respeta nuestras fortalezas y disponibilidad. Fomenta una asociación armoniosa en la que ambos nos sentimos apoyados y equilibrados.

A nivel mundial, los roles de género y las dinámicas de poder entre hombres y mujeres varían ampliamente, moldeados por una compleja interacción de factores culturales, religiosos, económicos y sociales. Estas influencias crean diversas expectativas sobre cómo deben comportarse los hombres y las mujeres en las diferentes sociedades. Dos ejemplos contrastantes de enfoques de la igualdad de género son Islandia y Afganistán.

Islandia

En Islandia, las niñas pueden aspirar con confianza a convertirse en cualquier cosa con la que sueñen, ya sea presidenta, astronauta o doctora, gracias a una sociedad en la que las leyes, las políticas gubernamentales y los sistemas sociales trabajan juntos para lograr estas ambiciones.

Islandia y otros países nórdicos como Dinamarca, Finlandia, Noruega y Suecia lideran sistemáticamente el mundo en el cierre de la brecha de género. En 2022, Islandia ocupó el primer lugar en el Informe Global sobre la Brecha de Género del Foro Económico Mundial, con una puntuación del 90,8%, y ocupó el tercer lugar en el Índice de Mujeres, Paz y Seguridad (WPS) en 2021, con una puntuación casi perfecta de 0,907. [14] Los hombres y mujeres islandesas disfrutan de casi igual poder y de las mismas oportunidades, una realidad moldeada por leyes y regulaciones progresistas que han clasificado al país en la cima de la igualdad de género durante trece años consecutivos.

----

[14] *"In 2022, Iceland ranked first in the World Economic Forum's Global Gender Gap Report, achieving a 90.8% score, and placed third on the Women, Peace, and Security Index (WPS) in 2021 with a near-perfect score of 0.907".* Gender gap: These are the world's most gender-equal countries. World Economic Forum. https://www.weforum.org/agenda/2022/07/gender-equal-countries-gender-gap/. Julio 10, 2022.

Una figura inspiradora para las niñas islandesas es Vigdís Finnbogadóttir, quien hizo historia en 1980 como la primera jefa de Estado elegida democráticamente en el mundo. Su presidencia de 16 años (1980-1996)[15] es un poderoso ejemplo de liderazgo femenino. Políticamente, Islandia también ocupa un lugar destacado, con un 52% de su parlamento compuesto por mujeres, y tiene la mayor proporción de jefas de Estado en los últimos 50 años.[16]

Islandia fue el primer país del mundo en exigir a las empresas con más de 25 empleados que demostraran que pagan a hombres y mujeres por igual por el mismo trabajo.[17] Este enfoque progresivo se aplica mediante un sistema de certificación externo que impone multas diarias a las empresas que no cumplen. Aunque las mujeres todavía ganan entre un 14% y un 18% menos que los hombres, su tasa de participación en la fuerza laboral es superior al 80%, [18]respaldada por políticas que garantizan la flexibilidad laboral, la igualdad de remuneración por igual trabajo y la protección legal del empleo después del parto.

Las políticas de licencia parental de Islandia son igualmente innovadoras. Ofrecen 12 meses de permiso por familia, divididos a partes iguales entre ambos padres. Este mandato legal da derecho a cada progenitor a seis meses de descanso con el 80% de sus ingresos y promueve la responsabilidad compartida en el cuidado de la familia[19]. Como resultado, es común ver a los padres involucrados activamente en el cuidado de los niños, ayudando a desmantelar los roles tradicionales de género.

Los consejos de administración, los consejos de gobierno y los comités de las empresas públicas deben mantener el equilibrio de género, garantizando al menos un 40% de representación de ambos géneros. En 2021, las

[15] Vigdís Finnbogadóttir. Henshall, Angela. *What Iceland can teach the world about gender pay gaps*. BBC News. Disponible en: https://www.bbc.com/worklife/article/20180209-what-iceland-can-teach-the-world-about-gender-pay-gaps. Febrero 10, 2018.

[16] *Politically, Iceland. Global Gender Gap Report 2022*. https://www.weforum.org/publications/global-gender-gap-report-2022/in-full/1-benchmarking-gender-gaps-2022/. World Economic Forum. Julio 13, 2022.

[17] Wagner, Ines. *How Iceland Is Closing the Gender Wage Gap*. https://hbr.org/2021/01/how-iceland-is-closing-the-gender-wage-gap. Harvard Business Review. Enero 8, 2021.

[18] *The labor force participation rate of women has never been higher*. https://statice.is/publications/news-archive/social-affairs/key-figures-on-women-and-men. Statistic Iceland. Marzo 08, 2017.

[19] *ACT on Equal Status and Equal Rights Irrespective of Gender. Government of Iceland*. https://www.government.is/library/04-Legislation/Act%20on%20Equal%20Status%20and%20Equal%20Rights%20Irrespective%20of%20Gender.pdf

mujeres ocupaban aproximadamente el 42% de los puestos directivos y el 52% de los parlamentarios.[20]

Tanto las niñas como los niños tienen pleno acceso a la educación, y las universidades públicas son gratuitas. La puntuación de logro educativo de Islandia se sitúa en un impresionante 0,993[21], de los cuales 1,0 representa la igualdad total. La discriminación basada en el género está prohibida en todas las esferas de la vida, incluidas las escuelas, las actividades extraescolares, los deportes, la publicidad, el uso del idioma, los lugares de trabajo, los costos de los seguros y el comercio de bienes y servicios.

Islandia es ampliamente considerado como el país más seguro del mundo, con las tasas más bajas de criminalidad y asesinatos.[22] Las mujeres pueden caminar solas con confianza por la noche sin preocuparse por su seguridad. Si bien el riesgo de agresión es bajo, es aconsejable mantener la precaución, especialmente en entornos donde prevalece el alcohol, como bares y clubes nocturnos.

Islandia aplica castigos estrictos para la violencia doméstica y el acoso sexual, este último abarca cualquier comportamiento percibido como irrespetuoso. Se anima a los ciudadanos a denunciar cualquier abuso o discriminación. Si bien la violencia contra la mujer no se ha erradicado por completo, las tasas de Islandia son notablemente más bajas que en muchos otros países.

En conclusión, Islandia es una nación donde las mujeres pueden sentirse seguras, acceder a la educación y al empleo, recibir la misma remuneración, compartir las responsabilidades familiares con sus parejas y vivir libres de discriminación de género. Las mujeres islandesas cuentan con el apoyo de fuertes modelos femeninos y de una sociedad que promueve la igualdad de género.

Afganistán

Muchas chicas sueñan con sentirse amadas y apreciadas. Esperan enamorarse, casarse y formar una familia. Aspiran a vivir vidas saludables, expresarse a través de la moda y disfrutar de placeres simples: bailar, reír con amigos, viajar y seguir carreras que les brinden satisfacción y propósito.

....

[20] *Chapter II Rights and obligations.* Government of Iceland. https://www.government.is/library/04-Legislation/Act%20on%20Equal%20Status%20and%20Equal%20Rights%20Irrespective%20of%20Gender.pdf.

[21] *Gender gap: These are the world's most gender-equal countries.* World Economic Forum. Julio 13, 2022. Disponible en: https://www.weforum.org/agenda/2022/07/gender-equal-countries-gender-gap

[22] *Vision of Humanity.* https://www.visionofhumanity.org/maps

Sin embargo, en Afganistán, estos sueños están lejos de ser realidad para la mayoría de las niñas. Perseguir tales aspiraciones puede poner en riesgo sus vidas o libertad. En una sociedad en la que las mujeres a menudo son consideradas inferiores a los hombres, tienen poca o ninguna voz y un control mínimo sobre sus propias vidas. Desde el nacimiento hasta la muerte, las decisiones que dan forma a su futuro son tomadas principalmente por hombres. Esta ha sido la norma cultural durante generaciones.

El Afganistán se encuentra en la parte inferior del Índice Mundial de Brecha de Género, lo que refleja las graves limitaciones impuestas a las mujeres. Las restricciones son profundas: los hombres afganos prohíben a las mujeres interactuar, hablar o incluso ser vistas por hombres desconocidos, incluidos médicos, enfermeras, maestros o policías. Esto crea una red de aislamiento que comienza temprano y afecta todos los aspectos de la vida de una mujer.

Las consecuencias de estos tabúes sociales comienzan incluso antes del nacimiento. Afganistán tiene una de las tasas de mortalidad materna más altas del mundo[23], ya que la mayoría de los nacimientos se producen en el hogar sin la ayuda de profesionales de la salud, principalmente debido a la escasez de mujeres médicas y enfermeras.

Si una niña sobrevive al parto, su vida sigue siendo gobernada por parientes masculinos, empezando por su padre, que probablemente controlará las decisiones importantes sobre su futuro, incluido su matrimonio. Menos del 20% de las niñas afganas tienen voz y voto en la elección de su cónyuge. Los matrimonios forzados y concertados son la norma, ya que más del 30% de las niñas se casan antes de los dieciocho años y alrededor del 15% antes de los quince años.[24]

Colaboradores de UNICEF registraron 183 matrimonios infantiles y diez casos de trata de niños en tan solo un año en solo dos de las treinta y cuatro provincias de Afganistán. Estos casos involucraban a niñas de entre seis meses y diecisiete años de edad, a menudo casadas con hombres veinte o cincuenta años mayores que ellas.[25]

[23] *Maternal mortality: Levels and trends 2000 to 2017.* World Health Organization. Septiembre 19, 2019. Disponible en: https://www.who.int/publications/i/item/9789241516488
[24] *Child Marriage in Afghanistan.* Unicef. Disponible en: https://www.unicef.org/afghanistan/sites/unicef.org.afghanistan/files/2018-07/afg-report-Child%20Marriage%20in%20Afghanistan.pdf
[25] *Afghanistan: Girls at increasing risk of child marriage.* United Nations. Noviembre 12, 2021. Disponible en: https://news.un.org/en/story/2021/11/1105662

La vida matrimonial de las mujeres afganas está plagada de dificultades. Los esposos a menudo ven a sus esposas como posesiones y con frecuencia justifican el abuso físico como una forma de "corrección". Muchos hombres consideran aceptable golpear a sus esposas por razones como quemar comida, discutir, salir de la casa sin permiso, descuidar a los niños, negarse a tener relaciones sexuales o no cuidar a los suegros. Sorprendentemente, casi el 90% de las mujeres afganas han sufrido abuso doméstico y sus esposos han agredido físicamente al 40%.[26]

Tanto la Constitución afgana como la ley islámica Sharia permiten la poligamia, permitiendo a los hombres tener hasta cuatro esposas, mientras que las mujeres están restringidas a un solo marido. Los hombres pueden divorciarse de sus esposas unilateralmente, sin el consentimiento de la mujer, mientras que las mujeres no tienen los mismos derechos y requieren la aprobación de su marido para la mayoría de las decisiones, incluido el divorcio. Las mujeres divorciadas a menudo se enfrentan a una intensa vergüenza social por el resto de sus vidas y, en casos extremos, incluso pueden ser sometidas a asesinatos de honor.

Las aspiraciones de obtener un título universitario o una carrera profesional a menudo se hacen añicos. Antes del regreso de los talibanes al poder en 2021, el 87% de las mujeres afganas eran analfabetas, dos tercios de las niñas no podían asistir a la escuela y solo el 20% del personal docente era femenino[27]. Ahora, bajo el régimen talibán, se ha instruido a las niñas para que no asistan a la escuela secundaria y se les prohíbe la mayoría de las formas de empleo, excepto en el sector de la salud, lo que dificulta aún más el acceso a la educación que antes.

Tradicionalmente, la ropa de las mujeres afganas era de colores vibrantes, con diseños intrincados únicos para cada provincia. Aunque modestas, estas prendas reflejaban la diversidad de la cultura y permitían a las mujeres expresar su identidad mientras cubrían la mayor parte de sus cuerpos, no rostros enteros. Sin embargo, en los últimos años, las mujeres han sido despojadas de la libertad de elegir su atuendo, una parte integral de su herencia y autoexpresión.

....

[26] Moylan, Danielle. *Afghanistan is Failing to Help Abused Women.* The South Asia Channel. Mayo 1, 2015. Disponible en: https://foreignpolicy.com/2015/05/01/afghanistan-is-failing-to-help-abused-women

[27] *Afghanistan: Girls Struggle for an Education.* Human Rights Watch. Octubre 17, 2017. Disponible en: https://www.hrw.org/news/2017/10/17/afghanistan-girls-struggle-education.

El clima de Afganistán puede ser duro, con temperaturas de verano que promedian entre 28 y 32 grados Celsius (84-90 °F) y, a veces, alcanzan los 43 grados Celsius (109 °F).[28] A pesar del calor agobiante, las mujeres tienen prohibido usar ropa apropiada para el clima, como vestidos de verano, pantalones cortos o camisas de manga corta. Bajo el régimen talibán, se les obliga a cubrirse la cara o a llevar burka en público. El burka es una prenda holgada y de color sólido que oculta todo el cuerpo y la cara, con una pantalla de malla que cubre los ojos. Usado sobre la ropa normal, ofrece poco alivio en el calor sofocante y no es adecuado para condiciones climáticas tan extremas.

Las mujeres afganas se enfrentan a severas restricciones, con derechos limitados y numerosas obligaciones. El sistema legal impone reglas severas y castigos brutales por desafiar las normas sociales. Muchas carecen de acceso a la educación, la atención médica o el empleo, y se les niega la libertad de elegir su ropa, sus esposos o viajar sin un tutor masculino. El divorcio suele ser inaccesible, lo que deja a las mujeres vulnerables a los abusos y a la desigualdad arraigada.

Dificultades similares existen en países como Yemen, Siria, Pakistán e Irak, donde las mujeres a menudo necesitan el permiso de sus parientes masculinos para salir de sus hogares. Aventurarse sin un tutor o adherirse a códigos de vestimenta estrictos puede resultar en castigo físico, perpetuando un ciclo de opresión.

CULTURAS EGALITARIAS, IGUALITARIAS, JERÁRQUICAS Y DESIGUALES

Las actitudes culturales hacia la jerarquía, la igualdad y la distribución del poder varían ampliamente en todo el mundo, dando forma al funcionamiento de las sociedades y a la interacción de los individuos. Estas diferencias se pueden clasificar a grandes rasgos en tres tipos: culturas egalitarias, jerárquicas y desiguales.

Culturas egalitarias

Las culturas egalitarias priorizan la justicia y la igualdad y minimizan las muestras de estatus, disminuyendo la discriminación y fomentando la responsabilidad compartida y el respeto mutuo. Se resta importancia a las estruc-

---

[28] https://www.bing.com/search?q=average%20temperature%20in%20afganistan

turas jerárquicas, mientras que el poder y las oportunidades se distribuyen de manera equitativa para garantizar que todos tengan una oportunidad justa de tener éxito. La toma de decisiones suele ser democrática y hace hincapié en la colaboración, el consenso y la comunicación abierta, lo que conduce a la innovación, la adaptabilidad y una mayor satisfacción laboral.

Arraigado en las tradiciones indígenas de vida comunitaria e influenciado por pensadores como Jean-Jacques Rousseau[29], el igualitarismo moderno defiende la igualdad de derechos, la justicia social y las libertades individuales. Estos principios son fundamentales para las democracias participativas, donde el poder está descentralizado y los ciudadanos desempeñan un papel activo en la gobernanza. Las interacciones sociales en las culturas egalitarias suelen ser informales. Personas de diversos niveles educativos y socioeconómicos trabajan y socializan juntas y se hablan de tú, de una manera más informal, con menos énfasis en los títulos u honoríficos, fomentando relaciones basadas en el respeto mutuo y la igualdad, al tiempo que promueven la movilidad social y la inclusión.

Ejemplos de esto son los países escandinavos y los Países Bajos.

Características principales

- **Igualdad:** creencia fundamental en el igual valor de todos los individuos.
- **Toma de decisiones basada en el consenso:** procesos colectivos de toma de decisiones en los que se escucha la voz de todos.
- **Flexibilidad:** los roles y responsabilidades pueden ser fluidos, con menos énfasis en estructuras rígidas.
- **Inclusión:** fuerte enfoque en la justicia social, la inclusión y la igualdad de oportunidades para todos.

Las culturas de igualdad se centran más en garantizar un acceso equitativo a los recursos y oportunidades, a menudo a través de políticas sistémicas que reducen las disparidades económicas y sociales. Estas culturas buscan la paridad en los resultados, no solo en las oportunidades.

Ambos modelos promueven la inclusión, la justicia social y la reducción de la desigualdad económica. Sin embargo, las culturas igualitarias enfatizan

---

[29] https://www.history.com/topics/european-history/enlightenment

la responsabilidad compartida y la descentralización, mientras que las culturas de igualdad implementan políticas estructuradas para garantizar la equidad.

Ejemplos de esto son los países escandinavos, Países Bajos, Australia y Nueva Zelanda.

Culturas igualitarias

Las culturas egalitarias e igualitarias enfatizan la equidad y minimizan las diferencias de poder, estatus y acceso a los recursos. Sin embargo, existen diferencias sutiles en la forma en que se aplican y perciben estos principios. Las culturas egalitarias minimizan las diferencias de estatus y poder, pero no necesariamente se esfuerzan por obtener resultados idénticos.

Las culturas igualitarias se centran en proporcionar a todos los mismos recursos, oportunidades y derechos. Se hace hincapié en lograr la paridad en los resultados, no sólo en las oportunidades. La igualdad aquí significa que las diferencias de estatus, riqueza o poder se minimizan, con sistemas para garantizar que nadie tenga una ventaja significativa sobre los demás.

Las culturas igualitarias tienen como objetivo lograr resultados iguales a través de medidas sistémicas. La toma de decisiones puede centrarse en políticas que garanticen una distribución justa de los recursos, incluso si eso requiere algún control centralizado.

Ejemplos de esto son Suecia, Dinamarca, Noruega, Australia y Nueva Zelanda. [30]

Características principales

- **Distribución justa de recursos:** como la atención médica, la educación y los servicios sociales.
- **Igualdad:** legalmente protegido contra la discriminación por motivos de raza, género, religión u orientación sexual.
- **Desigualdad de ingresos:** a través de leyes de salario mínimo, beneficios sociales y programas de apoyo.
- **Servicios públicos inclusivos y accesibles:** la atención médica, la educación y el transporte son universalmente accesibles.

---

[30] Power Distance. Hofstede, Geert. *Cultures and Organizations – Software of the Mind.* McGraw-Hill. Capítulo 7. Mayo 24, 2010.

Culturas jerárquicas

Las culturas jerárquicas priorizan el orden, la estructura y los roles claros, donde se respetan la autoridad y el liderazgo y se mantiene la estabilidad. Si bien los roles difieren dentro del sistema, cada uno se considera valioso, enfatizando la armonía y la tradición. La gobernanza en estas culturas suele estar centralizada, con el poder concentrado en la cima y las decisiones fluyendo hacia abajo. Ejemplos históricos incluyen la Europa feudal, la China imperial y el sistema de castas en la India, a menudo justificado por doctrinas religiosas o filosóficas como el derecho divino de los reyes o los ideales confucianos de armonía.

Las interacciones sociales en las culturas jerárquicas son formales y estructuradas, y los títulos, honoríficos y distinciones de clase desempeñan un papel importante. Se espera que se respete a los ancianos y a los que ocupan puestos más altos, mientras que la movilidad social suele ser limitada. La comunicación tiende a ser formal, y los subordinados rara vez cuestionan la autoridad, confiando en los superiores para obtener orientación. Aunque jerárquicos, estos sistemas ponen de relieve la estabilidad y el valor de los roles definidos en el mantenimiento del orden social.

Las estructuras jerárquicas están profundamente arraigadas y los empleados pueden depender en gran medida de sus superiores para la dirección y las decisiones. Es menos probable que los subordinados cuestionen o desafíen a la autoridad. A menudo exhiben una comunicación formal, con distinciones claras entre los diferentes niveles de jerarquía.

Ejemplos de esto son Japón, Corea del Sur, Malasia, Filipinas y México.

Características principales

- **Autoridad y respeto**: líneas claras de autoridad y respeto por las posiciones jerárquicas.
- **Estabilidad**: énfasis en mantener el orden social y la estabilidad a través de roles establecidos.
- **Deferencia**: deferencia a los mayores, superiores y a aquellos en posiciones de poder.
- **Definición de roles**: roles y responsabilidades rígidos con estratificaciones sociales bien definidas.

Culturas desigualitarias

Las culturas desiguales se refieren a sociedades con grandes disparidades de poder, riqueza o estatus suelen ser aceptables o inevitables. Estas culturas pueden implicar una estructura jerárquica, pero la atención se centra en las brechas entre niveles, más que en la estructura en sí. En las culturas desiguales, los recursos y las oportunidades se distribuyen de manera desigual, y la movilidad ascendente puede verse restringida, con barreras estructurales y oportunidades limitadas, lo que dificulta que las personas cambien su estatus.

La distribución del ingreso y el acceso a recursos como la atención médica y la educación son desiguales. En culturas desiguales, la autoridad puede ser vista como un refuerzo de privilegios y una restricción del acceso de los demás al poder o a los recursos. Los que están en el poder pueden explotar su posición para beneficio personal o para oprimir a otros. La violación de los derechos puede dar lugar a prácticas que atenten contra los derechos humanos fundamentales y la dignidad.

Ejemplos son Sudáfrica, Namibia, Honduras, Guatemala y Brasil.

Características principales

- **Grandes disparidades en la riqueza y los ingresos:** existen brechas considerables entre los ricos y los pobres.
- **Movilidad social limitada:** las barreras estructurales dificultan que las personas asciendan en la escala socioeconómica. Factores como los antecedentes familiares, el acceso a la educación y las conexiones sociales desempeñan un papel importante en la determinación de la capacidad de una persona para mejorar su estatus socioeconómico.
- **Acceso desigual a la educación y a la atención sanitaria:** a menudo determinado por la riqueza o el estatus social de la persona.
- **Concentración de poder e influencia:** poder en manos de un grupo menor de élite.
- **Abuso de poder y falta de derechos básicos:** esto puede dar lugar a prácticas que socavan los derechos humanos fundamentales y la dignidad.

Choques culturales

Cuando los individuos de culturas jerárquicas e igualitarias interactúan, a menudo surgen malentendidos debido a las diferentes expectativas y normas en torno al respeto, la autoridad y la conducta social.

Imagínate a un estudiante holandés que estudia en Corea que se dirige a los profesores por su nombre de pila y comparte opiniones libremente en clase, como es costumbre en su país de origen. Este comportamiento se fomenta en los Países Bajos como signo de confianza y compromiso activo. Sin embargo, en Corea, donde el respeto por la jerarquía está profundamente arraigado, este enfoque podría percibirse como irrespetuoso e inapropiado. Tal comportamiento puede afectar las calificaciones del estudiante y las relaciones con los profesores y compañeros, quienes esperan una manera más formal y respetuosa en el aula. La intención del estudiante de ser accesible y participativo podría indicar involuntariamente una falta de respeto por la autoridad a los ojos de sus homólogos coreanos.

Por el contrario, pueden surgir malentendidos cuando alguien de una cultura jerárquica interactúa en un entorno igualitario. Por ejemplo, un amigo de la India, un médico de unos sesenta años, relató una experiencia que lo dejó sintiéndose irrespetado. Pidió la cuenta después de la cena mientras estaba de vacaciones con su esposa, sus hijas y los esposos de ellas. Sin embargo, cuando el camarero llevó la cuenta, se la entregó a uno de sus yernos en lugar de a él. Esta acción lo ofendió profundamente, ya que implicaba un desprecio por su edad y autoridad dentro de la familia. En su opinión, el camarero, tal vez sin saberlo, había dado más autoridad a su yerno.

En muchas culturas jerárquicas, a la persona de mayor edad se le suele otorgar el mayor respeto, con gestos específicos, como manejar las finanzas y reforzar su estatus. Al pasar por alto estos matices culturales, las interacciones que pueden parecer triviales en las culturas igualitarias pueden generar incomodidad u ofensa para quienes provienen de entornos jerárquicos.

Interacción con culturas jerárquicas

Una cultura jerárquica tiene una estructura de autoridad clara con niveles bien definidos de poder y responsabilidad.

- Usa títulos y apellidos.
- Ten cuidado al hablar o invitar a personas de un rango o estatus social diferente al tuyo, ya que esto puede ser inapropiado.

- Acepta las opiniones de los ancianos o personas de mayor rango, especialmente en público, y busca su aprobación antes de tomar decisiones.
- Sigue la cadena jerárquica para todas las comunicaciones, habla con la persona de tu nivel o estatus social, o pide permiso para saltar de un nivel a otro.
- Asegúrate de saber a quién incluir en el proceso de toma de decisiones.
- Invita a compartir sus ideas a personas por debajo de tu rango. No esperes un aporte espontáneo.
- Entiende que, si un miembro del equipo jerárquico te da un plan sin pedirte tu opinión o ideas, no es una señal de falta de respeto.

Interactuar con culturas igualitarias

Una cultura igualitaria se caracteriza por una jerarquía mínima, donde el poder y la responsabilidad se distribuyen por igual, y todos los individuos son tratados como iguales.

- Busca la opinión de otros miembros del equipo.
- Comprende que estar en desacuerdo con una persona de rango superior o saltarse niveles jerárquicos no es una señal de falta de respeto.
- Habla directamente con la persona con la que debes comunicarte, sin necesidad de copiar o incluir a su jefe.
- Gestiona por objetivos, asegurándote de que sean concretos y específicos. Considera la posibilidad de vincularlos a recompensas o reconocimientos.
- Actúa como un facilitador en lugar de un supervisor.
- No te lo tomes como algo personal si alguien no está de acuerdo contigo; no es una señal de falta de respeto.
- Usa tus privilegios para contribuir a un mundo más inclusivo, equitativo y justo.

CONCLUSIONES

- Las culturas igualitarias priorizan la equidad y minimizan las muestras de estatus, fomentando un sentido de responsabilidad compartida y respeto mutuo.
- Las culturas igualitarias hacen hincapié en el equilibrio de oportunidades y el trato equitativo, lo que garantiza que las personas tengan oportunidades similares de tener éxito.
- Las culturas jerárquicas se basan en una autoridad estructurada y en claras distinciones de poder para mantener el orden y el respeto por los roles.
- Las culturas desiguales, a menudo marcadas por disparidades considerables en la riqueza, el privilegio y el acceso, reflejan divisiones sociales profundamente arraigadas.

CAPÍTULO 6

¿Yo o nosotros?

*"La fuerza del equipo es cada miembro individual. La
fuerza de cada miembro es el equipo".*
—Phil Jackson

Ah, la vieja pregunta: ¿soy un lobo solitario o parte de una manada? Este concepto va más allá de las simples preferencias y profundiza en cómo nos criamos y en las normas sociales que adoptamos. ¿Los padres de tu cultura enseñan a sus hijos a ser independientes, a mantenerse erguidos y a perseguir sus sueños? ¿O se les enseña desde el principio que son ante todo miembros de un grupo, de una familia o de una comunidad, con su identidad entretejida con la de los demás? ¿Qué papel desempeñan los ancianos y las figuras de autoridad en las decisiones personales?

Este capítulo profundiza en estas distinciones entre las culturas individualista y colectivista, centrándose en cómo dan forma a los intereses y objetivos individuales frente a los grupales.[31]

---

[31] Los conceptos de colectivismo e individualismo han sido explorados extensamente por diversos académicos, particularmente en psicología, sociología y antropología. Tomé algunas ideas de los siguientes libros: Hofstede, Geert. *Cultures and Organizations – Software of the Mind.* McGraw-Hill. Mayo 24, 2010. Pp. 89-102; Triandis, Harry C. *Individualism, and Collectivism.* Routledge. (Primera edición). Agosto 28, 2019; Trompenaars, Fons. Hampden-Turner, Charles. *Riding the Waves of Culture: Understanding Diversity in Global Business.* Nicholas Brealey Publishing. Noviembre 26, 2020; Hall, Edward T. *The Dance of Life: The Other Dimension of Time.* Knopf Doubleday Publishing Group. Marzo 9, 1984.

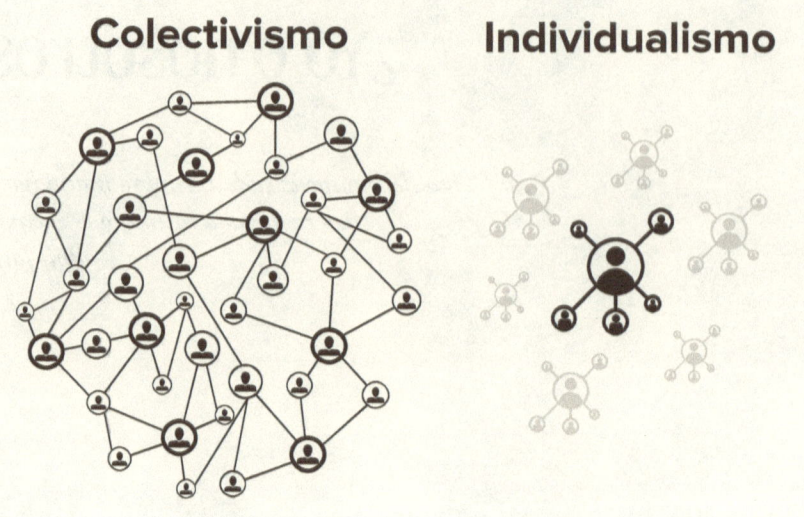

Colectivismo   **Individualismo**

Figura 7. Colectivismo e individualismo.

HORA DEL ALMUERZO EN EL TRABAJO

Trabajé para la misma empresa en México y luego en Estados Unidos. Una de las diferencias culturales más notables era alrededor de la hora del almuerzo.

En México, la hora del almuerzo era importante y compartido en comunidad. La empresa contaba con una cafetería enorme con capacidad para más de 400 empleados. También ofrecía un servicio de banquetes que preparaba comidas estilo buffet para más de 1,000 empleados, fomentando un sentido de comunidad y proporcionando suficiente tiempo para que los empleados socializaran y disfrutaran de una comida juntos.

Por el contrario, la experiencia de la hora del almuerzo en los EE. UU. fue mucho más individualizada y, a menudo, más corta. Por lo general, los empleados llevaban sus comidas o tomaban un bocado rápido, y las áreas de comedor eran más pequeñas y menos comunes.

Mis amigos y yo teníamos el ritual de almorzar juntos alrededor de las 2 p.m., que es la hora de almuerzo más popular en México. Unos minutos antes de las 2, caminábamos hacia la cafetería, reuniendo a algunos amigos de sus oficinas en nuestro camino. Nos sentábamos en un grupo de diez a quince, charlábamos y esperábamos a que todos terminaran su comida antes de levantarnos de la mesa. Después del almuerzo, a menudo dábamos un pequeño paseo juntos, continuando nuestras conversaciones, antes de regresar a nuestras oficinas alrededor de las 3 p.m. Otros días, salíamos como un grupo grande a un restaurante, pasando entre una hora y una hora y media disfrutando de nuestra comida antes de regresar al trabajo.

Cuando me mudé a Memphis, un representante de Recursos Humanos me dio un recorrido por la planta. Todo me resultaba familiar: las oficinas, la distribución de las plantas, los escritorios y las salas de reuniones, todo excepto la cafetería. En lugar del gran y bullicioso comedor al que estaba acostumbrado, solo había 6 u 8 mesas pequeñas, una nevera, un fregadero y un microondas. Supuse que debía haber otra cafetería en algún lugar del edificio, pero esto era todo.

Cuando le pregunté por el buffet, me explicó amablemente que allí no ofrecían ese servicio y que tendría que llevar mi propia comida. Él señaló que podía usar el refrigerador, el microondas y las instalaciones de la cocina y sugirió marcar mi almuerzo con un Post-it si planeaba dejarlo en el refrigerador compartido.

En mi primer día, llevé mi lonchera y notas adhesivas con mi nombre. Me preocupaba que no hubiera suficiente espacio en el refrigerador para mi comida: ¿cómo podría un refrigerador acomodar alimentos para al menos 400 empleados? Sorprendentemente, nunca tuve un problema de espacio en el refrigerador en mis dos años allí.

Pero lo que más me sorprendió fue que muchos empleados comían solos. Llegaban, calentaban su comida en el microondas, comían y regresaban a trabajar en 10-15 minutos. Inicialmente, pensé que el horario no era el adecuado porque comía a las 2 p.m., que es tarde para los estadounidenses que generalmente comen alrededor del mediodía. Así que cambié mi almuerzo al mediodía. Si bien había unos más comiendo en ese momento, todavía era un grupo pequeño, considerando el tamaño de la empresa.

¿Dónde comió todo el mundo? Me di cuenta de que algunos comían en la cafetería, otros en sus escritorios, algunos afuera, algunos en sus autos, y otros simplemente tomaban un bocadillo y seguían trabajando para salir a tiempo. Sin embargo, en comparación con México, un porcentaje significativo de personas comían solas.

Almorzar en sus escritorios o solos no es inusual en los Estados Unidos. Varios factores contribuyen a este comportamiento, quizás la razón principal sea la productividad y la eficiencia del tiempo. Muchos empleados sienten que comer en sus escritorios les permite seguir trabajando durante el almuerzo, lo que puede ser especialmente importante en trabajos de alta presión o entornos con plazos ajustados. Esta práctica también puede proporcionar más flexibilidad para gestionar su carga de trabajo diaria y salir de la oficina a tiempo para cenar con sus familias.

En algunos lugares de trabajo, puede haber una expectativa implícita de estar siempre disponible o de demostrar dedicación al trabajo. Los empleados pueden sentir que tomar un descanso más prolongado para almorzar lejos de sus escritorios podría ser percibido negativamente por los empleadores o colegas.

Algunas personas también pueden preferir usar su hora de almuerzo para actividades personales, como hacer mandados, hacer llamadas personales o simplemente disfrutar de un tiempo tranquilo a solas. Además, no todos los lugares de trabajo ofrecen espacios comunes adecuados para que los empleados se reúnan y almuercen juntos. En muchas oficinas, la sala de descanso o la cafetería pueden ser pequeñas, estar mal equipadas o ser poco atractivas, lo que lleva a los empleados a elegir la comodidad de comer en sus escritorios o al aire libre.

Comer solo en México y otras culturas colectivistas puede ser visto como antisocial, aislante y, francamente, un poco triste. Algunas personas incluso conducen de 30 a 60 minutos para almorzar con sus familias. ¿Significa esto que holgazanean en el trabajo? ¡Para nada! Se quedan hasta tarde para terminar sus tareas, pero las comidas familiares siguen siendo una prioridad.

Las culturas colectivistas otorgan un gran valor a las interacciones sociales y a la comunidad. La hora de la comida no se trata solo de llenar el estómago, sino también de construir y mantener relaciones. Esta práctica ayuda a construir el trabajo en equipo y un sentido de pertenencia dentro de la empresa. Comer solo puede verse como una pérdida de oportunidades cruciales de vinculación social.

En muchas culturas de Asia Oriental y América Latina, por ejemplo, compartir las comidas es vital para mantener la armonía y fortalecer la cohesión del grupo. Comer juntos tiene que ver con la comida y el fomento de las relaciones, la creación de redes y mostrar respeto y cuidado a los colegas y familiares.

Comer solo o en el escritorio puede ser visto negativamente, lo que sugiere que la persona no está interesada en participar en la vida social colectiva. Y la persona puede ser percibida como poco sociable o desvinculada.

Otra experiencia gastronómica es cuando personas de una cultura individualista visitan un restaurante. A menudo, cada persona pide su propia comida, come su propia comida y paga su propia cuenta. La atención se centra en las preferencias y elecciones individuales. En las culturas colectivistas, especialmente en Asia, se piden varios platos al centro y todos comparten la comida. El énfasis está en comer y compartir en comunidad, reflejando el valor colectivista de la armonía grupal.

En resumen, si bien comer solo puede considerarse una opción práctica en algunas culturas, puede verse como una oportunidad perdida para interacciones sociales esenciales en las sociedades colectivistas. Entonces, la próxima vez que estés en México, Colombia, Corea del Sur o Japón, toma a un amigo o compañero de trabajo y comparte una comida: es más que solo buenos modales; es una necesidad cultural.

ASILOS

Una de las decisiones emocionalmente más difíciles que enfrenta un familiar es si colocar a un ser querido en un hogar de ancianos. Cuando mi abuela envejeció y requirió atención médica especializada y asistencia con las actividades diarias que los miembros de la familia no podían proporcionar en casa, le sugerí a mi mamá que consideráramos un asilo. Mi mamá respondió que, si hacíamos eso, se moriría de tristeza.

Un asilo nunca fue una opción para mi mamá o mi abuela. Mi abuela se habría sentido como una carga, creyendo que sus hijos ya no la amaban y la habían abandonado. A pesar de que este no habría sido el caso, ya que la familia la habría visitado a menudo y se habría asegurado de que estuviera bien, su percepción de estar en un hogar de ancianos habría sido profundamente negativa.

En muchas culturas colectivistas, como la mía, existe una fuerte creencia de que los padres que han dedicado su vida a criar a sus hijos merecen ser cuidados en su vejez dentro del hogar. El fuerte vínculo afectivo entre padres e hijos refuerza la expectativa de que los hijos cuidarán de sus padres personalmente. Proporcionar apoyo emocional y físico dentro de la familia está profundamente arraigado, lo que hace que colocar a los padres en un hogar de retiro sea muy deshonroso, egoísta y vergonzoso.

En China, la piedad filial (孝, Xiào) es un principio moral confuciano que requiere que los niños respeten y sirvan a sus padres y mayores. Enfatiza el respeto, la obediencia y el cuidado de los padres y los mayores, imponiendo una fuerte obligación moral a los hijos de cuidar personalmente a sus padres ancianos dentro del hogar familiar. Enviarlos a un hogar de ancianos puede ser percibido como negligente e irrespetuoso.[32]

La cultura india ejerce una presión social considerable sobre el cuidado de los padres ancianos en el hogar, facilitado por el sistema familiar conjunto en el que conviven varias generaciones. Esta configuración apoya naturalmente el cuidado de los miembros mayores de la familia dentro del hogar. La comunidad a menudo ve a aquellos que envían a sus padres a hogares de ancianos como negligentes o desagradecidos.

En la República Dominicana, los niños no solo están obligados por un sentido de responsabilidad a cuidar a sus padres, sino que también es la ley. El artículo 5 de la Ley de alimentos del Estado Libre Asociado de la República Dominicana establece: "Toda persona que no sea menor de edad tiene la obligación, en la medida en que sea capaz de hacerlo, de mantener a sus padres y abuelos que necesiten dicha manutención debido a su edad, enfermedad física o mental o discapacidad".[33]

Por otro lado, en algunas culturas individualistas, como la de Estados Unidos, el cuidado de los padres ancianos se considera moralmente correcto. Sin embargo, no es un requisito absoluto como la piedad filial en algunas culturas colectivistas. Si bien es fundamental cuidar a los ancianos y a los padres, tenerlos al cuidado de un cuidador profesional o en un asilo a menudo se considera una solución aceptable y práctica. Este enfoque de no intervención se normaliza debido al énfasis de la cultura estadounidense en el individualismo en lugar de centrarse en la familia. Los horarios de trabajo y las responsabilidades a menudo limitan el tiempo de las familias, lo que lo hace una necesidad práctica.

Los hogares de ancianos a menudo se consideran cruciales cuando los padres ancianos requieren atención médica especializada y asistencia con las actividades diarias que los miembros de la familia no pueden proporcionar. Las exigencias de la vida moderna, como los trabajos a tiempo completo, dificultan que los hijos adultos puedan cuidar a tiempo completo. Algunas personas creen que ahí podrían recibir una mejor atención médica, interacción social y seguridad que la que podría estar disponible en el hogar. Los

---

[32] Smith, Tyler. *Filial piety and Individualism: Cultural Differences in Parental Care.* Mayo 25, 2021. Disponible en: https://sites.williams.edu/chin427-springgrass/spring-2021/filial-piety-and-individualism-cultural-differences-in-parental-care

[33] Common Wealth of Dominica. 2017. Disponible en: https://dominicanewsonline.com/news/wp-content/uploads/2017/06/Maintenance-Act-2017-Revised-and-Final1.pdf

cuidadores profesionales y el personal médico pueden brindar experiencia y atención que pueden ser difíciles de igualar en un entorno hogareño.

Existen variaciones culturales en cómo se perciben los asilos. Si bien enviar a un padre adulto ahí se considera una solución práctica para satisfacer necesidades de atención complejas, también es una decisión cargada de consideraciones emocionales y culturales. La percepción de esta elección varía ampliamente entre los individuos y está influenciada por las realidades prácticas, los antecedentes culturales y la evolución de las normas sociales. Independientemente de la practicidad, muchas culturas colectivistas enfatizan fuertemente la familia y la piedad filial, lo que hace que la idea de colocar a los padres en un hogar de ancianos sea mucho menos aceptable y, a menudo, se vea negativamente.

ABANDONAR EL NIDO

Crecí en una familia muy unida que valoraba la tradición, la comunidad y los lazos familiares. Mis padres esperaban que mis hermanos y yo viviéramos con ellos hasta que nos casamos, así que lo hice. Como muestra el ejemplo de la residencia de ancianos, algunos padres desean que sus hijos vivan con ellos y se apoyen mutuamente hasta que se casen. Esta elección de estilo de vida está influenciada por la importancia cultural de la familia y los factores económicos y sociales, lo que refleja tradiciones profundamente arraigadas y desafíos económicos contemporáneos.

Empecé a trabajar en una empresa multinacional cuando tenía 20 años y todavía estaba en la universidad. Aunque cubrí algunos de mis gastos, como la gasolina, salir a cenar y la ropa, no tuve que preocuparme por el alquiler, los servicios públicos o los comestibles. Esto me permitió ahorrar y comprar mi apartamento, que estaba completamente libre de hipotecas, antes de casarme. No tuve que preocuparme por cocinar o limpiar, lo que me dio tiempo para concentrarme en estudiar y trabajar. Estuve en la universidad de 7 a.m. a 1 p.m., fui a casa a almorzar rápidamente con mi familia y trabajé de 3 a 7 p.m. todos los días de la semana durante dos años. Después del trabajo, tenía que hacer mis tareas o estudiar para los exámenes. No podría haberlo logrado sin el apoyo de mi familia. Después de graduarme, comencé a trabajar a tiempo completo, pero aún viví con mis padres hasta que me casé a los 25 años.

Otra ventaja (que entonces percibí como una desventaja) era que parte del noviazgo se realizaba en casa de mis padres. Mi ahora esposo me visitaba en mi casa, donde mi familia lo recibía calurosamente. Se conocieron a través de reuniones familiares y cenas en casa. Por supuesto, a veces deseábamos más privacidad.

Después de la boda, nos mudamos a nuestro apartamento cerca de la casa de nuestros padres. La proximidad nos permitió mantenernos en estrecho contacto, a menudo visitándonos para las cenas dominicales y las reuniones familiares llenas de risas, música y comida casera. Mis padres me apoyaron, pero se entristecieron por la partida de su única hija fuera de casa. Siempre habían sabido que este día llegaría, pero aun así fue un momento agridulce.

***

En Italia, "mammoni" (hijo de mami) describe un fenómeno cultural en el que muchos hombres italianos viven con sus padres hasta bien entrada la edad adulta, a menudo hasta que se casan. Vivir en casa hasta el matrimonio no es simplemente una comodidad, sino un reflejo de los fuertes lazos familiares y la dependencia mutua. En este contexto, el hogar familiar sirve como un refugio donde los hijos, especialmente los varones, permanecen bajo el ala protectora de sus padres.

El alto costo de la vida, especialmente en las zonas urbanas, y la escasez de viviendas asequibles agravan esta situación. Para muchos jóvenes italianos, vivir en casa no es solo una tradición cultural, sino una necesidad práctica y económica. Les protege contra la inestabilidad financiera y les permite ahorrar dinero para futuras inversiones, como la compra de una casa o la preparación para el matrimonio.

En las culturas hispanas, asiáticas y mediterráneas, vivir con tus padres hasta que te cases suele ser visto de manera positiva.

Por otro lado, las culturas individualistas pueden ver la vida con los padres como un signo de fracaso en el lanzamiento. Algunos podrían percibirlo como una falta de independencia o ambición. Otra preocupación es que los adultos que viven con sus padres podrían retrasar su desarrollo personal e independencia. Algunos argumentan que vivir de forma independiente enseña valiosas habilidades para la vida y fomenta el crecimiento individual.

Por ejemplo, según una encuesta de Statista de 2018, alrededor del 6% de los estudiantes universitarios en los Estados Unidos informaron vivir con sus padres durante el año escolar.[34] Este porcentaje aumentó después de la aparición de la COVID-19, cuando las escuelas estaban cerradas y el costo de vida aumentó.

En los Estados Unidos, la mayoría de los estudiantes universitarios se mudan de la casa de sus padres durante su primer año, generalmente alrededor de los 18 años. Algunas universidades incluso requieren que los estudiantes vivan en dormitorios del campus durante su primer año para ayudarlos a aclimatarse a la vida universitaria, fomentar la independencia y construir una comunidad. Este requisito varía según la institución, pero es una práctica común destinada a mejorar la experiencia general del estudiante.

Más del 70% de los adultos jóvenes (de 18 a 34 años) en Croacia, Grecia, Portugal, Serbia e Italia viven con sus padres. Por el contrario, en países escandinavos como Finlandia, Suecia y Dinamarca, el porcentaje es mucho menor, con menos del 20% de los adultos jóvenes viviendo con sus padres. En Estados Unidos, ese porcentaje es del 32%, variando significativamente entre los que tienen y los que no tienen un título universitario. [35]

Estas diferencias reflejan tanto los valores culturales como las condiciones económicas. Los países del sur y el este de Europa, que tienden a tener culturas más colectivistas, enfatizan los fuertes lazos familiares y a menudo enfrentan mayores presiones económicas que fomentan la vida multigeneracional. Vivir con los padres hasta la edad adulta es una respuesta práctica a los desafíos financieros y a las expectativas culturales de apoyo y cohesión familiar en estas regiones.

Por el contrario, los países del norte de Europa, caracterizados por culturas individualistas, a menudo tienen redes de seguridad social más sólidas y normas culturales que favorecen la independencia temprana. Estas naciones suelen ofrecer un amplio apoyo estatal para la vivienda, la educación y los servicios sociales, lo que permite a los adultos jóvenes mudarse y vivir de forma independiente antes. Esto refleja un énfasis cultural en la autosuficiencia y la responsabilidad personal.

[34] Disponible en: https://www.statista.com/statistics/914589/us-college-living-arrangements-undergraduate-students

[35] Disponible en: https://www.pewresearch.org/short-reads/2023/05/03/in-the-u-s-and-abroad-more-young-adults-are-living-with-their-parents Véase también: https://www.pewresearch.org/short-reads/2022/07/20/young-adults-in-u-s-are-much-more-likely-than-50-years-ago-to-be-living-in-a-multigenerational-household

BODAS Y FIESTAS

Al planear nuestra boda, mi esposo mencionó que quería una pequeña fiesta. Le dije: "Sí, solo familia y amigos cercanos". Invitamos a 400 invitados a nuestra "pequeña" fiesta, y se presentaron más de 380.

Comenzamos con una lista de invitados que incluía a nuestra familia directa y extendida, abuelos, algunos primos, tíos, tías y nuestros amigos más cercanos. ¿Bastante simple? Luego, mis padres agregaron más primos segundos, tíos, tías y sus amigos. Mis suegros hicieron lo mismo. Mis hermanos fueron solos y mis cuñados invitaron a algunos de sus amigos. Entonces, nuestra lista inicial de invitados de 200 se duplicó antes de que pudiéramos decir "Sí, acepto".

Nuestras familias ampliaron la lista de invitados para incluir a personas que apenas conocíamos: amigos del Club Rotario, compañeros de juego de dominó y tíos que no habíamos visto desde que estábamos en pañales. Y no nos importó. ¿Por qué? También era un día trascendental para ellos, y querían celebrarlo compartiendo la alegría con sus círculos. Entendimos que este evento no se trataba solo de nosotros; también fue una ocasión importante para que compartir con aquellos que habían sido parte de sus vidas.

Nuestros padres también querían participar profundamente en el proceso de planificación de la boda. Tenían opiniones sobre todo: qué iglesia era mejor, qué sacerdote era el mejor si el lugar era demasiado pequeño o demasiado lejos. Se ofrecieron a hacer postres, ayudar con las invitaciones y contratar a un violinista para la recepción. Lo planeamos para 14 meses; durante esos 14 meses, estuvieron involucrados en cada paso.

Por ejemplo, inicialmente decidí no hacer un pastel de bodas porque mi suegra insistió en hacer sus brownies con helado. Sin embargo, mi mamá se opuso: "¿Cómo puedes tener una boda sin un pastel? Es tradición que los novios corten el pastel en la recepción". Entonces, salió y compró el pastel más grande y bellamente decorado que pudo encontrar, pero también se aseguró de que fuera el más asequible, sabiendo que su único propósito era tomarnos la foto tradicional cortando el pastel, y eso fue todo. Nadie se comió el pastel, pero hizo feliz a mi mamá y tuvimos nuestra foto.

Las bodas son rituales culturales que reflejan los valores y las estructuras sociales de las sociedades en las que se celebran. La forma en que se llevan a cabo las bodas en las culturas colectivistas difiere de las culturas individualistas, lo que ilustra actitudes contrastantes hacia la familia, la comunidad y la identidad individual.

Las culturas colectivistas priorizan el grupo sobre el individuo, enfatizando la familia, la comunidad y la armonía social. Esta orientación cultural es evidente en la forma en que se planifican y celebran las bodas.

En las sociedades colectivistas, como las de muchos países asiáticos, africanos y latinoamericanos, las bodas no son sólo la unión de dos individuos, sino la unión de dos familias o comunidades. La familia extendida juega un papel crucial en la planificación y ejecución de la ceremonia de boda.

En algunas culturas más colectivistas, los padres y la familia suelen estar profundamente involucrados en la toma de decisiones, desde la selección de la fecha de la boda hasta la organización de rituales y ceremonias. Sus bendiciones y aprobación se consideran esenciales para que el matrimonio sea auspicioso. Algunas bodas involucran a toda la comunidad. Por ejemplo, en las bodas indias, a menudo se invita a cientos o miles de invitados, lo que refleja la importancia de las redes sociales y los lazos comunitarios.

Las culturas colectivistas enfatizan fuertemente los rituales y las tradiciones, que se siguen meticulosamente y se transmiten de generación en generación. En las bodas chinas, las prácticas tradicionales como la ceremonia del té, en la que la novia y el novio sirven té a sus mayores en señal de respeto, son parte integral de la celebración. Del mismo modo, las bodas indias son conocidas por sus elaborados rituales, como el Saptapadi (siete escalones) y el intercambio de guirnaldas, que simbolizan la unión de la pareja. El simbolismo de estas bodas suele reflejar valores culturales como el respeto a los antepasados, la importancia de la fertilidad y la prosperidad, y la santidad del matrimonio.

En varios casos, la familia de la novia paga los gastos de la boda. En las culturas colectivistas, los miembros de la familia a menudo comparten las responsabilidades financieras y logísticas de la boda. Por ejemplo, en muchas culturas de Oriente Medio, es costumbre que ambas familias compartan los gastos de la boda, lo que reduce la carga de los novios. La planificación de la boda es un esfuerzo colectivo, en el que familiares y amigos asumen diversas funciones para garantizar el éxito del evento.

Por el contrario, las culturas individualistas priorizan la autonomía personal y los derechos individuales y abordan las bodas centrándose en las preferencias y deseos de la pareja. Las bodas en sociedades individualistas, como América del Norte y Europa Occidental, a menudo se personalizan para reflejar los gustos e identidades únicos de la pareja. Las parejas en las culturas individualistas suelen optar por ceremonias personalizables que se alinean con sus creencias y preferencias. Esto puede incluir lugares no tradicionales, votos personalizados y decoraciones únicas.

En la mayoría de los casos, las bodas se ven como una celebración de su relación en lugar de una unión formal de familias. Si bien la participación de la familia sigue siendo importante, generalmente es menos generalizada que en las culturas colectivistas.

En algunas culturas individualistas, mientras que los padres y los familiares cercanos a menudo ofrecen apoyo y orientación, la pareja generalmente tiene más control sobre las decisiones de boda que los de una cultura colectivista. La atención se centra principalmente en satisfacer las preferencias y deseos de la pareja en lugar de satisfacer las expectativas familiares más amplias. Esta autonomía permite a la pareja dar forma a la boda para que refleje sus gustos, desde el lugar y la decoración hasta el estilo de la ceremonia y la lista de invitados. Si bien se valoran las opiniones de la familia, la pareja generalmente prioriza su visión para el gran día.

La lista de invitados tiende a ser más selectiva, a menudo limitada a los amigos y familiares más cercanos, lo que refleja una celebración más íntima. Las culturas individualistas suelen enfatizar la independencia financiera, incluso cuando se trata de bodas. Es común que las parejas financien sus bodas, lo que refleja el valor que se le da a la autosuficiencia. Si bien los padres pueden contribuir, no siempre se espera que lo hagan. Las bodas se planifican cuidadosamente teniendo en cuenta el presupuesto y la situación financiera de la pareja, lo que a menudo conduce a celebraciones más modestas y prácticas que los lujosos asuntos de algunas culturas colectivistas.

Lo mismo ocurre con las fiestas y los grupos sociales. En las culturas colectivistas, las reuniones sociales suelen ser más grandes e inclusivas, a las que asisten familiares, amigos y vecinos. El objetivo es unir a la comunidad para que la lista de invitados sea lo suficientemente amplia como para abarcar a tantas personas como sea posible. Las reuniones y celebraciones frecuentes son algo común.

En las culturas individualistas, las fiestas y reuniones tienden a ser más pequeñas, más íntimas y selectivamente inclusivas, reflejando el círculo cercano de amigos y conocidos de la persona o del anfitrión. La atención se centra en las interacciones de calidad más que en la cantidad, y las invitaciones suelen ser más selectivas. Las reuniones sociales o fiestas son menos frecuentes y, a menudo, con un grupo de amigos más pequeño e íntimo.

CULTURAS INDIVIDUALISTAS Y COLECTIVISTAS

Culturas individualistas

Enfatiza la autonomía y los intereses del individuo sobre los del grupo. Las sociedades con tendencias individualistas valoran la independencia personal, la autoexpresión y la búsqueda de objetivos individuales.

En estas sociedades, se alienta a los individuos a perseguir sus sueños y aspiraciones, incluso cuando estos entran en conflicto con las normas del grupo. Las elecciones a menudo se basan en las preferencias personales y el beneficio propio, con menos énfasis en la consulta con el grupo. Por lo general, se recompensa el rendimiento individual. Los empleados en culturas individualistas suelen ser evaluados en función de sus logros y contribuciones organizacionales.

Se valora la comunicación directa, y los desacuerdos suelen abordarse abierta y francamente sin mucha preocupación por preservar la armonía. Las personas expresan sus opiniones y preferencias abiertamente, y se hace hincapié en la comunicación clara y directa.

La educación y las trayectorias profesionales se eligen en función de los intereses y metas personales. Los logros individuales y la riqueza material a menudo definen el éxito. El individualismo es típico en muchos países occidentales, como Estados Unidos, Australia, Reino Unido, Alemania y los Países Bajos. Promueve el logro personal, la libertad y la autosuficiencia.

Un ejemplo ilustrativo es el sueño americano: la idea de que cualquier persona, independientemente de sus antecedentes, puede tener éxito a través del trabajo duro y la determinación. Este espíritu se refleja en varios aspectos de la vida estadounidense. Se anima a los estudiantes estadounidenses a perseguir sus pasiones e intereses desde una edad temprana. Las universidades y las trayectorias profesionales se eligen en función de los objetivos y aspiraciones personales más que de las expectativas familiares o sociales.

Estados Unidos tiene una fuerte cultura de emprendimiento, en la que se celebra a las personas por iniciar sus negocios e innovar. Las historias de éxito de personas hechas a sí mismas como Steve Jobs y Oprah Winfrey son icónicas e inspiran a muchos a esforzarse por el logro personal.

El espacio personal y la privacidad también son muy respetados, con la idea de que cada persona tiene derecho a su espacio y elecciones individuales.

Sociedades colectivistas

Por el contrario, las culturas colectivistas enfatizan los intereses del grupo sobre los del individuo. La comunidad, la armonía y el bien colectivo son primordiales en las sociedades colectivistas. Las relaciones y la lealtad grupal son los cimientos de la estructura social, a menudo influyendo en las interacciones personales y comerciales.

Las necesidades y los éxitos del grupo se consideran más importantes que los de cualquier miembro individual. Las ambiciones personales a menudo están alineadas con los objetivos del grupo. Las decisiones se toman por consenso, haciendo hincapié en el bienestar y la aprobación del grupo. Los deseos de la familia o las expectativas de la sociedad pueden influir en las decisiones educativas y profesionales.

La comunicación en las culturas colectivistas tiende a ser más indirecta para mantener la armonía del grupo, y salvar las apariencias es crucial. Los conflictos pueden resolverse a través de la mediación para evitar la confrontación. Las decisiones a menudo se toman por consenso. Múltiples partes interesadas deben participar en la toma de decisiones para garantizar que el grupo respalde la decisión final.

Las recompensas y el reconocimiento pueden darse a grupos en lugar de a individuos. Se celebran los logros del equipo y se anima a los empleados a trabajar en colaboración. En las culturas colectivistas, como Japón, China y muchos otros países asiáticos, africanos y latinoamericanos, la atención se centra en la armonía y la cohesión del grupo. A las personas se les enseña a considerar y priorizar las necesidades del grupo.

Por ejemplo, en Japón, el colectivismo es una piedra angular de la sociedad, que enfatiza la armonía grupal. Esto se puede ver en varias prácticas culturales y normas sociales:

En las empresas japonesas, las decisiones a menudo se toman a través de un proceso de creación de consenso conocido como "ringi"[36] Esto implica hacer circular propuestas a través de varios niveles de la organización para recopilar información y lograr un acuerdo antes de tomar una decisión final. Se prioriza el trabajo en equipo y la cohesión grupal por encima de las opiniones individuales.

Expresiones japonesas como "itadakimasu", que se dice antes de una comida para transmitir gratitud por todos los involucrados en la preparación

---

[36] Ringi: Noviembre 22, 2018. Disponible en: https://career-management.de/en/blog/what-is-ringi

de la comida, incluidos los agricultores, los cocineros y la naturaleza misma, y "otsukaresama desu", que se usa para reconocer el arduo trabajo de alguien, demuestran un profundo respeto por los demás y un aprecio por el esfuerzo colectivo.

En Japón, los lazos familiares y comunitarios son fuertes. Hay un gran énfasis en la piedad filial, el respeto y el cuidado de los padres y los ancianos.

Otro ejemplo es el de Corea, donde se valora la comunidad y la armonía por encima del individualismo. El concepto central es 'Jeong', una profunda conexión emocional con los demás. Jeong (정) es un complejo concepto cultural coreano que encarna profundos lazos emocionales y afecto entre las personas. Va más allá del simple amor o la amistad y abarca sentimientos de empatía, apego y respeto mutuo que se desarrollan con el tiempo. El jeong se puede sentir hacia la familia, los amigos, los colegas e incluso hacia lugares u objetos.[37]

Jeong se caracteriza por una profunda conexión emocional que se construye gradualmente a través de experiencias y tiempo compartidos. No es una emoción pasajera, sino un vínculo duradero, que a menudo soporta desafíos y dificultades.

Jeong implica cuidado y preocupación mutuos. Es una calle de doble sentido en la que ambas partes invierten en la relación y obtienen comodidad y apoyo. Si bien puede ser más fuerte entre familiares y amigos cercanos, Jeong puede extenderse a relaciones más casuales, creando un sentido de comunidad y pertenencia.

Características de las culturas individualistas y colectivistas

El individualismo y el colectivismo son dimensiones culturales que reflejan cómo las personas ven sus relaciones con los demás y su lugar en la sociedad. Estas características influyen en los comportamientos, los estilos de comunicación, los procesos de toma de decisiones y los valores de las diferentes sociedades. A continuación, se muestra una descripción general de las características clave de cada uno:

---

[37] Richard. *9 Surprising Things about the Meaning of Jeong (정) in Korean.* Junio 30, 2022. Disponible en: https://linguasia.com/jeong-korea

Individualista	Colectivista
Las personas tienden a mantener límites claros entre su vida personal y profesional.	La familia y los grupos invaden la vida privada e influyen en las decisiones de vida profesional.
Un disfrute de los desafíos y una expectativa de recompensas individuales por el trabajo duro.	Las responsabilidades y deberes a menudo se distribuyen entre los miembros de la familia y la comunidad.
La tarea prevalece sobre las relaciones.	La relación prevalece sobre las tareas.
Se anima a las personas a ser autosuficientes e independientes.	Existe la expectativa de apoyarse y confiar unos en otros.
Las metas y deseos personales a menudo tienen prioridad sobre las metas grupales.	Las necesidades y metas del grupo se priorizan sobre los deseos individuales.
Se espera que las personas se cuiden a sí mismas y a su familia inmediata únicamente.	Los lazos familiares y las redes sociales son fundamentales. Los individuos se ven a sí mismos como parte de un colectivo más grande, como una familia, una comunidad o un lugar de trabajo.
Los logros individuales y los logros personales miden el éxito.	Los logros a menudo se consideran el resultado de esfuerzos colectivos.
La competencia a menudo se ve como una fuerza positiva que impulsa la innovación y el progreso.	El éxito es compartido entre el grupo, y también el fracaso.
Los individualistas dan un gran valor a la autoexpresión y a la libertad personal.	Los ancianos y los líderes a menudo desempeñan un papel importante en la toma de decisiones.
Las opiniones, ideas y preferencias personales se expresan y respetan libremente.	Mantener la armonía y evitar conflictos es crucial.
La comunicación suele ser directa y explícita. La gente dice lo que quiere decir, y hay menos énfasis en leer entre líneas.	Se espera que la comunicación indirecta preserve las relaciones y evite desacuerdos.
Se espera que todos tengan una opinión, incluso si difiere de la de los demás.	Hay un fuerte enfoque en salvar las apariencias y respetar las normas sociales.
La movilidad ocupacional es mayor.	La movilidad ocupacional es menor.
Se supone que los estándares de valor se aplican a todos.	Los estándares de valor difieren para los grupos internos y externos.
Las amistades son voluntarias y deben fomentarse.	Algunas amistades están predeterminadas.

Individualista	Colectivista
Los hijos adultos abandonan la casa de sus padres.	Los hijos adultos viven con sus padres.
Países: Estados Unidos, Canadá, Australia, Reino Unido y muchos países del norte de Europa	Países: China, Japón, Corea del Sur, India, México y muchos de Oriente Medio y África.[38]

Ambas perspectivas ofrecen fortalezas y debilidades únicas. Sin embargo, los individualistas en una sociedad colectivista pueden tener dificultades con las amplias expectativas del grupo en cuanto a conformidad y cooperación. Por el contrario, un colectivista en una sociedad individualista puede encontrar desafiante la falta de apoyo comunitario y el énfasis en los logros personales.

Tenga en cuenta que los países nombrados aquí no necesariamente se ajustan a todas las características de un grupo u otro. En cambio, a menudo se inclinan más hacia un lado e incorporan elementos de ambos sin estar definidos rígidamente por ninguno de ellos.

Interactuar con una cultura individualista

- Celebra los logros y apoya la autosuficiencia en la toma de decisiones.
- Fomenta la expresión abierta incentivando el intercambio de ideas, la iniciativa y el debate constructivo.
- Respeta los límites personales, incluidos el tiempo, el espacio, las opiniones y las elecciones.
- Comunícate de manera clara y asertiva para abogar por tus necesidades.
- Enfatiza la autonomía promoviendo el trabajo independiente con una supervisión mínima.

Interactuar con una cultura colectivista

- Prioriza las necesidades del grupo fomentando la colaboración y el trabajo en equipo.

---

[38] Hofstede, Geert. Hofstede, Gert Jan. Minkov, Michael. *Cultures and Organizations. Software of the Mind.* McGraw Hill. 3rd Edition, 2010. Chapter 4.

- Fortalece los lazos a través de la construcción de relaciones y la participación activa en actividades grupales.
- Valora la comunidad participando en discusiones y esforzándote por lograr un consenso en la toma de decisiones.
- Comunícate con armonía y humildad, evitando conflictos abiertos y apreciando las contribuciones de los demás.
- Demuestra confiabilidad cumpliendo con responsabilidades y compartiendo tiempo, habilidades y recursos para apoyar a los demás.

CONCLUSIONES

- Culturas individualistas: enfatiza la autonomía y los intereses del individuo sobre los del grupo. Valoran la independencia personal, la autoexpresión y la búsqueda de objetivos individuales.
- Culturas colectivistas: priorizar los intereses del grupo por encima de las prioridades individuales. Las relaciones y la lealtad grupal forman la base de la estructura social, moldeando profundamente las interacciones personales y profesionales.

CAPÍTULO 7

¿Mostrar o disimular?

*"Todos necesitamos momentos de reflexión tranquila,
como momentos de expresión alegre para experimentar la vida
plenamente".*
—Anónimo

La expresión cultural es tan diversa como las personas que habitan el mundo, y el entusiasmo y la reserva forman dos polos distintos en el espectro del comportamiento social. Encontramos culturas entusiastas en un rincón, donde las emociones fluyen libremente, la comunicación es vibrante y los gestos son una extensión natural de la expresión. En estas sociedades, las personas prosperan con la interacción, con conversaciones animadas y muestras externas de alegría, emoción o incluso frustración. El Mediterráneo, el Latino y algunos países africanos son claros ejemplos de culturas entusiastas.

Por el contrario, las culturas reservadas adoptan un enfoque más mesurado. Las emociones a menudo se mantienen bajo control, las conversaciones son reflexivas y el espacio personal se respeta profundamente. Estas culturas enfatizan la calma, el orden y la modestia, donde el silencio puede hablar tan poderosamente como las palabras. Desde la tranquila contemplación de las interacciones sociales finlandesas hasta la cortés moderación que se encuentra en Japón, las culturas reservadas favorecen la sutileza y la introspección sobre las demostraciones emocionales abiertas.

Este capítulo explora cómo las personas expresan sus emociones a través del lenguaje corporal, el tono de voz, las señas y otros gestos.

DECIBELIOS

Mi familia es grande, ¡realmente enorme! Mis padres, cada uno tiene seis hermanos, así que solo entre mis tías y tíos inmediatos, hay 25. Y ni siquiera me hagas contar cuantos primos, sobrinas, sobrinos, hermanos y otros parientes cercanos, fácilmente estamos en los tres dígitos. ¿Una «pequeña reunión familiar»? ¿Qué es eso? No es solo por el tamaño de nuestra familia, sino también porque hacemos todo lo posible para no perdernos nunca un evento importante. Ya sea año nuevo, navidad, cumpleaños importantes, bodas o graduaciones, puedes apostar que toda la familia extendida (o la mayoría) estará allí, celebrando juntos.

Mi familia es enérgica, empática, atenta, servicial, compasiva y cariñosa, ¡y son ruidosos! Las conversaciones a menudo se convierten en debates animados y atractivos. Alguien comienza a hablar, luego otro salta para agregar un punto, y en poco tiempo, más personas intervienen. Pronto, todos hablan a la vez, creando subconversaciones a través de la mesa, donde alguien podría estar charlando con otro al otro lado de la habitación mientras también interactúa con la persona que está a su lado. Y de repente, todos se vuelven a conectar con la discusión principal.

Cuando alguien de mi familia tiene un buen punto, una broma o un mensaje importante, levanta la voz para llamar la atención de todos. Cuanto más emocionante y atractiva se vuelve la conversación, más rápido y más alto hablamos. Este es el entorno en el que crecí, era normal para mí seguir y participar en múltiples conversaciones sin perder el rastro de ninguna. Para alguien que no está familiarizado con esta dinámica, puede parecer caótica, difícil de seguir e incluso irrespetuosa debido al volumen y el ritmo. Pero para nosotros, es nuestra forma de expresar entusiasmo y compromiso.

Para nosotros, las comidas son la oportunidad perfecta para conectarnos, compartir nuestro día y discutir planes, lo que las convierte en un momento preciado para reunirnos. Si bien respetamos la comida y las tradiciones familiares, las comidas suelen ser eventos sociales animados, especialmente durante reuniones más grandes u ocasiones especiales. No es raro que la cena y conversaciones se extiendan por horas. Aunque nuestras discusiones a la hora de comer no son demasiado ruidosas, sentarnos en silencio o hablar muy poco mientras comemos con la familia o los amigos nos haría sentir que algo andaba mal, como si estuviéramos molestos, tristes o descontentos el uno con el otro.

Cuando mi amiga coreana, Jiwoo, me dijo que sus padres preferían que se quedara callada durante las comidas para apreciar la comida, me quedé completamente desconcertada. Le pregunté: "¿Te refieres a hablar en voz baja?" Ella respondió: "No, en completo silencio". Confundida, le pregunté: "Entonces, si no es a la hora de comer, ¿cuándo hablas?" Explicó que conversan durante el día, pero mantienen conversaciones mínimas durante las comidas. Era un concepto muy diferente a lo que había conocido.

En las tradiciones budistas, particularmente en países como Japón, Tailandia y China, algunas familias pueden mantener silencio durante las comidas para fomentar la atención plena y la gratitud. Esta práctica enfatiza la importancia de estar presente y apreciar plenamente la comida sin distracciones, con el silencio permitiendo la reflexión y la contemplación.

En algunas familias finlandesas, la preferencia por comidas tranquilas se deriva de normas culturales que valoran la paz y la introspección. Las conversaciones durante las comidas suelen ser mínimas o ausentes, no por incomodidad, sino como signo de consuelo y comprensión. El silencio está profundamente arraigado en los estilos de comunicación finlandeses, lo que refleja un aprecio cultural por las conversaciones profundas y las interacciones tranquilas. En este contexto, el silencio transmite respeto y un ambiente sereno.

En todo el mundo, el volumen y el tono cambian naturalmente según el entorno y la situación. Por ejemplo, en entornos formales, íntimos, profesionales o religiosos, el silencio o las conversaciones tranquilas se valoran en la mayoría de las culturas, si no en todas. En algunas culturas, hablar demasiado alto o rápido puede percibirse como intrusivo o irrespetuoso.

Por ejemplo, en Japón o Finlandia, las conversaciones suelen ser suaves y con sonido tenue. El silencio es muy apreciado, ya que sirve como una parte vital de la comunicación y ofrece momentos para la reflexión y la comprensión. El silencio es una parte cómoda de la interacción, que refleja una conexión profunda en lugar de una falta de compromiso.

En los entornos tradicionales de China y Corea, especialmente en presencia de personas mayores, las conversaciones suelen ser suaves y respetuosas. En ciertas comunidades budistas y taoístas, hablar en voz baja significa reverencia, y el silencio durante las comidas o las prácticas espirituales son una forma de atención plena. En varias culturas, mantener conversaciones tranquilas es una forma de promover la armonía y evitar molestar a los demás, lo que refleja un profundo respeto cultural por el medio ambiente y las personas que los rodean.

En países como Brasil, Italia, Grecia, España, Colombia y México, las conversaciones tienden a ser animadas y entusiastas. Los participantes se involucran apasionadamente y, a menudo, hablan unos sobre otros como un signo de entusiasmo en lugar de grosería. El silencio aquí no suele verse como un espacio positivo o cómodo; puede percibirse como incómodo, desconectado o incluso aburrido en las reuniones sociales. Para muchos, la energía de una conversación refleja conexión y emoción, y un diálogo moderado y de voz suave puede parecer carente de calidez o profundidad.

Estas culturas a menudo consideran que la interacción animada, incluidos los gestos expresivos, los tonos animados y las interrupciones frecuentes, es esencial para una buena comunicación. Ser vocal y expresivo muestra participación e interés, mientras que el silencio puede sugerir desinterés o incomodidad.

Hay tantas variaciones en el estilo de conversación que siempre puedes encontrar a alguien que hable más alto o más bajo de lo que estás acostumbrado. Solía pensar que mi familia era la más ruidosa, hasta que una experiencia en el centro de Memphis cambió mi perspectiva. Mi esposo y yo notamos a un gran grupo de hombres afroamericanos hablando tan alto que inicialmente pensé que podrían estar discutiendo o incluso peleando. Pero a medida que nos acercábamos, se hizo obvio que la estaban pasando muy bien, llenos de risas y energía. Esta experiencia puso de manifiesto cómo pueden variar las normas culturales en torno al volumen del habla. Lo que puede parecer caótico o conflictivo en una cultura puede ser una expresión de alegría, entusiasmo y conexión en otra.

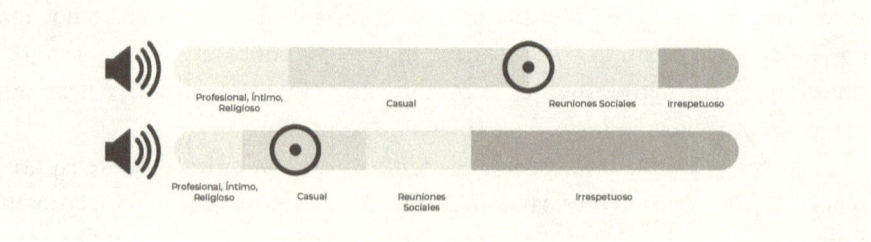

Figura 8. Decibeles.

Este gráfico compara dos perspectivas sobre el volumen aceptable del habla en diferentes entornos, destacando las diferencias culturales. Una cultura prefiere conversaciones generalmente más tranquilas, mientras que la otra tolera o fomenta volúmenes más altos, especialmente en reuniones sociales. Por ejemplo, el volumen aceptable para un entorno profesional en una cultura podría ser poco respetuoso en otra. Ambas perspectivas, sin embargo, coinciden en que los niveles muy altos o de gritos pueden considerarse una falta de respeto, especialmente en situaciones formales o íntimas.

LENGUAJE CORPORAL

¡Dios mío! ¡He perdido la cuenta de cuántas veces he enviado o malinterpretado un mensaje simplemente por el lenguaje corporal! Es increíble cómo un simple gesto, una expresión facial o incluso una postura pueden cambiar por completo el significado de lo que se dice. A veces, lo que parece un gesto inofensivo puede considerarse hostil o despectivo, lo que lleva a una confusión incómoda o a señales involuntarias. Es un recordatorio de que la comunicación no verbal es tan poderosa, si no más, que las palabras. Ya sea cruzando los brazos, levantando una ceja o incluso lo cerca que estás de alguien, estas pequeñas señales pueden alterar todo el tono de la interacción, ¡a menudo sin que nos demos cuenta!

Al igual que el volumen de la voz, las culturas con un estilo de comunicación entusiasta tienden a utilizar un lenguaje corporal más expresivo y exagerado que las que tienen un enfoque reservado. En las culturas entusiastas, las personas a menudo confían en los gestos de las manos, las expresiones faciales y los movimientos corporales para enfatizar sus puntos, transmitir emociones y mejorar la narración de historias. Esto añade dinamismo y significado a las conversaciones, permitiendo a las personas expresarse plena y apasionadamente y haciendo que las conversaciones sean visualmente animadas. Las personas en países como Brasil, Kenia, Colombia, Marruecos, Italia, España y México tienden a expresarse más libremente.

Por el contrario, las personas de culturas reservadas suelen emplear gestos más sutiles y moderados y pueden priorizar el contacto visual o una postura tranquila sobre los movimientos grandes. A menudo valoran la compostura y la mínima expresión física. Países como Japón, Corea, Suecia y Tailandia pueden entrar en esta categoría.

Sonrisas en Rusia

Crecí creyendo que una sonrisa era un signo universal de amabilidad; como dijo el poeta William Arthur Ward: "Una sonrisa cálida es el lenguaje universal de la bondad". Del mismo modo, las palabras de Stanley Gordon West: "Sonríe y el mundo sonríe contigo", reforzaron mi creencia. Para mí, una sonrisa genuina y sutil a un extraño siempre transmitía algo positivo, un signo de felicidad, gratitud o un saludo amistoso.

Cuando visité Rusia, instintivamente sonreí al empleado de la tienda que me ayudó a encontrar la Matrioska perfecta en el color correcto. Era mi forma de mostrar gratitud por su esfuerzo. Más tarde, sonreí a la camarera para expresarle las gracias por su atento servicio e incluso a una niña cuyo rostro tranquilo y hermoso me hacía feliz. Sin embargo, para mi sorpresa, nadie me devolvió la sonrisa. El empleado de la tienda no me devolvió la sonrisa, a pesar de que estaba satisfecho con mi compra. A pesar de mi buena propina y del hecho de que disfrutamos mucho de la comida, la camarera se mantuvo neutral. Incluso después de que recogí y devolví la muñeca que se le había caído a la niña, sus padres dijeron "Спасибо" (spasibo), o gracias, pero sin una mínima de sonrisa. ¡Ni una!

Curiosa y un poco perpleja, le pregunté a nuestro guía turístico ruso por qué la gente en Rusia no parecía devolver la sonrisa a los extraños. Explicó que, en Rusia, sonreír a extraños se considera inapropiado e incluso descortés. Mostrar los dientes puede considerarse poco sincero, poco profesional o burlón. Hay un dicho ruso que dice: "Solo los tontos sonríen sin razón". Si bien pensé que tenía muchas razones para sonreír, en la cultura rusa, sonreír a alguien está reservado para momentos de verdadera alegría, después de una buena broma o cuando estás con amigos cercanos.

Aprendí que, si los rusos no te sonríen, no significa que no les gustes o que sean antipáticos; simplemente significa que no están acostumbrados a sonreír a personas que no conocen bien. Después de esta revelación, traté de abstenerme de sonreír a los extraños en Rusia, entendiendo que podría enviar el mensaje equivocado. Sin embargo, seguí sonriendo a nuestro grupo de turistas franceses y, al estar más acostumbrados a tales gestos, me devolvieron la sonrisa felizmente.

Esta experiencia me enseñó que comprender y respetar las diferencias culturales puede mejorar significativamente nuestras interacciones y relaciones mientras viajamos. No juzgues ni hagas suposiciones; en su lugar, mantente abierto a aprender y adaptarte a las costumbres de los lugares que visites.

Guiños en Bélgica

Por el contrario, los hombres belgas tienen la encantadora costumbre de guiñar el ojo a las mujeres. Así que allí estaba yo, rodeada de todos estos hombres guapos que me cerraban el ojo casualmente, y no tenía idea de cómo responder. ¡Me tomó completamente desprevenida! ¿Debo evitar el contacto visual? ¿Mostrar mi anillo de boda? ¿Correr? ¿Esconder? ¡Ja! Menos mal que no hice nada de eso, ¡imagínate qué vergüenza!

Después de unos meses, me di cuenta de que guiñar un ojo es algo natural para ellos. Al igual que los estadounidenses sonríen a los extraños como un gesto amistoso, los hombres belgas guiñan un ojo a las mujeres como un saludo casual. A diferencia de algunas culturas, donde un guiño puede verse como coqueto o sugerente, en Bélgica, a menudo es una forma alegre de reconocer a alguien sin intenciones románticas. Puede transmitir una sensación de camaradería, alegría o simplemente un "hola" no verbal. Una vez que entendí este matiz cultural, mi sorpresa inicial y mi timidez desaparecieron. La sensación de que estaba atrayendo más atención se desvaneció rápidamente, y lo vi como lo que realmente significaba para ellos: solo un gesto social amistoso.

Bamboleo de la cabeza de los indios

Tengo varios amigos indios y he trabajado con muchos más. Sin embargo, nunca había notado que hicieran el característico bamboleo de la cabeza. Esto podría deberse a que han vivido en los EE. UU. durante varios años o tal vez porque provienen de regiones de la India donde este gesto no es tan común.

Recientemente, sin embargo, tuve una nueva experiencia. Un caballero que acababa de mudarse de la India alquiló una de mis propiedades. Mientras explicaba los detalles sobre la casa, cómo hacer los depósitos y proporcionaba información general sobre el vecindario y la ciudad, noté que con frecuencia movía la cabeza rápidamente de un lado a otro mientras yo hablaba.

Al principio, estaba confundida y pensé que podría estar en desacuerdo con los términos, principalmente porque no expresó verbalmente su opinión. Entonces, le pregunté: "¿Esto funciona para ti?" Él respondió: "Sí", mientras volvía a mover la cabeza. Le hice otra pregunta: "¿Todavía estás decidido a mudarte ese día?" Una vez más, respondió: "Sí", con el mismo movimiento de cabeza. Mientras continuaba hablando de la ciudad, su cabeza se tambaleaba de manera similar.

Finalmente, firmó el contrato de arrendamiento y entregó el cheque por el depósito y el primer mes de alquiler. Salí de la reunión con la incertidumbre, sin saber si él entendía completamente o estaba de acuerdo con todo. Cuando llegué a casa, busqué qué significa "bamboleo de cabeza" en la cultura india.

- Un bamboleo rápido y continuo de la cabeza significa que la persona entiende lo que se dice. Cuanto más vigorosa es la oscilación de la cabeza, será más claro que lo entiende.
- Un bamboleo rápido de lado a lado generalmente significa "sí", "bien" o "está bien".
- Un bamboleo lento y suave, a menudo con una sonrisa, es un signo de amabilidad y respeto. [39]

Al final, me di cuenta de que probablemente él estaba entendiendo perfectamente todo, ¡mientras yo era la que se tambaleaba en la confusión!

Gestos con las manos

Los gestos con la cabeza varían considerablemente entre las diferentes culturas, y lo que puede parecer un gesto familiar en un país puede tener un significado completamente diferente en otro.

Por ejemplo, formar un círculo con el pulgar y el índice para indicar "OK" se entiende ampliamente (¡o eso pensaba!) como un signo positivo, que indica que todo está bien. Sin embargo, este gesto aparentemente inofensivo adquiere un significado muy diferente en otras partes del mundo. En Brasil y Turquía, por ejemplo, es equivalente a mostrar un dedo medio, con fuertes matices insultantes y escatológicos. En algunas partes del sur y centro de Europa, este mismo gesto implica que alguien no vale nada o es insignificante, básicamente llamándolo "cero". Y en países mediterráneos como Turquía, toma un giro aún más ofensivo, traduciéndose en un insulto vulgar y sexual. Es fascinante (y un poco estresante) cómo el mismo gesto puede pasar de tranquilizador a grosero, ¡dependiendo de dónde te encuentres!

El pulgar hacia arriba, otro gesto aparentemente inocente en muchos países occidentales que es común para mostrar aprobación o acuerdo, puede meterte en problemas en lugares como Grecia, Oriente Medio y algunos países africanos, donde conlleva un insulto ofensivo y vulgar, donde puede equipararse al dedo medio en Estados Unidos.

Los brazos cruzados en las culturas occidentales pueden indicar estar a la defensiva, resistencia o incomodidad. En Finlandia, sin embargo, a menudo se interpretan como una posición relajada o reflexiva, no necesariamente defensiva. Otro ejemplo es el signo de la "paz" (dedo índice y medio levan-

---

[39] *Wobble head in India. The Indian Head Wobble or Shake: What Does It Mean?* (tripsavvy.com).

tados), ampliamente visto como un símbolo de paz o victoria. Aun así, puede ser irrespetuoso cuando se hace con la palma hacia adentro, especialmente en el Reino Unido o Australia.

Ciertas culturas son particularmente expresivas, donde las emociones, la comunicación y las interacciones sociales están impregnadas de entusiasmo y gestos. Los italianos, por ejemplo, son famosos por su estilo de comunicación dinámico, que utiliza gestos con las manos, expresiones faciales y tonos vocales apasionados para transmitir sus pensamientos y sentimientos. Para ellos, los gestos son más que hábitos: son herramientas esenciales para agregar emoción, énfasis y claridad a sus palabras. Ya sea un movimiento de muñeca para indicar impaciencia, dedos apretados para expresar incredulidad o una mano abierta que muestra frustración, estos gestos dan vida a las conversaciones, haciéndolas más vívidas y atractivas.

Es probable que casi todos los gestos con los dedos ofendan a alguien, en algún lugar, en algún momento. Como regla general, es aconsejable evitar usar gestos de manos a menos que esté seguro de que es apropiado para esa cultura o país específico.

¿Cómo puede alguien evitar cometer este tipo de errores culturales cuando viaja? La mejor manera de evitar errores culturales al viajar es investigar antes de visitar un nuevo país. Aprender sobre las costumbres, los gestos y la etiqueta locales ayuda a evitar malentendidos. Además, observar a los locales es una forma eficaz de detectar lo que es aceptable en la zona. En caso de duda, una sonrisa sutil sin mostrar los dientes, un simple movimiento de cabeza o gestos con las manos abiertas con los dedos juntos tienden a ser la opción más segura en la mayoría de las culturas.

Gestos con la cabeza

Si los gestos con las manos no son lo suficientemente complejos, incluyamos los movimientos de la cabeza en la mezcla. En las culturas occidentales, un movimiento de cabeza generalmente indica acuerdo o "sí", mientras que un movimiento horizontal de la cabeza de un lado a otro significa "no" o desacuerdo. Sin embargo, en lugares como Bulgaria y Grecia, ocurre lo contrario: asentir con la cabeza puede significar "no" y sacudir la cabeza puede significar "sí". Es una de esas peculiaridades culturales que pueden llevar fácilmente a confusión si no lo sabes.

En la cultura filipina, levantar las cejas (a menudo acompañado de una ligera inclinación de la cabeza hacia arriba) puede indicar "sí" o reconocer a alguien, a menudo se usa como un saludo amistoso o informal. Un movimiento rápido de lado a lado de la cabeza puede significar "no", a menudo sin expresarlo verbalmente.

En Italia y algunas culturas mediterráneas, una inclinación rápida de la barbilla hacia arriba se puede usar para descartar a alguien o algo o decir "no", especialmente cuando se combina con un sonido "tsk". A menudo es un gesto para transmitir desinterés o rechazo en lugar de acuerdo.

En Japón, una ligera inclinación de la cabeza mientras alguien está hablando puede mostrar una escucha activa o acuerdo, a menudo emparejado con sonidos como "hai" (sí) para demostrar atención y comprensión. Los gestos tienden a ser sutiles y transmiten cortesía.

Japón y Corea del Sur suelen hacer una reverencia como gesto de respeto, saludo o disculpa. Los diferentes grados de reverencia pueden indicar varios niveles de formalidad, desde un ligero movimiento de cabeza hasta una profunda reverencia en la cintura. En Tailandia, una ligera bajada de la cabeza o una reverencia es un gesto de respeto, especialmente cuando se saluda o se muestra deferencia hacia alguien de mayor estatus. La profundidad de la reverencia puede indicar el nivel de respeto que se está mostrando.

En algunas partes de Grecia y el sur de Europa, una inclinación de la cabeza hacia un lado, a menudo con una ligera elevación de la barbilla, puede indicar confusión o que la persona está buscando una aclaración, casi como si dijera: "¿Qué quieres decir?"

En las culturas occidentales, tocar o dar palmaditas en la cabeza a alguien puede verse como un gesto afectuoso. En Tailandia, la cabeza se considera sagrada, y tocar la cabeza de alguien puede ser profundamente irrespetuoso.

Contacto visual

El contacto visual es una forma poderosa de comunicación no verbal. En las culturas occidentales, rusas y de Europa del Este, el contacto visual directo muestra confianza, honestidad y atención. Mantener el contacto visual durante las conversaciones demuestra que estás comprometido y eres respetuoso. Sin embargo, el contacto visual prolongado o intenso puede considerarse agresivo o demasiado asertivo, dependiendo del contexto.

En las culturas del este de Asia, el contacto visual directo, especialmente con los superiores o los ancianos, puede considerarse irrespetuoso o agresivo. Las personas en Japón, Corea del Sur y China a menudo evitan el contacto visual prolongado para mostrar respeto y humildad. En cambio, pueden mirar hacia abajo o usar miradas breves para mantener una distancia educada. Mirar hacia abajo o hacia otro lado puede ser un signo de respeto o deferencia.

En muchas culturas de Oriente Medio, el contacto visual directo entre hombres y mujeres, especialmente en público o en entornos formales, puede considerarse inapropiado o sugestivo, especialmente si no están estrechamente relacionados o casados. Evitar el contacto visual en este tipo de interacciones suele ser un signo de respeto y modestia. El contacto visual entre hombres es más aceptable y puede mostrar respeto y compromiso. Sin embargo, el contacto visual demasiado prolongado o intenso puede interpretarse como confrontacional o agresivo. El contacto visual directo con los ancianos o con las personas de mayor estatus puede limitarse por respeto.

En las culturas latinoamericanas y mediterráneas, el contacto visual durante las conversaciones es generalmente positivo y transmite compromiso y calidez. Las personas pueden usar el contacto visual de manera más expresiva y combinarlo con gestos y expresiones faciales para enfatizar la emoción y establecer una buena relación. Evitar el contacto visual puede interpretarse como desinterés o inseguridad.

Las normas de contacto visual pueden variar según la edad y la jerarquía social en muchas culturas africanas, especialmente en los países de África occidental. El contacto visual directo con los ancianos o las figuras de autoridad puede verse como una falta de respeto, mientras que el contacto visual con los compañeros es generalmente aceptable y se ve como un signo de compromiso.

Pies y piernas

Los gestos de piernas y pies, aunque a menudo se pasan por alto, pueden transmitir una gran cantidad de significado cultural.

En las culturas occidentales, cruzar las piernas o mostrar las plantas de los pies es generalmente aceptable. En las culturas de Oriente Medio, cruzar las piernas para que la suela del zapato mire a alguien se considera irrespetuoso y ofensivo. Mostrar la planta del pie, especialmente en las culturas árabes, se considera un insulto, ya que el pie se considera la parte más sucia del cuerpo.

En Japón, cruzar las piernas mientras se está sentado, especialmente en entornos formales, se considera una falta de respeto. En cambio, es más apropiado sentarse con las piernas juntas y los pies apoyados en el suelo (para los hombres) o las rodillas juntas y los pies metidos debajo (para las mujeres).

En la India y el sudeste asiático (Tailandia, Laos y Camboya), los pies se consideran la parte más baja y sucia del cuerpo, tanto literal como figurativamente. Apuntar con los pies a alguien, tocar a alguien con el pie o incluso apuntar con los pies hacia objetos sagrados como las estatuas de Buda se considera una profunda falta de respeto.

En China e India, es importante mantener los pies apoyados en el suelo en entornos formales, cuando se está sentado con ancianos o en un contexto religioso. Sentarse con las piernas elevadas sobre las sillas o los pies apoyados en los escritorios puede ser visto como perezoso o irrespetuoso.

El uso de zapatos en interiores es un paso en falso importante en varios países, incluidos Suecia, Finlandia, Noruega, Japón, India, Corea, Irán, Líbano, Turquía y Tailandia. En los hogares japoneses y coreanos (y en algunos espacios públicos como templos o restaurantes tradicionales), quitarse los zapatos en la entrada es una señal de respeto. Usar zapatos en interiores se considera irrespetuoso y antihigiénico.

En la cultura india, tocar los pies de alguien (generalmente un anciano) significa respeto y reverencia. Es común durante ciertas ceremonias religiosas o familiares. Por el contrario, tocar o besar los pies de alguien rara vez se practica y puede ser visto como demasiado sumiso o extraño en la mayoría de los entornos culturales occidentales.

Cómo leer el lenguaje corporal

- Observa la distancia y el contacto visual que los lugareños mantienen con los extraños.
- Fíjate si la persona se ve incómoda, molesta o enojada.
- Observa si evitan el contacto visual o miran a tu alrededor mientras hablas.
- Presta atención si la persona se aleja o se acerca a ti. Deja que marquen su distancia de confort permaneciendo en el mismo lugar.
- Ten en cuenta el entorno, especialmente en espacios cerrados o lugares sin fácil escape. Pararse demasiado cerca puede sentirse como acoso.
- Habla si te sientes incómodo o inseguro.
- Practica.

DISTANCIA SOCIAL

"La distancia que mantienes de los demás es una danza
elaborada e instintiva".
—*Miguel Graziano*

Cuando leas esas dos palabras, estoy seguro de que inmediatamente pensaste en COVID-19. No te preocupes, que no voy a hablar de virus, esta es una gran diferencia cultural.

Cerrando la brecha

Apenas unos días después de que el COVID-19 fuera declarado pandemia mundial, los gobiernos de todo el mundo publicaron una serie de nuevas regulaciones para que todos las siguieran: solo salir de casa si es absolutamente necesario, lavarse las manos con frecuencia, usar una mascarilla y mantenerse a seis pies (o dos metros) de distancia de cualquier persona que no esté en su burbuja de cuarentena. De repente, la "distancia social" se convirtió en una frase familiar, y rápidamente aprendimos a medir un espacio de seis pies.

Avancemos unas semanas hasta abril de 2020. Allí estaba yo, en la fila del supermercado, haciendo todo lo posible por seguir todas las reglas de seguridad, cuando el hombre detrás de mí, aparentemente inconsciente de todo el asunto de la "pandemia mundial", comenzó a chatear por teléfono, se bajó la mascarilla y se acercó hasta aproximadamente treinta centímetros detrás de mí. Sabíamos muy poco sobre el virus en ese momento, aparte de que se propagaba rápidamente, era mortal y la distancia era nuestra mejor defensa. Sintiendo una mezcla de horror e indignación, quería desesperadamente que retrocediera, que cambiara de línea, o que la persona en la línea fuera su esposa, recordándole que trajera algo que había olvidado para que tuviera que salir de la línea.

No tuve suerte. Mi malestar no hizo más que intensificarse. En lugar de simplemente darme la vuelta y decir: "Oye, amigo, ¿podrías darme un poco de espacio?" Opté por el enfoque indirecto (consulta el Capítulo 3). Lo miré de reojo por encima del hombro, con la esperanza de que se diera cuenta de mi inquietud. No hubo respuesta. Entonces, miré deliberadamente las calcomanías en el suelo, que marcaban claramente dónde se suponía que todos debían pararse, pero aun así él no se movió. Es un caso clásico de un comunicador directo que pasa por alto todas las señales sutiles y, por supuesto, yo como comunicadora indirecta ¡dudé en pedírselo directamente!

Finalmente, la mujer frente a mí se adelantó y aproveché mi oportunidad. Me deslicé alrededor de mi carrito, dejándolo como una barrera entre nosotros. Aquel carro era un excelente escudo, y sentí alivio por primera vez en esa línea.

No necesitamos un virus para sentirnos incómodos cuando nuestro espacio personal es invadido. Cuando alguien cruza nuestra barrera invisible, puede provocar sentimientos de incomodidad, irritación o ansiedad. El espacio personal es el límite físico que colocamos a nuestro alrededor para sentirnos relajados y seguros, y su tamaño puede variar según la cultura, el contexto y las preferencias individuales. Cuando alguien cruza este espacio invisible, nuestra reacción instintiva puede ser dar un paso atrás, crear una barrera (como sostener algo frente a nosotros) o usar el lenguaje corporal para comunicar nuestro malestar.

Asaltar u ofrecer ayuda

Dos semanas después de mudarme a Bélgica, estaba sola en casa, rodeada de cajas desempacadas, tratando de acomodar todo. De repente, llaman a la puerta, pero no el timbre. Nuestra casa, en lugar de barda estaba rodeada de altos y densos árboles Arborvitae que daban algo de privacidad, las ventanas eran grandes y sin cortinas, teníamos persianas motorizadas exteriores para la privacidad nocturna, pero durante el día cualquiera que caminara por ahí tenía una vista sin obstáculos al interior.

El timbre y el buzón estaban ubicados en una columna de ladrillo en el borde de la propiedad junto a la calle. Un camino desde este lugar pasaba a través de los árboles hasta nuestra puerta principal, que no tenía su timbre; Como no esperaba a nadie, me sorprendió escuchar un golpe en la puerta en lugar de que sonara el timbre. Después de unos momentos, abrí la puerta y encontré a un hombre keniano joven, alto y atlético que parecía ya se iba. Cuando abrí la puerta, regresó y se ofreció a cortar el césped. Mientras hablábamos, se acercó más, reduciendo la distancia entre nosotros a unos 30 cm (12 pulgadas). Cada vez que yo daba un paso atrás, inconscientemente él se acercaba a mí, manteniendo la misma proximidad.

La ansiedad comenzó a aumentar; estaba invadiendo mi espacio personal, dificultando la concentración en lo que estaba diciendo. Mis pensamientos se aceleraron: ¿Por qué está tan cerca? ¿Está realmente aquí para cortar el césped, o es un montaje para entrar? Me sentía vulnerable, sola, en un país nuevo, sin vecinos lo suficientemente cerca como para escucharme si gritaba. Él era alto y fuerte, podía dominarme fácilmente. Solo un paso más atrás, y estaríamos dentro de la casa, sin dejarme ningún lugar a donde escapar. ¿Estoy a salvo?

Entré en pánico y le dije: "No", cerrando rápidamente y bloqueando la puerta en su cara (no es mi momento más educado, lo admito). No se movió de inmediato; podría haber estado tratando de asimilar lo sucedido, y eso solo aumentó mi ansiedad. Mi corazón latía con fuerza y mis manos temblaban mientras subía corriendo a mi habitación, cerrando la puerta y agarrando mi teléfono, lista para llamar a la policía. Por supuesto, no pasó nada, pero mi miedo persistió.

Unos días después, mi esposo lo conoció y decidió contratarlo para el cuidado del jardín. Con el tiempo llegué a conocerlo mejor, dándome cuenta de que era el jardinero más dulce, amigable y respetuoso que había conocido. El problema no era él en absoluto, era nuestro diferente sentido del espacio personal. Su zona de confort era mucho más corta que la mía. Al final, me disculpé por mi brusquedad. A pesar de mi remordimiento, me di cuenta de que, ante la misma situación, probablemente reaccionaría de manera similar. Cuando un extraño invade nuestro espacio personal, especialmente en un entorno desconocido, puede desencadenar sentimientos de inquietud o incluso peligro. En esos momentos, confiar en nuestros instintos es crucial; después de todo, es más fácil disculparse después que ignorar tus instintos.

Aunque no medimos físicamente el espacio personal, medimos mentalmente la distancia esperada durante las interacciones. Cuando alguien se encuentra más cerca de lo previsto, surge la pregunta: ¿Por qué está tan cerca? La teoría de Hall de la proxémica, o espacio personal, ofrece una visión de esto. En algunos casos, una distancia cercana puede ser culturalmente habitual, mientras que en otros, puede parecer intrusiva o agresiva.[40]

La falta de comunicación intercultural a menudo surge cuando malinterpretamos las intenciones detrás de la proximidad de alguien. Por ejemplo, supongamos que alguien se encuentra más cerca de lo que estamos acostumbrados. En ese caso, podríamos verlo como una intrusión personal (atribución personal) en lugar de entenderlo como una diferencia en las normas culturales con respecto a la distancia social (atribución situacional). Reconociendo que

---

[40] Hall, Edward T. *The Hidden Dimension*. Chapter X. Distances in Man. Pp. 113-125. Anchor; Edition Unstated. Octubre 1, 1990.

las zonas de confort varían ampliamente de una cultura a otra: lo que se siente demasiado cercano en una puede ser amigable en otra.[41]

Mi distancia personal, social y pública

Desde el jardín de niños, mis maestros me han enseñado a mantener una distancia respetuosa con los demás. No había calcomanías en el suelo ni carteles que nos indicaran exactamente hasta dónde debíamos pararnos. En su lugar, utilizamos un método más simple: extender los brazos hasta que las yemas de los dedos tocaran a la otra persona. Esta era la "distancia adecuada".

Por supuesto, esta regla no se aplicaba en espacios específicos, como la línea de la escuela, la iglesia, la tienda de concesiones o el patio de recreo, donde el espacio físico era limitado y nos manteníamos más cerca unos de otros. A medida que crecía, mi comprensión del espacio personal evolucionó. La distancia alrededor de una persona forma una "burbuja" invisible que cambia de tamaño según el contexto y la relación. Mi distancia personal es de unos 70 cm (27,5 pulgadas) para mi familia y amigos cercanos. Para los conocidos, lo que se conoce como distancia social, es de alrededor de 81 cm (32 pulgadas). Y para los extraños, mi zona de confort, o distancia pública, es mínimo de 1,0 metros (39 pulgadas).

Pero, una vez más, estas distancias dependen del contexto y se ajustan en consecuencia. En lugares concurridos como un club nocturno, Disneylandia, un ascensor o en el transporte público, mi "burbuja" se encoge naturalmente para adaptarse al entorno. Sin embargo, en situaciones en las que me siento vulnerable, como estar sola en la oscuridad, esa burbuja se ensancha si se acerca un extraño.

Otros factores influyen en el tamaño de nuestro espacio personal: la edad, el género, el estatus personal, la religión, las creencias e incluso el clima. Mi "burbuja" también se expande o se contrae en función del nivel de confianza o familiaridad con la persona con la que estoy hablando y la naturaleza de mi relación con ella. Además, vivir en una zona densamente poblada puede influir en la cantidad de espacio que estamos acostumbrados a tener a nuestro alrededor.

----

[41] Kreuz, Roger & Roberts, Richard. *Proxemics 101: Understanding Personal Space Across Cultures.* The MIT Press Reader. Disponible en: https://thereader.mitpress.mit.edu/understanding-personal-space-proxemics

Experimento de clase

Durante mi maestría en Bélgica, tomé un curso sobre comunicación intercultural. En mi clase, había estudiantes de al menos 20 nacionalidades diferentes. La profesora, una señora con notable experiencia internacional, dividió el grupo en dos. Un grupo se quedó en el aula mientras el otro salía, y luego nos emparejó estratégicamente.

Me quedé en el salón. Ella explicó cómo varía el espacio social en todo el mundo y nos pidió que observáramos los movimientos de las parejas de estudiantes mientras hablaban. Uno por uno, invitó a las parejas a regresar a el aula. Los invitó a comenzar en la esquina. La cultura del espacio personal de corta se colocó a la derecha frente a su pareja de espacio más largo a la izquierda. Luego, iniciaron una conversación sobre un tema que ella había seleccionado previamente.

Todas las parejas comenzaban en el lado derecho y terminaban en el lado izquierdo del salón. Durante su conversación, la persona de la derecha se acercaba a la persona de la izquierda, por lo que la persona de la izquierda daba un paso atrás. La persona de la derecha daba otro paso adelante, y así sucesivamente, hasta que llegaron a la esquina opuesta. Este fenómeno frecuente ocurre cuando interactúan personas con diferentes preferencias de espacio social. Fue interesante verlo.

Según el World Population Review, Rumania tiene el mayor espacio social preferido con 1,39 metros, mientras que Argentina tiene el más pequeño con 76,5 cm. Estos son algunos ejemplos de varios países: [42]

País	Espacio social preferido	País	Espacio social preferido
Rumania	139	Estados Unidos	95.3
Hungría	130	Grecia	91.2
Arabia Saudí	126	España	90.5
Turquía	123	Rusia	89.1

[42] Personal Distance: Personal Space by Country 2024 (worldpopulationreview.com). Disponible en: https://worldpopulationreview.com/country-rankings/personal-space-by-country Véase también: Ranked: Countries with the most (and least) personal space, 2024. CEOWORLD magazine. Disponible en: https://ceoworld.biz/2024/02/02/ranked-countries-with-the-most-and-least-personal-space-2024

País	Espacio social preferido	País	Espacio social preferido
Uganda	121	Eslovaquia	88.8
Pakistán	119	Austria	88.1
Estonia	118	Ucrania	85.5
Colombia	117	Bulgaria	81.3
Hong Kong	116	Perú	79.6
China	115	Argentina	76.5
Reino Unido	99.4		

Imagínate a dos personas hablando: un argentino que prefiere 76,5 cm (30 pulgadas) de espacio social y un rumano que necesita 1,39 metros (55 pulgadas). El argentino se acercaría, lo que incomodaría al rumano y podría incitarlos a dar un paso atrás.

El argentino podría pensar que el rumano es:

- Frío.
- Distante.
- No le interesa la conversación.
- No quiere estar ahí.
- Que el rumano repele su presencia.

El rumano podría percibir que el argentino es:

- Invasor del espacio.
- Irrespetuoso.
- Agresivo.
- Intruso.
- Acosador.

Al entablar una conversación, las personas de ciertas culturas, como los italianos, los argentinos, muchos latinoamericanos y las personas de países de Oriente Medio y África, generalmente se sienten cómodas con espacios sociales más cortos. Estas interacciones pueden sentirse más cerca físicamente, ya que la proximidad a menudo se ve como un signo de compromiso y calidez.

En el otro extremo del espectro, las personas de países como Gran Bretaña, Finlandia, Escandinavia y Suecia tienden a preferir un espacio social más amplio, especialmente cuando hablan con personas desconocidas.

Si te sorprendes ajustando tu distancia, ya sea acercándote o retrocediendo, tómate un momento para verificar tu espacio y ajustarlo. Las preferencias de espacio personal y social pueden variar ampliamente, por lo que ser consciente de estos cambios sutiles puede ayudar a crear una interacción más cómoda para ti y la otra persona. Ajustar tu distancia para que coincida con la de ellos puede mostrar atención y respeto.

Proximidad

El distanciamiento social puede sonar nuevo para algunos de nosotros, como algo que comenzó después de COVID-19. Sin embargo, el fenómeno ha existido durante siglos. En términos médicos, es una medida para evitar contraer o transmitir una enfermedad infecciosa. Sin embargo, en sociología, es la distancia cómoda entre las personas. Lo llamamos espacio personal o peri personal o burbuja de espacio. No se trata de una proporción fija, sino de una medida muy variable y tácita que cambia ampliamente de un país a otro. Cambia de tamaño según el contexto, la cultura, el género y las preferencias personales.

Figura 9. Proximidad.

El cerebro calcula inconscientemente un escudo alrededor del cuerpo, que es flexible. La distancia que mantenemos entre nosotros y los demás ocurre de manera tan natural que la mayoría de las personas ni siquiera lo consideran. Sin embargo, este espaciado está lejos de ser aleatorio. Depende en gran medida de dónde seas y con quién estés hablando, y estas distancias varían de una cultura a otra. Es más corto cuando estamos cerca de seres queridos, amigos cercanos y familiares, más grande con colegas y aún más grande con extraños. Es una de las habilidades sociales básicas que influye en la forma en que reaccionamos, interactuamos y sentimos los unos por los otros.

El antropólogo Edward T. Hall introdujo el término proxémica, un concepto que explora estas zonas espaciales subconscientes y sus variaciones a través de diferentes culturas. Explicó los diferentes niveles de comodidad durante las interacciones sociales. Cada zona cumple diferentes funciones y se utiliza en diversos contextos.

Estas distancias son promedios y pueden variar considerablemente entre una cultura a otra. Por ejemplo, las personas de culturas de América Latina y Oriente Medio pueden sentirse cómodas con distancias más cortas, mientras que las de las culturas del norte de Europa y América del Norte pueden preferir una burbuja personal más grande.

Distancia íntima: este espacio físico está reservado para las interacciones con personas que están emocionalmente muy cerca de nosotros. Se utiliza para interacciones íntimas con seres queridos, incluidos familiares, amigos cercanos y parejas románticas. Se usa para el contacto físico y los susurros y, por lo general, solo se comparte con aquellos en quienes confiamos profundamente. Varía de 0 a 18 pulgadas (0 a 45 cm).

Distancia personal: este espacio es típico para conversaciones informales con familiares, amigos o conocidos cercanos. Mantiene la comodidad y la sensación de conexión sin ser demasiado intrusivo. Invadir este espacio puede causar malestar y ansiedad. Es donde se producen las conversaciones informales y las interacciones personales. Por lo general, oscila entre 18 pulgadas y 4 pies (45 cm y 1,2 metros).

Distancia social: esto es común para las interacciones con personas con las que no estamos particularmente cerca, como colegas o nuevos conocidos, y personas en entornos sociales donde no se conocen bien. Este espacio se adapta a interacciones formales, reuniones de negocios y reuniones sociales. Permite una conversación cómoda mientras se mantiene un límite profesional. Oscila entre 4 y 12 pies (1,2 y 3,6 metros).

Distancia pública: esta zona se utiliza para hablar en público, presentaciones, grandes reuniones y eventos donde la interacción es impersonal y no hay necesidad de interactuar de cerca. También se aplica a eventos públicos en los que hay poca o ninguna interacción personal entre el orador y el público. Por lo general, comienza desde unos 12 pies (3,6 metros) o más.

SALUDOS Y CONTACTO FÍSICO ALREDEDOR DEL MUNDO

Un día en Columbus, mi hermano nos visitó y me invitó a comer. Mientras estaba en el restaurante, una de mis amigas estadounidenses se acercó a nuestra mesa para saludarnos. Como es costumbre en México, mi hermano se puso de pie, extendió su mano para estrecharla e instintivamente se inclinó para saludarla con un beso en la mejilla.

Se quedó paralizada y se retiró; su rostro se puso rojo y sus ojos se abrieron con sorpresa. No sabía qué decir ni qué hacer. Claramente no esperaba ese tipo de saludo en absoluto. Rápidamente me disculpé, explicando: "En México, nos saludamos con un beso en la mejilla para mostrar calidez y amabilidad". Ella sonrió, apreciando la visión cultural. "No te preocupes", dijo ella, riendo ligeramente. "Aquí es diferente. Un apretón de manos o un saludo con la mano es más común". Entonces, mi hermano se dio cuenta de su error cultural, se disculpó, y entonces fue su cara la que se sonrojó.

¡Incómodo!

El contacto físico es un aspecto fundamental de la interacción humana, y su interpretación varía ampliamente de una cultura a otra. La mala interpretación de estas normas puede provocar incomodidad o malentendidos. Por ejemplo, una persona de una cultura de bajo contacto puede sentirse incómoda con el contacto frecuente en las culturas de alto contacto, mientras que alguien de una cultura de alto contacto puede percibir el comportamiento reservado en las culturas de bajo contacto como frío u hostil.

Los estilos de interacción social también difieren considerablemente entre regiones. El contacto físico y la expresividad son fundamentales para la comunicación en países como España y Grecia, y muchas naciones latinoamericanas, como México, Argentina y Brasil, conocidas por sus interacciones cálidas y amistosas, que a menudo incluyen abrazos, besos en la mejilla y palmaditas en la espalda. La cercanía física es un signo de amistad, afecto y vínculo social.

Por el contrario, las culturas asiáticas y del norte de Europa pueden preferir menos contacto y más espacio personal para mostrar respeto.

Países como Brasil, Argentina, México, Italia, España, Portugal y Grecia, las personas se saludan con frecuencia con besos en la mejilla, de 1 a 3 besos y, a menudo, mantienen una estrecha proximidad física durante las conversaciones. En los Países Bajos, Bélgica, Suiza y algunas partes de Francia, las personas se besan tres veces en las mejillas (derecha-izquierda-derecha) para relaciones cercanas, mientras que un apretón de manos es suficiente para saludos menos íntimos. En Rusia y Ucrania se acostumbran tres besos al aire.

En países como Arabia Saudita y los Emiratos Árabes Unidos, los amigos del mismo sexo a menudo se toman de la mano, se abrazan y se besan en las mejillas como muestra de camaradería. Sin embargo, el contacto físico entre hombres y mujeres en público suele estar limitado debido a las normas culturales y religiosas.

En los Emiratos Árabes Unidos, Arabia Saudita, Omán y muchos países del Golfo, chocarse la nariz es un saludo tradicional. En Nueva Zelanda, el saludo maorí "hongi" consiste en juntar la frente y la nariz, simbolizando compartir el "aliento de vida".

Un apretón de manos firme es el saludo más común en los Estados Unidos y Canadá. Los abrazos suelen estar reservados para amigos cercanos y familiares, y el espacio personal es muy valorado. Las personas mantienen una distancia de aproximadamente un brazo durante las conversaciones. Del mismo modo, países como el Reino Unido y Alemania prefieren los apretones de manos y mantienen una distancia moderada en las interacciones sociales. El contacto físico es más reservado que en el sur de Europa, pero sigue estando presente en las relaciones estrechas.

En Japón, los apretones de manos son menos comunes que en las culturas occidentales, ya que la reverencia es el saludo tradicional. Sin embargo, los apretones de manos se producen en entornos comerciales o internacionales, pero su agarre es más suave que el de los países occidentales. Un agarre firme puede parecer agresivo, por lo que es preferible un agarre ligero y respetuoso.

En Japón, Nepal, Camboya, India, Tailandia y China, la reverencia es un saludo estándar en muchas culturas asiáticas, que refleja respeto y humildad. El contacto físico, como los abrazos o los besos, es poco frecuente y, por lo general, está reservado para los familiares cercanos. Mantener una mayor distancia personal se considera de buena educación.

Hacer una reverencia es diferente y tiene diferentes significados en estos países, es decir, en Tailandia, el "Wai" implica juntar las manos e inclinarse ligeramente. En Japón, "ojigi" es un saludo tradicional que expresa respeto, gratitud o disculpa. La profundidad y la duración de la reverencia varían según la situación y el estado de las personas involucradas.

En países escandinavos como Suecia y Noruega, el contacto físico es mínimo y la gente valora el espacio personal. Los apretones de manos son comunes en entornos formales, pero otras formas de contacto físico son menos frecuentes.

En el Tíbet, saludar a alguien implica sacar la lengua y tocarse el pecho. Este gesto, especialmente entre los monjes tibetanos, significa paz y demuestra que el que da la bienvenida no es la reencarnación del cruel rey del siglo IX Lang Darma, conocido por su lengua negra.

En Zimbabue y Mozambique, aplaudir rítmicamente es parte de la tradición del saludo. En Malasia, la gente se saluda tocándose las yemas de los dedos, luego llevándose las manos al pecho y asintiendo levemente. Los hombres deben esperar a que las mujeres extiendan sus manos primero.

En muchas culturas asiáticas y africanas, los ancianos son saludados primero. En Filipinas, los jóvenes tocan la frente con la mano de un anciano. En la India, la gente toca los pies de los ancianos. En algunos países africanos, los jóvenes se arrodillan para mostrar respeto.

Otro aspecto emocionante del contacto físico es la frecuencia con la que las personas se tocan en diferentes entornos. El psicólogo canadiense Sidney Jourard llevó a cabo una investigación llamada Estudio del Café en Estados Unidos, Francia, Reino Unido y Puerto Rico. Observó a la gente sentada en los cafés y registró la velocidad a la que se tocaban en una hora. Los puertorriqueños tocaron 180 veces, los franceses 110, los británicos 0 y los estadounidenses tocaron dos veces.

En muchas culturas, el tacto, el apretón de manos, los besos o gestos como poner una mano en el hombro pueden ser incómodos, incluso entre amigos. Reconocer y respetar estas diferencias ayuda a fomentar mejores interacciones y evita que las caras se sonrojen.

CULTURAS ENTUSIASTAS Y RESERVADAS

Las culturas entusiastas y reservadas representan dos enfoques distintos de la comunicación, la expresión y la interacción social. Estos estilos culturales reflejan cómo las personas se relacionan entre sí, manejan las emociones y navegan por la dinámica social, a menudo influenciada por factores históricos, sociales y geográficos.

Culturas entusiastas

Las culturas entusiastas se caracterizan por la expresividad, la apertura emocional y la cercanía física. La comunicación en estas culturas tiende a ser animada y a menudo acompañada de gestos y expresiones faciales fuertes. Las personas se sienten cómodas compartiendo abiertamente sus emociones y opiniones y valoran las interacciones espontáneas.

A menudo usan gestos con las manos, expresiones faciales y tacto (como abrazos o palmaditas) para enfatizar puntos, mostrar acuerdo o transmitir calidez. Las conversaciones suelen ser más fuertes y rápidas, y los participantes hablan apasionadamente y, a veces, se interrumpen entre sí como signo de compromiso.

El espacio personal suele ser más pequeño y la proximidad es típica. Las personas pueden sentirse cómodas parándose más cerca unas de otras y usando gestos amistosos como apretones de manos, abrazos o besos en la mejilla.

Existe una aceptación cultural de mostrar abiertamente las emociones, ya sea emoción, frustración o tristeza. La autenticidad emocional es valorada y vista como una forma de formar fuertes conexiones. En estas culturas, las reuniones sociales suelen ser vibrantes y se centran en la comunidad, la familia y el disfrute colectivo.

Las culturas entusiastas se energizan mediante la interacción con los demás, prosperando en entornos sociales donde pueden expresarse libremente y relacionarse con el mundo exterior. La conversación, las actividades grupales y la estimulación externa brindan una sensación de satisfacción y propósito. Buscan entornos que permitan la participación activa y la conexión, ya sea liderando una discusión animada o saltando a planes espontáneos.

Ejemplos de culturas entusiastas son Argentina, México, Brasil, Venezuela, Italia, España, Grecia, Líbano, Turquía, Marruecos, Nigeria, Sudáfrica y Kenia.

Culturas reservadas

Por otro lado, las culturas reservadas valoran la calma, la introspección, la compostura y la modestia. En estas culturas, las interacciones tienden a ser más tenues y a menudo se caracterizan por la paciencia, la quietud y la moderación. Las personas evitan las muestras abiertas de emoción y mantienen las conversaciones moderadas y reflexivas, priorizando los límites personales y la discreción sobre la expresividad.

El lenguaje corporal tiende a ser mínimo, usan gestos más pequeños y controlados y evitan el tacto excesivo. Las conversaciones suelen ser más tranquilas y de ritmo más lento, con pausas que permiten la reflexión. Las personas rara vez interrumpen, ya que valoran la escucha y los intercambios reflexivos. Prefieren la reflexión a la actividad. Por lo general, son pensadores y oyentes profundos, valoran la conversación reflexiva sobre la charla trivial y disfrutan entornos más tranquilos y controlados.

Por lo general, las emociones se mantienen en privado, con una expresión menos abierta. Las personas pueden sonreír cortésmente en lugar de reír a carcajadas, mostrando compostura y respeto por el entorno social. Se valora mucho el espacio personal y las personas mantienen una distancia física notable. El contacto visual directo puede ser limitado, ya que puede parecer invasivo en algunos cultivos reservados. En estas culturas, las reuniones sociales suelen ser más formales o impulsadas por un propósito, y las relaciones se construyen lentamente, basadas en la confianza, el respeto y las experiencias compartidas en lugar de la apertura emocional inmediata.

Ejemplos de culturas reservadas son Japón, Corea del Sur, China, Finlandia, Suecia y Noruega.

***

Las personas en culturas entusiastas pueden percibir los entornos reservados como demasiado restringidos, fríos o distantes, mientras que aquellos en culturas reservadas pueden ver las interacciones entusiastas como abrumadoras o intrusivas. Cada estilo ofrece fortalezas únicas: las culturas entusiastas sobresalen en la formación de conexiones rápidas y la construcción de comunidad, mientras que las culturas reservadas ofrecen estabilidad, respeto por los límites personales y un enfoque reflexivo de la comunicación.

Si bien todos poseen elementos de ambos, el grado en que alguien se inclina hacia uno u otro da forma a su energía, preferencias sociales y enfoque general de la vida.

CONCLUSIONES

- Cultura entusiasta: se distinguen por su alta energía y expresividad. A menudo más alto y a un ritmo más rápido, hablan más y escuchan menos. Tienen una profunda necesidad de conexión.

- Cultura reservada: la comunicación es tranquila, mesurada y educada, centrándose en la brevedad y la claridad. Las pausas en la conversación son habituales, lo que permite tiempo para una reflexión cuidadosa. La gente tiende a escuchar más que a hablar. El lenguaje corporal es sutil, con gestos o movimientos mínimos. Se valora mucho el espacio personal y la privacidad, con un contacto físico limitado y una preferencia por la distancia respetuosa en las conversaciones.

CAPÍTULO 8

Ciudadano global

"Podemos tener diferentes religiones, diferentes idiomas, diferentes colores de piel, pero todos pertenecemos a una raza humana".
—*Kofi Annan*

Convertirse en un ciudadano global significa desarrollar una identidad que trasciende las fronteras nacionales y culturales. Implica reconocer nuestra humanidad compartida y asumir la responsabilidad del bienestar de las personas y del planeta. Un ciudadano global comprende diversas perspectivas, promueve la justicia social y contribuye a la comunidad mundial. Esta mentalidad fomenta la participación activa para abordar los desafíos globales, fomentar la comprensión intercultural y abogar por un cambio positivo, tanto a nivel local como global.

EMBAJADORA

En algún momento soñé con convertirme en embajadora de México. Mi amor y admiración por la cultura mexicana, su gente, rica historia, impresionante arquitectura, geografía diversa y vibrante ecosistema alimentó esta aspiración. Siempre me ha gustado viajar e imaginé una vida en la que pudiera explorar el mundo y promover el país que amo. Como embajadora, tendría la oportunidad de hacer precisamente eso: representar a México y contribuir a su imagen positiva en todo el mundo.

Años más tarde, cuando le dije a mi familia que me iba a mudar a Memphis, Estados Unidos, mi tía me dijo algo que resonó en mí: "Por fin vas a ser embajadora de México". Al principio, no entendí lo que quería decir, pero me explicó: "Te vas a mudar a otro país y esta es tu oportunidad de representar y promover a México allí. Puedes desafiar los estereotipos negativos, crear una imagen positiva de nuestro país y sentar las bases para las generaciones futuras. ¿No es eso lo que siempre quisiste hacer?"

Tenía razón. Aunque mi título de trabajo era diferente y no tenía la misma plataforma o alcance que una embajadora oficial, me di cuenta de que aún podía cumplir el núcleo de mi sueño. Dondequiera que voy, llevo conmigo sus palabras: "No solo me estoy representando a mí misma; estoy representando a mi país. Debo dejar una buena impresión y tomar buenas decisiones".

Con el tiempo, mi perspectiva se ha ampliado. Si bien México siempre ha tenido un lugar especial en mi corazón, me siento conectada con algo más grande. Creo que no soy solo una representante de una nación, sino del mundo. Esto no se debe a mi ciudadanía o a los países en los que he vivido o viajado, sino a que nuestras acciones, por pequeñas que sean, tienen un impacto en el mundo.

Todos compartimos este hermoso planeta llamado Tierra. En ese sentido, todos somos ciudadanos globales y todos deberíamos contribuir a mejorarlo.

EL EFECTO MARIPOSA

El efecto mariposa es un concepto de la teoría del caos que sugiere que pequeñas acciones o cambios pueden tener efectos considerables, a veces impredecibles, en sistemas más grandes. La idea se ilustra con la metáfora de que una mariposa batiendo sus alas en Brasil podría eventualmente provocar un tornado en Texas, lo que destaca cómo pequeñas diferencias en las condiciones iniciales pueden conducir a resultados muy diferentes con el tiempo.

El efecto mariposa se ha aplicado en varios campos, desde la meteorología hasta la economía y la psicología, así como en la cultura popular, para demostrar la interconexión de los eventos. Nos recuerda que decisiones o acciones aparentemente menores pueden repercutir hacia el exterior, influyendo en sistemas complejos e inesperadamente dando forma al futuro.

Al igual que el delicado aleteo de una mariposa puede, en teoría, desencadenar una reacción en cadena que conduzca a grandes cambios en los patrones climáticos, nuestras acciones, actitudes y elecciones cotidianas pueden influir en el mundo de maneras que quizás no veamos de inmediato. Para convertirnos en un buen ciudadano del mundo, debemos reconocer que incluso las decisiones personales aparentemente pequeñas contribuyen a impactos sociales, ambientales y culturales más grandes, todo se encuentra interconectado.

Figura 10: Ciudadano global.

En un amplio sentido, todos somos ciudadanos globales porque compartimos el planeta y estamos interconectados a través de sistemas sociales, económicos, ambientales y tecnológicos. Ya sea que nos demos cuenta o no, nuestras acciones pueden tener impactos de gran alcance más allá de nuestro entorno inmediato, influyendo en las personas y los entornos de todo el mundo.

Sin embargo, ser un ciudadano global va más allá de la mera existencia en el planeta. Implica una conciencia de esta interconexión y un compromiso activo para comprometerse con los problemas globales, promover la justicia social y fomentar la sostenibilidad. Ser un ciudadano del mundo no se trata de cuántos países has visitado o con qué frecuencia viajas; se trata de cultivar una mentalidad que reconozca y acepte nuestra humanidad compartida, independientemente de las fronteras geográficas. No significa abandonar tus lazos con tu ciudad, país o etnia local; en cambio, significa ver a la comunidad mundial como una parte adicional y vital de la identidad y comprender que nuestras acciones, sin importar dónde estemos, tienen implicaciones globales y que somos responsables de contribuir positivamente al mundo que nos rodea.

La ciudadanía global fomenta la empatía, respeta las diversas culturas y aboga por la justicia social. Se trata de tomar decisiones que beneficien a la comunidad internacional en general, de estar informado, comprometido y ser proactivo a la hora de abordar los desafíos globales, ya sea desde tu ciudad natal o al otro lado del mundo. En última instancia, se trata de reconocer que todos estamos interconectados y que nuestro bienestar colectivo depende de nuestra capacidad de pensar y actuar más allá de las fronteras.

Derechos de los ciudadanos globales

Los derechos humanos universales son los derechos y libertades esenciales a los que toda persona tiene derecho inherente, independientemente de su nacionalidad, etnia, género, religión u otras condiciones. Estos derechos se basan en la igualdad, la dignidad y el respeto de todas las personas. Están codificados en el derecho internacional, sobre todo en la Declaración Universal de Derechos Humanos (DUDH), adoptada por la Asamblea General de las Naciones Unidas en 1948.

La DUDH contiene 30 artículos que establecen colectivamente estos derechos y libertades fundamentales. Los artículos iniciales destacan la dignidad, la igualdad y los derechos inherentes de todas las personas, incluido el derecho a la vida, la libertad y la seguridad. También prohíben explícitamente prácticas como la esclavitud, la tortura y cualquier forma de discriminación. Otros artículos se centran en el estado de derecho, la garantía de la igualdad de trato ante la ley y la protección de las personas contra la detención arbitraria y el exilio.

La DUDH también se refiere a los derechos civiles y políticos, como la libertad de pensamiento, conciencia, religión, expresión y reunión pacífica. También hace hincapié en los derechos económicos, sociales y culturales, incluido el derecho al trabajo, a la educación y a un nivel de vida decente. En los artículos finales se subraya la importancia de un orden social e internacional en el que estos derechos puedan ejercerse plenamente, al tiempo que se deja claro que nadie puede explotarlos para infringir los derechos de los demás. En conjunto, estos 30 artículos forman un marco integral de derechos humanos que ha dado forma al derecho internacional y a las normas mundiales de derechos humanos.

Responsabilidades de los ciudadanos globales

> **"**La gente que está lo suficientemente loca como para pensar que puede cambiar el mundo es la que lo hace"
>
> —*Steve Jobs*

Como ciudadanos del mundo, nuestras acciones tienen un impacto inevitable en la comunidad internacional de diversas maneras. Con esta influencia vienen ciertas responsabilidades para mejorar el mundo, incluso cuando no lo exige la ley. Al fomentar la comprensión, mostrar respeto e interactuar activamente con los demás, podemos ayudar a crear una comunidad global más interconectada y armoniosa.

Las responsabilidades de un ciudadano global abarcan una amplia gama de acciones y actitudes que contribuyen al bienestar de la comunidad mundial. Los ciudadanos del mundo están llamados a defender los principios de justicia, equidad y sostenibilidad, al tiempo que fomentan la comprensión y la cooperación a través de las fronteras culturales y nacionales.

Estos son algunos ejemplos clave de las responsabilidades de un ciudadano global:

- Promover los derechos humanos y la justicia social, oponiéndose a la discriminación y la injusticia, apoyando la igualdad de derechos para todas las personas, independientemente de su raza, género, religión o nacionalidad.
- Esforzarse por comprender y respetar las diversas culturas, tradiciones y perspectivas. Mantenerse informado sobre temas globales, como el cambio climático, la pobreza y los conflictos, y tomar decisiones y acciones informadas.
- Adoptar y promover prácticas de vida sostenible para reducir la huella ecológica y ayudar a proteger el medio ambiente para las generaciones futuras.

Alentar las soluciones pacíficas a los conflictos y entablar un diálogo que supere las divisiones en lugar de exacerbarlas.

- Abogar por prácticas comerciales éticas y justas que beneficien a los productores de los países en desarrollo y que contribuyan a reducir las desigualdades mundiales, con el objetivo de mejorar las condiciones de vida y las oportunidades de las comunidades desfavorecidas.

- Participar en los procesos democráticos, como el voto, y abogar por políticas que promuevan la justicia global y actúen en el mejor interés de las comunidades internacionales y del planeta.
- Trabajar con otros a través de las fronteras para abordar los desafíos globales, compartiendo conocimientos, recursos y estrategias.
- Contribuir a la creación de comunidades inclusivas que acojan y apoyen a personas de diversos orígenes.
- Tomar decisiones de compra que reflejen consideraciones éticas, como las prácticas laborales, el impacto ambiental y la responsabilidad corporativa. Apoyar a las empresas y economías locales siempre que sea posible, especialmente en las regiones desfavorecidas o en desarrollo.
- Promover y contribuir a los esfuerzos que proporcionan educación y alfabetización de calidad para todos, especialmente en las zonas desfavorecidas.
- Cultivar la empatía y la compasión y esforzarse por comprender y compartir los sentimientos de los demás, especialmente de aquellos que sufren o están marginados. Usar sus privilegios para ayudar a los demás.
- Contribuir al logro de los objetivos globales.

Los objetivos globales, conocidos como Objetivos de Desarrollo Sostenible (ODS), son un conjunto de 17 objetivos interconectados establecidos por las Naciones Unidas en 2015 para poner fin a la pobreza, proteger el planeta y garantizar la prosperidad para todos para 2030.

Estos objetivos abordan muchos desafíos mundiales, como la erradicación del hambre, el logro de la igualdad de género, la garantía de una educación de calidad, la promoción del trabajo decente, la lucha contra el cambio climático y la preservación de la biodiversidad. Cada objetivo va acompañado de metas e indicadores específicos para medir el progreso, con el objetivo de fomentar el crecimiento económico sostenible, la inclusión social y la protección del medio ambiente, garantizando que nadie se quede atrás.

Valores de los ciudadanos globales

Los valores de los ciudadanos globales incluyen el respeto, la responsabilidad, la diversidad, la justicia, la empatía, la pertenencia, la abundancia, la paz, la defensa, la equidad, la justicia, el colectivismo, la apertura, la perspectiva global, la interdependencia, la cooperación, la participación y la curiosidad.

Un ciudadano del mundo valora los derechos humanos, el pluralismo religioso, la gobernanza participativa, la protección del medio ambiente, la reducción de la pobreza, el crecimiento económico sostenible, la consolidación de la paz, la ayuda humanitaria y la diversidad cultural.

Mentalidad global

Mientras que la ciudadanía global tiene que ver con la responsabilidad y la acción, una mente global tiene que ver con el enfoque intelectual y cognitivo para comprender e interactuar con el mundo. Una mente global se caracteriza por la apertura, la curiosidad y la voluntad de aprender desde diversas perspectivas. Implica ver el mundo a través de múltiples lentes, apreciar la complejidad y la riqueza de las diferentes culturas y comprender los matices que dan forma a las diversas formas de vida.

Una mente global también abarca la adaptación a diferentes contextos y entornos culturales. Requiere habilidades de comunicación efectivas, que permitan a las personas conectarse con personas de diversos orígenes y cerrar las brechas culturales. En los negocios y el liderazgo, una mente global permite un pensamiento estratégico que considera la interconexión de los mercados globales, reconociendo patrones y puntos en común que pueden impulsar la innovación y el éxito.

Una mente global va más allá de la mera tolerancia de las diferencias. Implica un enfoque proactivo para aprender sobre nuevas culturas, valores y perspectivas. Este proceso de aprendizaje continuo enriquece la comprensión del mundo y mejora la capacidad de navegar por las complejidades de una sociedad globalizada.

Una mentalidad global tiene una comprensión más profunda del mundo, se adapta más rápido a los cambios, toma mejores decisiones, resuelve problemas y se comunica de manera más efectiva. Enfatiza el desmantelamiento de muros y la superación de obstáculos en lugar de construirlos. Se centra en encontrar puntos en común para comprender mejor y apreciar la diversidad. Celebra las diferencias en lugar de la indiferencia y busca lo que nos une en lugar de lo que divide y destruye.

Celebrando las diferencias

> **"**No son nuestras diferencias las que nos dividen. Es nuestra incapacidad para reconocer, aceptar y celebrar esas diferencias".
>
> —*Audre Lorde*

La diversidad es la presencia de diferencias dentro de un entorno determinado. Estas diferencias pueden incluir raza, etnia, género, edad, orientación sexual, estatus socioeconómico, capacidad, etc. La verdadera inclusión va más allá de reconocer estas diferencias: valora las perspectivas y experiencias diversas, crea un entorno donde cada voz sea escuchada y garantiza que todas las personas, independientemente de su origen, se sientan bienvenidas, respetadas y empoderadas para participar plenamente. También implica fomentar una cultura en la que las personas puedan expresar libremente su identidad, sin temor a la discriminación o exclusión. La inclusión genuina ocurre cuando los individuos se sienten aceptados y valorados como miembros esenciales de un grupo o comunidad, permitiéndoles ser auténticos y sabiendo que son apreciados por quienes realmente son.

Si bien la diversidad, la inclusión, la equidad y la pertenencia son conceptos distintos, están profundamente interconectados y se refuerzan mutuamente. La diversidad sin inclusión puede conducir al tokenismo[43], donde las diferencias se reconocen, pero no se valoran. La inclusión sin equidad puede perpetuar las desigualdades sistémicas, en las que las mismas barreras que existían antes siguen excluyendo a ciertos grupos. La pertenencia sin diversidad puede conducir a un entorno homogéneo en el que solo ciertas personas se sienten cómodas, sofocando la creatividad y la innovación.

Para construir una sociedad armoniosa, los cinco elementos (igualdad, diversidad, equidad, inclusión y pertenencia) deben integrarse en un enfoque holístico.

Cuando la ciudadanía global y una mentalidad global se combinan, generan un impacto poderoso que permite a las personas influir en el mundo.

---

[43] El tokenismo es una práctica que consiste en incluir a grupos minoritarios de manera superficial y simbólica. El objetivo es cumplir con políticas, cupos o expectativas, sin modificar el *statu quo*. El término proviene del inglés *token*, que significa "símbolo". N. del E.

Un ciudadano global con una perspectiva amplia comprende su responsabilidad hacia la comunidad en general y posee la conciencia y las habilidades necesarias para interactuar más allá de las fronteras culturales con empatía y eficacia.

Figura 11. Pertenencia.

CONCLUSIONES

- Un ciudadano global fomenta la empatía, el respeto y la diversidad y aboga por la justicia social mientras toma decisiones que benefician a la comunidad global.
- Los valores fundamentales incluyen la diversidad, asegurando la presencia de diferencias; la inclusión, creando espacios donde todos se sientan bienvenidos y respetados; la equidad, que promueve la justicia

y el acceso a las oportunidades; y la pertenencia, que fomenta la aceptación y el valor dentro de una comunidad.

- Una mentalidad global abarca la apertura, la curiosidad y el compromiso de aprender desde diversas perspectivas, centrándose en un terreno común para construir un mundo sostenible, resiliente y compasivo. Los ciudadanos globales buscan la unidad por encima de la división.
- Los ciudadanos del mundo tienen derechos y responsabilidades.

Vivir en el extranjero

*Lecciones y habilidades para adaptase y
disfrutar la experiencia*

Vivir en el extranjero ofrece una rica aventura llena de desafíos y recompensas. La segunda parte de este libro te guía a través del complejo viaje de la reubicación y la adaptación a la vida en un nuevo país. Esta sección proporciona conocimientos y herramientas esenciales para mejorar su experiencia. Con consejos prácticos y estrategias para navegar por entornos desconocidos, aprenderás a superar obstáculos comunes y aprovechar al máximo tu tiempo en un lugar nuevo. Las ideas compartidas aquí son invaluables para fomentar una adaptación exitosa, favorecer el crecimiento personal y desarrollar una visión del mundo más profunda y expansiva.

Ya sea que estés contemplando una mudanza, navegando por las complejidades de la vida en un país extranjero o apoyando a tus seres queridos en esta transición, aquí encontraras lo necesario para que la experiencia sea enriquecedora y transformadora.

Espero que estos capítulos se conviertan en una fuente de consuelo en la que te sientas escuchado y apoyado durante los momentos más difíciles, y que sirvan de inspiración, empoderándote para dar un paso adelante con confianza en ese extraordinario viaje.

CAPÍTULO 9

¿Mudarse o no mudarse?

"Con los cambios, puedes perder algo bueno, pero
Algo aún más grande podría venir con él".
—Desconocido.

Este capítulo ofrece información para ayudar a aclarar y guiar tu decisión sobre si mudarte al extranjero o quedarte. Se estima que, en 2022, vivían 281 millones de migrantes internacionales en todo el mundo, lo que representa el 3,6 por ciento de la población mundial. Entre estos, más de 75 millones son expatriados, cada uno con sus razones, condiciones y expectativas para mudarse. Tus motivaciones y circunstancias son únicas, y tu resultado inevitablemente diferirá del de los demás, y eso está perfectamente bien. Elige sabiamente.

Si bien muchos se mudan por razones económicas, hay muchas otras motivaciones, como el avance profesional, la educación, la jubilación, la búsqueda de pareja, un nuevo comienzo, una mejor calidad de vida, nuevas aventuras, estabilidad política, seguridad personal o el deseo de ser voluntario y marcar la diferencia.

Antes de que cualquier persona decida a mudarse, hay factores cruciales a tener en cuenta, ya sea que su estadía sea a corto o largo plazo. Su decisión dependerá de sus objetivos, su tolerancia al riesgo y de las compensaciones que esté dispuesta a hacer por esta experiencia. Mudarse al extranjero puede ser un viaje enriquecedor y transformador, pero a menudo es complejo. Por eso es esencial abordar esta elección con reflexión: investiga tu destino, sopesa los pros y los contras y pide consejo a quienes han vivido en el extranjero.

Si te vas a mudar con tu pareja, hijos o familiares, involúcralos en la toma de decisiones. Asegurarte de que también tengan algo que esperar en el nuevo entorno, puede ser clave para una transición sin problemas y un ajuste exitoso para todos.

Vivir en un país diferente ha sido una de las mejores decisiones que he tomado, y no puedo enfatizar suficientemente lo valiosa que ha sido la experiencia. Para cualquiera que lo esté considerando, recomiendo encarecidamente aprovechar la oportunidad. Por supuesto, no todos los países son adecuados para todos. Tu decisión de mudarte dependerá en gran medida de tu personalidad, valores, intereses y objetivos.

Con 195 países en todo el mundo, es probable que haya un lugar que se adapte a tus necesidades y satisfaga tu espíritu aventurero. Y si, después de pensarlo detenidamente, decides que quedarte es la mejor opción, también se

Mis pros y mis contras

Mi esposo y yo hemos vivido en tres países diferentes: México, Estados Unidos y Bélgica. Hasta ahora, no me arrepiento, ni siquiera un poco. Naturalmente, hay momentos de melancolía y ansiedad, eso es inevitable. Pero esos momentos se equilibran con la emoción y la alegría de nuevas experiencias.

Nos mudamos de México a los Estados Unidos en 2001. Lo que comenzó como un plan para unos pocos años se extendió hasta el presente. Nuestras principales razones para mudarnos fueron adquirir la experiencia de vivir y trabajar en otro país, lo que sabíamos que enriquecería nuestra vida personal y profesional. También queríamos mejorar nuestras habilidades lingüísticas, acceder a trabajos mejor pagados y aprovechar la oportunidad de viajar a lugares que de otra manera habrían sido más difíciles de visitar.

Consideramos quedarnos en México principalmente por nuestra familia y amigos, vida social, clima, ayuda doméstica y comida. Pero cuando se presentó la oportunidad de explorar un nuevo lugar, no tardamos mucho en decidirnos a ir. ¿Por qué? Porque era una oportunidad fantástica para aprender, crecer y expandir nuestros horizontes. Las desventajas, aparte de estar lejos de la familia, parecían menores, y después de todo, se suponía que solo sería por dos años, ¿verdad?

Podíamos viajar a Mexico y visitar a familiares y amigos una o dos veces al año. Naturalmente, echábamos de menos las comodidades familiares de México, como el clima cálido y la facilidad de tener ayuda doméstica. Aunque no era exactamente lo mismo, teníamos comodidades en los EE. UU., como aire acondicionado, calefacción, lavavajillas y secadoras, lo que hacía la vida cotidiana más manejable y compensaba algunas de nuestras comodidades mexicanas. Luego, en 2003, nos mudamos de los EE. UU. a Bélgica. Las ventajas de mudarse a Bélgica eran algo diferente. Si bien la experiencia de vivir en otro país y aprender un nuevo idioma permanecía, la oportunidad de explorar Europa y el derecho a 21 días de vacaciones más diez días festivos nacionales era imposible resistirse.

El principal inconveniente era que estaríamos aún más lejos de nuestras familias. Pero, de nuevo, fue solo por unos años, y nuestra familia y amigos estaban emocionados de visitarnos en Europa. Puedo decir con confianza que vivir en el extranjero superó nuestras expectativas de innumerables maneras.

Beneficios de vivir en el extranjero

Mudarse al extranjero es una puerta de entrada a una aventura que cambia la vida más allá de la mera reubicación. Ofrece oportunidades de crecimiento personal y profesional sin precedentes, enriquecimiento cultural y autodescubrimiento. Sumergirse en un nuevo entorno fomenta la adaptabilidad, la resiliencia y una perspectiva global, lo que hace que la experiencia sea enriquecedora y transformadora.

La inmersión cultural, exponiendo a las personas a diversas tradiciones, creencias y formas de pensar. Esto fomenta la sensibilidad y el aprecio cultural, al mismo tiempo que amplía las perspectivas. Las interacciones diarias hacen que la adquisición del lenguaje sea más fluida, ofreciendo una alternativa dinámica y práctica al aprendizaje tradicional. Profesionalmente, se valora mucho la experiencia internacional. Abre las puertas a oportunidades profesionales únicas y permite el desarrollo de una red global. Mejora la resolución de problemas, la independencia y la adaptabilidad. Además, mudarse al extranjero a menudo conduce a un mejor nivel de vida, acceso a oportunidades educativas de renombre mundial y la oportunidad de alinear la vida con los valores y objetivos personales a través del autodescubrimiento.

A menudo conduce a una mayor autoconciencia y claridad sobre tus valores y metas. En el país de origen, las personas suelen estar rodeadas de otras personas que se comportan de manera similar, lo que hace menos necesario cuestionar si sus acciones se alinean con sus valores o las normas culturales a las que se han acostumbrado.[44] Sin embargo, cuando vivimos en el extranjero, la exposición a nuevos valores y normas culturales nos anima a evaluar regu-

----

[44] Hajo Adam, Otilia Obodaru, Jackson G. Lu, William Maddux, and Adam D. Galinsky. *How Living Abroad Helps You Develop a Clearer Sense of Self.* Harvard Business Review. Mayo 22, 2018. Disponible en: https://hbr.org/2018/05/how-living-abroad-helps-you-develop-a-clearer-sense-of-self

larmente nuestras propias creencias y comportamientos, lo que lleva a reforzar o reevaluar esos valores.

Algunos beneficios

Enriquecimiento cultural	Crecimiento personal	Redes y conexiones
Adquisición del lenguaje	Independencia	Mejora de la calidad de vida
Avance profesional	Mejorar la perspectiva global	Oportunidades Educativas
Autodescubrimiento	Adaptabilidad	Comunicación intercultural
Resolución de problemas	Empatía	Apertura mental
Resiliencia		

Estos beneficios y muchos otros hacen que vivir en el extranjero sea una experiencia altamente transformadora. Fomenta el crecimiento personal y profesional, mejora la calidad de vida, amplía las perspectivas y enriquece la comprensión de nuestro mundo y de nosotros mismos.

CONSIDERACIONES CLAVE

Antes de mudarte al extranjero, es esencial tener en cuenta varios factores clave que afectarán tu experiencia. Desde la comprensión de los requisitos legales y de visado hasta la evaluación del coste de la vida, la atención médica y las oportunidades de empleo, todos los aspectos son cruciales para garantizar una transición sin problemas. Además, las diferencias culturales, las barreras lingüísticas y los desafíos emocionales de vivir en un nuevo entorno pueden dar forma a tu viaje. Evaluar cuidadosamente estas consideraciones te ayudará a tomar decisiones informadas y a prepararte mejor para la vida en un país extranjero.

Seguridad

La seguridad es uno de los aspectos más importantes a tener en cuenta. Vivir en un lugar seguro puede hacer que tu vida sea más fácil, más agradable y menos estresante.

Por supuesto, ni siquiera los lugares más seguros pueden garantizar tu seguridad. Hay riesgo en todas partes. Sin embargo, hay países o ciudades donde el riesgo es menor que otros. Para tener una mejor idea, puedes consultar algunos sitios web que se enumeran a continuación, que ofrecen información sobre la tasa de criminalidad global.

- Organización de las Naciones Unidas: unodc.org
- Examen de la población mundial: worldpopulationreview.com
- Departamento de Estado de EE. UU.: travel.state.gov
- Iniciativa Global: globalinitiative.net
- Índice de Paz Global: visionofhumanity.org

Cada país tiene áreas que varían en seguridad, por lo que es esencial investigar a fondo los índices de criminalidad de la ciudad o pueblo que te interesa. Por ejemplo, la tasa de criminalidad en Estados Unidos es de 47,70 por cada 100.000 habitantes, pero en Luisiana sube a 3.711 por cada 100.000, y en Hammond, una ciudad de Luisiana se dispara a 11.790. Por el contrario, Vermont tiene una tasa impresionantemente baja de 0,0017 por cada 100.000. La seguridad puede diferir drásticamente dentro de un mismo país, por lo que, para obtener una visión precisa, consulta las noticias locales y los sitios web especializados o, mejor aún, pregunta a un residente.

Ten en cuenta que las noticias a menudo destacan los peores incidentes, rara vez muestran la vida diaria de la mayoría de las personas. Las tasas de criminalidad también pueden parecer más altas en países donde las personas se sienten más cómodas denunciando delitos, a diferencia de otros donde el miedo suprime las denuncias. Además, las leyes pueden diferir en lo que se clasifica como delito frente a un delito, lo que sesga las comparaciones. Por ejemplo, en Suecia, si un cónyuge maltrata a su pareja veinte veces en un período, cada abuso se denuncia individualmente, mientras que otros países pueden contarlos como un solo delito.

Por lo tanto, no te desanimes por los altos índices de criminalidad: realiza una investigación más profunda, habla con los locales o, mejor aún, con los expatriados que viven allí. Pueden proporcionar información valiosa sobre las precauciones de seguridad y si se sienten seguros. Por ejemplo, podrían decir que la ciudad es generalmente segura siempre y cuando evites el centro de la ciudad, que se sabe que es más peligroso. O tal vez sugieran precauciones como no salir después de un tiempo en particular, evitar vecindarios específicos cuando se camina solo o incluso cuando se conduce, y abstenerse de usar joyas llamativas en público. También pueden recomendar instalar un sistema de alarma para el hogar, optar por una casa con cercas altas y sin ventanas que den a la calle, vivir en una comunidad cerrada con seguridad y, en el caso de las mujeres, evitar caminar solas. Todo depende del grado de seguridad.

Cuando me mudé por primera vez a los EE. UU., Me sorprendió ver a las personas dejar los motores de sus automóviles encendidos, las puertas abiertas, las llaves dentro del auto y objetos de valor como bolsos en el asiento del pasajero mientras compraban. Supongo que es para mantener el coche fresco con el aire acondicionado en marcha. ¿Y en cuanto a dejar el bolso? Probablemente sea solo por conveniencia. Cualquiera que sea su razonamiento, intentar esto en otros países puede dejar su automóvil fresco, pero con un nuevo conductor para cuando regrese.

Tengo varios amigos brasileños e internacionales que viven o han vivido en São Paulo, Brasil. Todos hablan maravillas del ambiente de la ciudad, su variada cocina y su cálida gente, describiéndola como un hermoso lugar para vivir. Sin embargo, cuando se les pregunta sobre la seguridad, sus respuestas son consistentes: la delincuencia es preocupante, como lo es en las ciudades más pobladas del mundo.

Se sienten seguros, pero dentro de una burbuja: residen en apartamentos con vigilancia las 24 horas, conducen con las ventanas cerradas y, a menudo, se desvían para evitar áreas de alto riesgo como ciertas favelas. Se mantienen vigilantes, salvaguardando sus pertenencias en lugares concurridos y evitando caminar solos por la noche. Los lugareños saben qué calles y estaciones deben evitar, y este conocimiento es crucial para navegar por la ciudad. A pesar de las precauciones, a la mayoría de los expatriados les gusta vivir allí.

Estos son algunos consejos esenciales si estás pensando en mudarte a una zona de alta criminalidad:

- Habla con los lugareños para obtener consejos de seguridad.
- Ten a mano la información de contacto de la embajada o consulado de tu país de origen.
- Antes de comprometerte con cualquier acuerdo, visita tu posible vecindario y lugar de trabajo en diferentes momentos, de día y de noche, idealmente con alguien familiarizado con el área.
- Si algo se siente mal, confía en tus instintos: la seguridad siempre debe ser tu prioridad.
- Escucha a tu intuición; a menudo es tu mejor guía en entornos desconocidos.

Costo de vida

Un descuido común al mudarse es no tomar en cuenta el costo de vida en tu destino. Un salario aparentemente generoso puede no llegar tan lejos en ciudades como Nueva York, Tokio o Londres, donde los gastos pueden superar drásticamente tu situación actual.

He conocido a personas emocionadas por un ascenso con un aumento salarial significativo, solo para descubrir que sus ahorros anticipados se evaporaron rápidamente debido al alto costo de vida. Lo que en su país podría comprar una casa espaciosa apenas cubría un pequeño apartamento en su nuevo destino.

Cuando nos mudamos a los EE. UU., Me sorprendió cuánto diferían los costos de los comestibles de México. Los artículos que alguna vez consideré básicos como los limones y los aguacates, se convirtieron en compras premium. ¿Dos limones por un dólar? ¿Un aguacate por 2,50 dólares? ¡Podría comprar tres libras de limones u ocho aguacates en México por el mismo precio! Para empeorar las cosas, a veces los aguacates que se veían bien por fuera estaban podridos por dentro. ¡Caray!

Investiga los gastos recurrentes (vivienda, servicios públicos, comestibles, transporte, impuestos y atención médica) para evitar sorpresas financieras. Utiliza calculadoras de costo de vida como Living Cost, The Economist Intelligence Unit o Expatistan para comparar. Los agentes inmobiliarios locales, las empresas de reubicación y los colegas pueden proporcionar estimaciones valiosas.

Además, ten en cuenta factores como las fluctuaciones del tipo de cambio, que pueden afectar tu poder adquisitivo si se paga en moneda extranjera, y las implicaciones fiscales sobre las inversiones extranjeras.

Oportunidades laborales

Si tú o tu pareja quieren conseguir un trabajo en el extranjero, es aconsejable explorar las oportunidades antes de hacer grandes movimientos. Un buen punto de partida es investigar la tasa de desempleo en el país deseado. En algunos países, las oportunidades de trabajo pueden ser limitadas incluso para los locales, y los extranjeros pueden tener dificultades para conseguir trabajo a menos que posean habilidades en demanda que son difíciles de encontrar localmente.

Investiga los requisitos de visa de trabajo, la documentación y las regulaciones del país si la tasa de desempleo parece favorable. Las embajadas son un recurso valioso para esta información y también pueden proporcionar detalles sobre programas empresariales o requisitos previos para la visa de trabajo. Asegúrate de que todos tus documentos formales estén actualizados y en orden.

Otros factores críticos a tener en cuenta son las expectativas salariales y los beneficios en tu campo, las obligaciones fiscales, las horas de trabajo y las políticas de maternidad, paternidad o licencia por enfermedad, las vacaciones, la cultura corporativa y cualquier restricción económica, política o cultural que pueda afectar tu trabajo y estilo de vida.

Reúne información esencial sobre cómo obtener una visa de trabajo, los documentos requeridos y otros aspectos legales. Tu empleador actual es un excelente lugar para comenzar, especialmente si se trata de una empresa multinacional: pregunta sobre las oportunidades internacionales y los requisitos específicos.

Internet y las redes sociales son herramientas poderosas para encontrar oportunidades de trabajo en el extranjero. Explora los sitios web de la empresa para puestos internacionales, presenta tu solicitud en línea y busca sitios de trabajo específicos de tu país de destino. Tus contactos son my valiosos, acércate a tu red social, únete a grupos de expatriados o profesionales en LinkedIn o Facebook, y conéctate con profesionales de ideas afines a través de plataformas como Meetup o Business Networking International.

Asiste a ferias de empleo internacionales y monitorea los medios de comunicación locales en el país elegido para conocer las ofertas de trabajo. Si tus habilidades no tienen una demanda inmediata, considera puestos a corto plazo o inscríbete en un programa de estudio para establecer conexiones y mejorar la fluidez del idioma, lo que facilita tu entrada en el mercado laboral local.

Revisa los requisitos específicos de los puestos que te interesan, ya que ciertas cualificaciones pueden estar implícitas, pero no enumeradas en la oferta de empleo, como traducciones certificadas de documentos oficiales, fluidez en el idioma local o certificaciones locales específicas. Por ejemplo, una amiga de España que se mudó a los EE. UU. debido al trabajo de su esposo. Era higienista dental, cosmetóloga y esteticista certificada en su país de origen con años de experiencia y fluidez en francés y español, pero sin conocimientos de inglés. Aunque estaba altamente calificada, no podía trabajar como higienista dental ni en ninguna de sus especialidades sin la certificación estadounidense, lo que destaca la importancia de verificar las credenciales requeridas antes de mudarse al extranjero.

El voluntariado es otra excelente opción para conocer gente, establecer conexiones y mejorar las habilidades lingüísticas, lo que puede aumentar las posibilidades de encontrar un trabajo remunerado más adelante.

Servicios médicos

Mientras estaba de vacaciones en una isla del Caribe, le pregunté a mi esposo: "¿No sería bueno retirarse en un lugar como este?" Nos imaginé despertando con los amaneceres, caminando por las playas de arena blanca, tomando el sol, bebiendo mojitos y disfrutando de frutas tropicales frescas y platos caribeños, con el mar turquesa de fondo y sin nada de qué preocuparse.

Él respondió: «No, aquí no».

Al día siguiente, estábamos en el mar en un crucero cuando el barco disminuyó la velocidad. Escuchamos un anuncio por los altavoces: "Código Azul, Código Azul", convocando a un equipo médico para que respondiera de inmediato. El capitán redujo la velocidad del barco y pronto nos informó que regresaríamos a Miami debido a una emergencia médica. Aunque estábamos más cerca de varias islas del Caribe, eligió regresar a los EE. UU. con más de 4,000 pasajeros y 1,500 miembros de la tripulación a bordo.

El capitán no explicó su decisión, ni tenía por qué hacerlo. Tenía la vida de una persona en sus manos e hizo lo que era necesario. Supuse que los hospitales de la isla no estaban equipados para manejar la emergencia. La respuesta de mi esposo "no, aquí no" sobre retirarse en el paraíso tuvo sentido entonces. A este paraíso le faltaba una cosa fundamental: un hospital bien equipado.

Lo último en lo que quieres pensar cuando planeas mudarte al extranjero es en una visita al hospital, pero si lo estás considerando, la planificación para emergencias médicas es esencial, especialmente si tienes una condición médica. Comprender los conceptos básicos del sistema de salud en tu nuevo país es esencial.

Algunas preguntas a tener en cuenta: ¿Hay suficientes hospitales, médicos o incluso medicamentos esenciales? ¿Los médicos hablan tu idioma o hay intérpretes disponibles? ¿A qué distancia está el hospital más cercano? ¿Tu seguro te cubre en el extranjero? ¿Existen restricciones o limitaciones para los extranjeros? Algunos países carecen de hospitales de alta calidad, tienen instalaciones o personal médico limitados, o tienen sistemas de salud complejos y costosos. Es posible que los medicamentos necesarios tampoco estén disponibles.

Cuando mi esposo y yo nos mudamos a los Estados Unidos, estábamos sanos, así que no había pensado mucho en la atención médica. Mi primera experiencia médica en los Estados Unidos fue poco después de mudarme a Memphis, justo antes de nuestro aniversario de bodas. Estábamos en nuestra fase de luna de miel y queríamos esperar unos años antes de tener hijos. Había estado tomando anticonceptivos en México, así que empaqué unos para los primeros meses en los EE. UU.

En México, los anticonceptivos están disponibles en cualquier farmacia sin receta médica, a menos que seas menor de edad. Supuse que sería lo mismo en los EE. UU., así que esperé hasta que me quedara un suministro para una semana. En la farmacia, para mi sorpresa, el farmacéutico me dijo que no podían vender anticonceptivos sin receta.

Pensé que no sería un gran problema; haría una cita rápida con un ginecólogo y obtendría la receta. Pero cuando llamé al primer médico, la recepcionista dijo: "No aceptamos nuevos pacientes". Llamé a otro médico, quien me informó que tendría que completar una nueva solicitud de paciente y que faltaban dos meses para la próxima cita disponible.

¿Dos meses? Era una recién casada, necesitaba una receta a los pocos días, y todo lo que escuchaba eran listas de espera. Médico tras médico, la respuesta era la misma. Así que no tuve más remedio que esperar dos meses para una cita.

Afortunadamente, no era una enfermedad o algo más serio. Si lo hubiera sabido con anticipación, habría traído más o habría programado una cita antes, ahorrándome estrés y molestias innecesarias. Pero imagina este escenario para algo más serio.

Otra experiencia desafiante se produjo cuando mi hija, de unos nueve meses, de dio fiebre alta un domingo por la noche cuando todo estaba cerrado. Intentamos alternar ibuprofeno y paracetamol y refrescarla con baños graduales, pero su fiebre no bajaba. Ansiosa, llamé al médico de guardia, quien me dijo que no podía darle más medicamentos.

La fiebre persistía y mi preocupación crecía. Siempre me han preocupado las fiebres, probablemente porque un primo segundo sufrió daño neurológico permanente cuando era bebé debido a la fiebre inducida por la meningitis. Después de intentarlo todo, la llevamos a urgencias ya que ni su pediatra ni ningún otro médico del grupo podían verla en persona.

Esperamos más de una hora en la sala de espera de la sala de emergencias, ya que se avecinaban casos más urgentes. Finalmente, una enfermera nos llamó, le tomó la temperatura, le tomó el pulso, la midió y pesó, y salió de la habitación. Al cabo de una hora, volvió y repitió el mismo procedimiento, dejándonos de nuevo. La fiebre finalmente bajó después de varias horas y decidimos irnos.

Unas semanas después, las facturas comenzaron a llegar. No había solo una, sino varias: una para la enfermera, una para la admisión a la sala de emergencias, una del hospital y más, por un total de más de $ 1,000. Después de discutirlo, lo redujeron a 850 dólares. Teníamos seguro, pero incluso con cobertura, nos quedamos con esta factura por una visita en la que solo vimos a una enfermera, no vimos a un médico y no recibimos tratamiento ni pruebas.

Esta fue una lección costosa de lo diferente que es el sistema de salud de Estados Unidos a lo que estábamos acostumbrados en México. Allí, los pacientes a menudo tienen contacto directo con su médico, incluso en emergencias, y pueden recibir apoyo por teléfono o a través de una visita domiciliaria, todo a un costo mínimo en comparación con los EE. UU. En el sistema de salud mexicano, los costos como este generalmente se saben por adelantado, por lo que hay pocas sorpresas. Varios dólares después, descubrimos clínicas y otras opciones para las personas sin médicos de cabecera.

Navegar por un sistema de salud desconocido en medio de una emergencia no es la idea divertida de nadie. Por eso es esencial entender cómo funciona el sistema sanitario en un nuevo país antes de mudarse. Nunca se sabe cuándo lo necesitará, pero tener un plan y saber qué esperar puede marcar la diferencia.

Sistemas de salud en el mundo

Ningún país tiene un sistema de salud perfecto, pero es esencial asegurarse de que el sistema de tu nuevo país cumpla con tus prioridades. Confirma que tendrás acceso a atención médica si la necesitas y que será accesible. Por ejemplo, si los hospitales están lejos, es importante checar si tienen de transporte de emergencia, como un servicio de helicóptero para llegar a un centro de tratamiento.

Al evaluar las opciones de atención médica en un nuevo país, ten en cuenta factores como la la accesibilidad, la infraestructura hospitalaria, el equipo médico, la tecnología, la innovación, el nivel de habilidad de los médicos y el personal de apoyo, la calidad de los servicios, los tiempos de espera, la disponibilidad de camas de hospital por cada 1.000 habitantes y los resultados de la atención médica (como las tasas de mortalidad, la salud materno infantil y la esperanza de vida).

Una forma de evaluar los estándares hospitalarios es verificar las certificaciones de organizaciones internacionales de acreditación. Los hospitales acreditados por organismos como la Joint Commission International (JCI, con sede en los EE. UU.), el Trent Accreditation Scheme (Reino Unido-Europa), Accreditation Canada International (ACI), el Australian Council for Healthcare Standards International (ACHSI) o QHA Trent Acreditaciones están sujetas a estándares internacionales específicos. Estas acreditaciones evalúan la calidad de la atención al paciente y el compromiso del centro con la mejora continua utilizando criterios globales objetivos.

También es importante entender el tipo de sistema de salud en el país. Hay cinco tipos principales de sistemas de salud. La cobertura sanitaria universal garantiza que todas las personas puedan acceder a los servicios de salud, los medicamentos y la tecnología necesarios sin dificultades financieras. Un sistema universal puede ser público, privado o socialmente financiado por el gobierno. Por el contrario, un sistema no universal requiere que las personas paguen de su bolsillo, lo que lo hace menos asequible para todos los ciudadanos.

Tipos de sistemas de salud

Sistema público universal (Modelo Bismarck / Modelo social de salud): financiado a través de deducciones obligatorias de nómina, con aportes de empleados y empleadores. Es accesible para todos, y los ingresos fiscales lo complementan. Tanto las instituciones públicas como las privadas prestan servicios bajo la regulación gubernamental. En algunos países, es posible que las personas sin empleo formal no califiquen para la atención gratuita, pero hay un seguro privado disponible para aquellos que pueden pagarlo. Ejemplos: Bélgica, Francia, Japón, Singapur, China, India, Corea del Sur.

Asistencia sanitaria universal financiada por el gobierno (modelo Beveridge): Financiada centralmente a través de los impuestos, con la asistencia sanitaria disponible para todos los ciudadanos, independientemente de sus ingresos o empleo. El gobierno es el único pagador de los servicios médicos prestados a través de instituciones públicas. Ejemplos: Australia, Canadá, España, Noruega, Italia, Suecia, Nueva Zelanda, Reino Unido. (Similar a la Administración de Salud de Veteranos de EE. UU.).

Sistema de seguro médico privado universal: administrado por el gobierno y ofrecido por aseguradoras privadas. El gobierno subsidia a los ciudadanos de bajos ingresos que no pueden pagar un seguro. Ejemplos: Países Bajos, Israel y Suiza. (Similar a los EE. UU. Medicare).

Sistema de salud público-privado universal: un híbrido en el que algunas personas utilizan un seguro privado mientras que la atención médica pública está disponible para todos, financiada a través de los impuestos. Ejemplos: México, Alemania, Argentina, Turquía.

Sistema de seguro no universal: en este modelo, los consumidores pagan directamente por la atención médica de proveedores privados o públicos. Algunos ciudadanos tienen seguro privado, y puede haber un sistema de salud pública limitado, a menudo con un acceso mínimo para aquellos sin seguro. Ejemplos: República Democrática del Congo, Nigeria y Estados Unidos. [45]

Si el país tiene un sistema de salud universal, asegúrate de cumplir con los requisitos de elegibilidad para estos beneficios. En un sistema no universal, familiarízate con los costos médicos, especialmente si tienes una condición preexistente. Si no eres elegible para la cobertura de salud local de inmediato, considera obtener un Plan Médico Internacional, ya que la mayoría de los planes de seguro de salud nacionales no cubren el tratamiento en el extranjero. Compara cuidadosamente las pólizas para determinar el costo, la cobertura y las calificaciones.

Además, lleva contigo copias de tu tarjeta de seguro, la información de contacto de tu proveedor de seguros y los registros de vacunación de todos los miembros de la familia. Confirma si tus medicamentos actuales están permitidos en el nuevo país y si podrás reponerlos.

Antes de mudarte

- Familiarízate con el nuevo sistema de salud del país.
- Programa citas con el médico, el dentista y el optometrista en tu país actual para abordar cualquier necesidad de salud.
- Vuelve a llenar los medicamentos necesarios, manteniéndolos en sus envases originales con etiquetas y recetas para facilitar el despacho de aduanas.

---

[45] Pueden consultarse las siguientes fuentes: World Population Review. https://worldpopulationreview.com/country-rankings/countries-with-universal-healthcare; ResearchGate. https://www.researchgate.net/figure/1-Types-of-health-care-systems-with-respect-to-the-role-of-the-state_tbl1_4732027; World Health Organization: https://data.who.int/countries/840; Health care systems by country – Wikipedia. https://en.wikipedia.org/wiki/Health_care_systems_by_country; Health and health systems ranking of countries worldwide in 2023, by health index score. Stastista. https://www.statista.com/statistics/1290168/health-index-of-countries-worldwide-by-health-index-score/. Octubre 11, 2023.

- Asegúrate de que tus medicamentos estén permitidos en el nuevo país y si puedes volver a abastecerlos ahí.
- Verifica que tu seguro cubra cualquier condición preexistente.

Una vez en el nuevo país

- Identifique a los médicos y clínicas locales y verifica los plazos de las citas para los nuevos pacientes, ya que las esperas pueden ser largas.
- Si los tiempos de espera para los pacientes nuevos son largos, considera programar un chequeo general con anticipación para establecer una relación con un proveedor. Esto facilitará el acceso a la atención oportuna en el futuro.

Seguir estos pasos te ayudará a reducir el estrés en caso de emergencia.

Resumen

- **Universal:** todas las personas están cubiertas automáticamente al nacer (en la mayoría de los países) o después de cierta edad o afección (Medicare y Administración de Veteranos de EE. UU.).
- **No universal:** las personas tienen que adquirir un seguro. Algunas personas seguirán sin seguro.

Tipos de sistema de salud[46]

Cobertura	Universal			No universal	
Modelo	**Pagador único, Proveedor único** (modelo de Beveridge o medicina socializada)	**Pagador único, Múltiples proveedores**	**Pagadores múltiples, Múltiples proveedores** (modelo Bismarck, Cajas de Enfermedad o Seguro Social de Salud)	**Pagadores múltiples,** (seguro privado) **Proveedores múltiples**	**Gastos de bolsillo**

[46] Organización Mundial de la Salud 2021. Datos de Salud de la OCDE 2016 o Banco de Trabajo 2014. https://apps.who.int/nha/database/country_profile/Index/en

Cobertura	Universal			No universal	
Cómo funciona	La atención médica es financiada y suministrada por el gobierno a través de los ingresos fiscales.	La atención médica es prestada por médicos privados en instalaciones privadas, y el gobierno cubre la mayoría de los gastos médicos.	Los empleadores y los empleados estaban cubiertos por un seguro nacional de enfermedad financiado a través de impuestos obligatorios sobre la nómina. Las compañías de seguros de salud son organizaciones privadas sin fines de lucro que están reguladas por el gobierno.	Los proveedores de atención médica son reembolsados sobre la base de una tarifa por servicio por una variedad de pagadores, incluidas entidades estatales y federales y compañías de seguros de salud privadas. Los empleadores proporcionan cobertura de seguro.	Los pacientes paga de su bolsillo la atención médica.
Países y % del gasto del PIB en sanidad. 2021	Cuba 13.79% Reino Unido 12.36%	Canadá 12.33% Taiwán 6.7%	Japón 10.82% Suiza 11,8% Alemania 12,93%	Estados Unidos 17.36%	China 5.38% India 3.28%

Estados Unidos es el único país industrializado sin cobertura sanitaria universal, a pesar de gastar el 17,4% de su PIB en sanidad.

Fenómenos ambientales, geográficos y naturales a tomar en cuenta

¿Demasiado calor? ¿Demasiado frío? ¿Tornados, tsunamis, terremotos? Casi todos los lugares tienen algún inconveniente relacionado con el clima o el tiempo. Investiga estos factores ambientales para saber qué esperar y asegurarte de que el nuevo entorno sea adecuado para ti y tu familia. No todo el mundo puede soportar cómodamente el frío o el calor extremos; algunos pueden ser más sensibles a la altitud o a la contaminación, lo que agrava las condiciones de salud existentes.

Al mudarse a una ciudad con un clima o geografía considerablemente diferente, se deben considerar varios factores, especialmente si se tiene una condición de salud crónica. La calidad del aire, los niveles de contaminación, las temperaturas medias, las tasas de precipitación, el clima, la altitud, el sol y los días de nieve al año son solo algunos ejemplos.

Adaptarse a un nuevo clima puede ser un desafío, con factores como la edad, el estilo de vida, el peso y la salud que juegan un papel importante. Las personas se adaptan a diferentes temperaturas, climas y entornos de manera única. Por ejemplo, mis hijos se adaptaron rápidamente al clima frío y usan camisetas de manga corta la mayoría de los días de invierno, incluso a -10 ° C, mientras que yo me abrigo con varias capas. Sin embargo, para alguien con artritis, el clima frío a menudo empeora la rigidez y el dolor de las articulaciones, lo que limita la movilidad y aumenta las molestias.

A través de la experiencia, he aprendido cómo el clima afecta mi salud y mi estado de ánimo. Viviendo en Indiana, donde los inviernos son largos, fríos y grises, debo tomar suplementos de vitamina D de septiembre a mayo para compensar la falta de sol; de lo contrario, me sentiría fatigada, deprimida y, a veces, incluso triste. También descubrí, después de varios años, que tengo alergias estacionales al polen de los árboles y la ambrosía y a las esporas de moho, algo que no encontré en México debido al clima de San Luis Potosí, donde estas alergias estacionales son mucho menos comunes.

La mayoría de las personas eventualmente se adaptan a nuevos entornos, pero cuanto más sepas sobre tu nuevo ecosistema, más fácil será tomar decisiones informadas para proteger tu bienestar físico y mental, identificar los posibles desencadenantes de cualquier síntoma, minimizar los riesgos y responder de manera efectiva a los eventos naturales.

Comprender el clima de la nueva ciudad también ayuda a tomar decisiones informadas sobre la compra de una casa, la selección de la cobertura de seguro y el presupuesto de los gastos que quizás no tengas en tu ubicación actual, como el aire acondicionado, la calefacción, las cortinas, un vehículo 4x4 o el equipo meteorológico adecuado.

Por ejemplo, si planeas vivir en un área propensa a huracanes, es posible que debas investigar si la propiedad se encuentra en un área de alto riesgo. Considera una casa de mayor elevación con ventanas resistentes a los impactos, puertas reforzadas y persianas contra huracanes. Un generador de respaldo puede ser útil para mantener los sistemas esenciales en funcionamiento durante los cortes de energía. Sistemas de drenaje adecuados, como bombas de sumidero o desagües pluviales, para manejar la posible acumulación de agua, y paneles eléctricos elevados y sistemas de HVAC para protegerlos de daños por inundaciones.

Todos los climas tienen pros y contras. Una de las mejores maneras de aclimatarse es salir al aire libre durante al menos 10 a 15 minutos al día, incluso cuando no tenga ganas, eligiendo el mejor momento del día para mayor comodidad y seguridad. Con la preparación adecuada, esto puede facilitar cómodamente la transición y adaptación al nuevo entorno.

Hielo negro

Mudarse a un lugar con un clima o condiciones climáticas muy diferentes a las que se está acostumbrado puede ser emocionante y desafiante. Ya sea que se trate de la transición de un paraíso tropical a una ciudad nevada o de cambiar el calor del desierto por un ambiente costero húmedo, adaptarse a las nuevas condiciones ambientales requiere preparación. Adaptarse con éxito a un clima diferente es más que simplemente ajustar tu guardarropa; se trata de equiparse con el conocimiento y los recursos para adaptarse a tu nuevo entorno de manera segura y cómoda.

El invierno adquirió un nuevo significado cuando me mudé a Collierville, Tennessee, desde el clima cálido y templado de México. En más de 25 años de vivir en México, solo había presenciado unas breves ráfagas de nieve en dos raras ocasiones. Nunca había experimentado tormentas invernales, carreteras heladas o frío que pudieran transformar las calles cotidianas en peligros resbaladizos. Los inviernos de Tennessee no son extremos, pero son mucho más fríos que la mayoría de los lugares de México. Había leído sobre el hielo negro mientras estudiaba para mi examen de conducir, pero experimentarlo de primera mano fue otra historia.

Para aquellos que no están familiarizados, el hielo negro es una capa delgada y casi invisible en las carreteras cuando las temperaturas caen por debajo del punto de congelación. Recibe su nombre porque se mimetiza con el asfalto negro, lo que dificulta la visión, especialmente de noche o con poca luz. A diferencia de las capas más gruesas de hielo o escarcha, el hielo negro aparece como una mancha húmeda inofensiva en la carretera. Sin embargo, conducir por él es increíblemente peligroso; los coches pueden perder tracción en un instante, lo que provoca derrapes y pérdida de control.

En Estados Unidos, las autoridades locales hacen un buen trabajo limpiando la nieve y echando sal en las calles para derretir el hielo. Pero lleva tiempo, y las carreteras menos transitadas a veces no se tratan. Mi primer encuentro con el hielo negro ocurrió en Collierville durante una mañana de invierno en el trayecto a Memphis. El viaje solía durar unos 45 minutos y comenzaba en un día frío y húmedo. Mi esposo me advirtió sobre la posibilidad de hielo negro. Había conducido al trabajo con cuidado y me aconsejó que me quedara en casa ya que las calles de nuestro vecindario aún no habían sido limpiadas.

Más tarde esa mañana, llamé a mi lugar de trabajo y la mayoría de mis compañeros de trabajo habían llegado sanos y salvos a la oficina; también me di cuenta de que un camión esparcía sal en nuestra calle. Pensando que era seguro, decidí conducir con precaución. Las carreteras parecían sin hielo, y de vez en cuando frenaba suavemente o giraba el volante para comprobar si había signos de resbaladizo, y todo parecía estar bien. A los diez minutos, me dirigía hacia una bajada cuando vi un automóvil que se acercaba desde una calle lateral. La distancia parecía segura, así que comencé a frenar lentamente, pero el auto no respondió. Mi vehículo con tracción en las cuatro llantas parecía indefenso sobre el hielo negro invisible. Rápidamente comencé a tocar la bocina para alertar al otro conductor, quien aceleró justo a tiempo, lo que me permitió detenerme a centímetros de su automóvil.

Preocupada pero aliviada, me detuve para recomponerme antes de regresar a casa. Vivir en un lugar donde las temperaturas caen regularmente por debajo del punto de congelación (32 °F, o °C) significa aprender qué hacer y, lo que es igual de importante, qué no hacer cuando se encuentra con hielo negro. Incluso los conductores más experimentados pueden encontrarse de repente en una situación peligrosa.

Nos mudamos en abril, lo que nos dio tiempo suficiente para aprender sobre el hielo negro y prepararnos para el invierno que se avecinaba. Ahora, imagina que estamos en pleno invierno, y alguien que se acaba de mudar o está de visita desde un lugar cálido, que no está familiarizado con estas condiciones de hielo o no está al tanto de ellas, de repente se encuentra con estos peligros por primera vez.

No estoy tratando de sonar alarmista. Cualquiera puede aprender a navegar y adaptarse a diferentes condiciones climáticas. Lo que quiero es resaltar la importancia de investigar tu nuevo entorno tan pronto como te mudes, o incluso antes, para que puedas reducir los riesgos y estar preparado para situaciones como esta.

Clima, geografía y fenómenos naturales a tener en cuenta

Al mudarse a una nueva ubicación, el clima local, los patrones climáticos, la calidad del aire y las características geográficas afectan considerablemente tu estilo de vida, salud y comodidad. Comprender estos factores puede ayudar a prepararte, planificar y adaptarte a tu nuevo entorno de manera efectiva.

Además, es esencial comprender sus límites con respecto al clima y el medio ambiente. Necesitas saber qué funciona para ti y qué no, qué disfrutas y qué prefieres evitar. Es fundamental tener en cuenta el nivel de riesgo y la adaptabilidad con los que te sientes cómodo y, lo que es más importante, asegurarte de que tu nuevo entorno no afecte negativamente a tu salud ni exacerbe las afecciones existentes.

Lo que puede parecer una molestia menor para algunos podría plantear graves riesgos para la salud de otros. Si bien es posible que soportar el clima frío con molestias leves, alguien con problemas respiratorios podría encontrarlo peligroso. Del mismo modo, alguien que ignora los temores de los terremotos puede vivir en constante ansiedad en una zona sísmica. Reconocer estos umbrales personales puede marcar la diferencia entre vivir cómodamente y poner en riesgo tu bienestar.

Clima
El calor extremo, el frío, los niveles de humedad y las alergias estacionales pueden requerir ajustes en el estilo de vida.

Tiempo
Los patrones climáticos, como los monzones, las nevadas intensas, el riesgo de incendios o las temporadas de tormentas, pueden interrumpir el transporte, los viajes o las actividades al aire libre.

Calidad del aire
Monitorea los índices locales de calidad del aire y comprende las regulaciones de contaminación que puedan afectar tu presupuesto o las actividades de la vida diaria.

Variaciones de la luz diurna
Las variaciones extremas de la luz diurna en las regiones polares pueden influir en el sueño y el estado de ánimo, lo que enfatiza la necesidad de estrategias para mantener el equilibrio durante la luz o la oscuridad prolongadas.

Altitud
Si te mudas a un lugar a gran altitud, considera cómo puede afectarte, especialmente si tienes alguna afección cardíaca o pulmonar. Las grandes altitudes pueden causar mal de altura o exacerbar los problemas respiratorios.

Peligros naturales

Los peligros naturales abarcan una amplia gama de eventos, incluidos huracanes, tifones, sequías, inundaciones, hambrunas, incendios forestales, olas de calor, olas de frío, ciclones tropicales, tornados, granizadas, ventiscas, nevadas, avalanchas, erupciones volcánicas, terremotos, deslizamientos de tierra, deslizamientos de tierra, deslizamientos de tierra, sumideros de tierra, sumideros e incluso sucesos raros como impactos de meteoritos o cometas.

Ciertos desastres naturales son más frecuentes en regiones geográficas específicas. La concientización es tu mejor aliado cuando se trata de mitigar los riesgos de desastres. Familiarízate con los pasos necesarios a seguir antes, durante y después de tales eventos. Las medidas proactivas, como armar un kit de emergencia, identificar rutas de evacuación y mantenerse actualizado a través de alertas meteorológicas, pueden minimizar en gran medida el daño potencial.

Estar informado, preparado y listo para responder no se trata de vivir con miedo, sino de tomar precauciones sensatas. Al hacerlo, te aseguras de que, frente a lo inesperado, tú y tu familia pueda navegar la situación con confianza y calma.

***

Adaptarse a un nuevo clima a menudo requiere un período de adaptación. Para facilitar tu transición, asegúrate de estar preparado con ropa adecuada, protección para la piel y control del clima interior. Si te apasionan las actividades al aire libre, considera cómo el clima local podría afectar tus rutinas y explora alternativas en interiores si es necesario.

Planificar y tener en cuenta estos factores puede ayudarte a adaptarte cómodamente y mitigar los posibles desafíos.

Vivienda

Una de las prioridades más inmediatas a la hora de mudarse al extranjero es encontrar una vivienda adecuada. Es crucial comprender las prácticas locales de alquiler o compra, incluido si la vivienda suele estar amueblada o sin amueblar, los costos de los servicios públicos y el nivel de vida en todos los vecindarios. Además, deberías de estar preparado para las diferencias en la calidad, el tamaño y las comodidades de la vivienda en comparación con lo que puedes estar acostumbrado en tu país de origen. Factores como la proximidad al trabajo, las escuelas, los servicios esenciales y el transporte público, así como la volatilidad del mercado inmobiliario local, pueden afectar tu búsqueda de vivienda y tu experiencia de vida. También es aconsejable tener en cuenta tu capacidad a largo plazo para alquilar o comprar, especialmente en mercados competitivos.

Cuando nos mudamos a Carmel, nos sorprendió la intensa competitividad del mercado inmobiliario. Las casas se vendían en cuestión de horas, no estoy exagerando, y antes de que pudiéramos ofrecerlas, muchas ya estaban fuera del mercado, a menudo por precios muy por encima de los listados. Afortunadamente, teníamos la flexibilidad de tiempo y no necesitábamos apresurar nuestra mudanza, pero para aquellos con un cronograma de reubicación ajustado, el proceso de búsqueda de casa puede ser increíblemente estresante y probablemente más costoso de lo previsto.

Comprender la naturaleza acelerada de mercados específicos y prepararse para posibles aumentos repentinos de precios puede marcar la diferencia, ayudando a facilitar la transición y evitar tensiones financieras inesperadas.

Transporte, tráfico, distancia y accesibilidad

Mudarse a un nuevo país a menudo significa adaptarse a una infraestructura de transporte diferente. Considera si el transporte público es confiable, seguro y rentable o si es necesario tener un automóvil. Las condiciones del tráfico, la distancia entre el hogar, el trabajo y las escuelas, y la accesibilidad a las tiendas de comestibles o a los centros de atención médica pueden afectar considerablemente su calidad de vida. Además, evalúa las leyes locales de conducción aptas para peatones o ciclistas de la zona, las condiciones de las carreteras y la disponibilidad de estacionamiento.

Leyes y reglamentos

Navegar por el panorama legal de un nuevo país es vital para una transición sin problemas. Las leyes laborales, fiscales, de inversiones y de bienes raíces pueden variar demasiado de un país a otro. Comprende los procesos de visado, residencia y ciudadanía del país, especialmente si planeas quedarte a largo plazo o invertir en propiedades. Toma nota de las regulaciones específicas que podrían afectar tu vida personal o profesional, como las leyes comerciales locales, los derechos laborales y las reglas sobre la transferencia de dinero o activos. Además, considera qué tan democrático o estable es el gobierno y cómo eso podría afectar tus derechos y seguridad.

Discriminación

Ten en cuenta la posible discriminación por motivos de raza, género, religión o nacionalidad en el país de destino. Si bien la discriminación potencial puede plantear desafíos, hay pasos proactivos que puedes tomar para fomentar una experiencia positiva e integrarte con éxito en tu nueva comunidad. Investiga las leyes locales y las protecciones para grupos minoritarios para comprender tus derechos e identificar los recursos disponibles. Busca organizaciones, grupos culturales o foros en línea donde, tanto los expatriados como los lugareños, promuevan la diversidad y la inclusión, ofreciendo apoyo y orientación.

Comprométete con tu comunidad para establecer conexiones y demostrar una apertura a aprender sobre su cultura mientras compartes aspectos de la tuya. Este intercambio mutuo puede ayudar a derribar barreras y fomentar la comprensión. Aborda los desafíos con una mentalidad informada y abierta.

Educación, exámenes escolares

Evaluar el sistema educativo es esencial si tienes hijos en edad escolar o planeas estudiar en el extranjero. Investiga escuelas internacionales o escuelas locales que ofrezcan programas en el idioma que hablen tus hijos. Considera la calidad de la educación, el currículo y cómo se comparan los sistemas de evaluación locales con lo que tus hijos están acostumbrados. Algunos países tienen exámenes nacionales rigurosos que pueden diferir a los de tu país de origen. Fíjate en qué tan bien acomodan las escuelas a los niños de orígenes internacionales y si apoyan a los estudiantes que necesitan ayuda para adaptarse académica o culturalmente.

Ritmo de vida

El ritmo de vida puede variar ampliamente. Algunos países, especialmente en el sur de Europa o América Latina, tienen un ritmo más lento y relajado. Por el contrario, otros, como América del Norte o partes de Asia, pueden ser más rápidos y estar más impulsados por la productividad. Esto puede afectar todo, desde el horario comercial hasta las interacciones sociales y la rapidez con la que se hacen las cosas en su vida cotidiana, incluidas las operaciones bancarias, los servicios gubernamentales o la configuración de los servicios públicos.

El ritmo de vida puede influir en el bienestar de una persona y en su capacidad para adaptarse a un nuevo entorno. Si bien los países acelerados pueden ofrecer oportunidades de productividad y logros, también pueden generar estrés para quienes no están acostumbrados a la presión. Por otro lado, los países de ritmo más lento pueden ofrecer un estilo de vida más relajado, pero para algunos, esto puede parecer poco motivador o ineficiente.

Acceso a productos y servicios que te gustan

La disponibilidad de productos y servicios conocidos puede afectar tu nivel de comodidad en el extranjero. Ya sea que se trate de ciertos alimentos, marcas o productos de cuidado personal, investiga si estos artículos están disponibles o si hay alternativas locales. Además, considera el acceso a servicios como gimnasios, salones de belleza o pasatiempos que disfrutes. Comprueba la facilidad con la que se adaptan si tienes necesidades o preferencias dietéticas específicas, como opciones sin gluten o veganas. Considera si hay opciones de envío internacional o tiendas especializadas para ayudarte a mantener tu estilo de vida.

Entiende tu oferta de trabajo

Si te vas a mudar a través de una asignación corporativa, es fundamental que revises y entiendas bien tu oferta de trabajo. Mudarse al extranjero por trabajo es un compromiso importante, y revisar cuidadosamente los detalles ayudará a garantizar una transición sin problemas. Más allá de tus funciones y responsabilidades, hay varios factores únicos a los que debes prestar atención para evitar posibles sorpresas. Además de las otras consideraciones enumeradas anteriormente, aquí hay algunas cosas más que debe considerar antes de aceptar un trabajo en el extranjero:

Salario y tipo de cambio

Investiga el salario medio de tu puesto en el país de destino, ya que los salarios pueden variar mucho en función de la economía local, el coste de la vida y los estándares del sector. Si se paga en una moneda extranjera, ten en cuenta que las fluctuaciones del tipo de cambio podrían afectar tus ganancias. Confirma la frecuencia con la que se te pagará y si se realizarán ajustes por cambios de moneda. Además, aclara si el salario es bruto (antes de impuestos) o neto (después de impuestos y deducciones), ya que las tasas impositivas varían drásticamente según el país y afectarán tu salario neto.

Debes configurar cuentas bancarias, comprender los tipos de cambio de divisas y familiarizarte con los sistemas financieros de tu nuevo país.

Impuestos

Comprende el sistema tributario local y cuánto de sus ingresos será gravado. Algunos países tienen sistemas fiscales progresivos, mientras que otros pueden ofrecer beneficios fiscales para los expatriados. Comprueba si tu país de origen gravará tus ingresos en el extranjero, ya que podrías enfrentarte a una doble imposición. Para evitar esto, ve si existe un tratado fiscal entre tu país de origen y el país anfitrión. Además, infórmate sobre las cotizaciones a la seguridad social o a la seguridad social en el nuevo país, ya que pueden afectar a tu salario neto.

Paquete de beneficios y compensación

Esto incluye gastos de mudanza, vivienda temporal o asistencia para establecerse. Aclara las contribuciones a los planes de pensiones y jubilación y cómo trabajar en el extranjero afectará tus beneficios. El tiempo de vacaciones pagadas y los días festivos difieren ampliamente según el país, así que verifica tu derecho a vacaciones, días de enfermedad, licencia parental y días festivos locales. Asegúrate de tener una cobertura de salud adecuada y comprender el alcance del seguro médico que se ofrece.

Visa de trabajo y permisos

Confirma que tu empleador está comprometido a patrocinar tu visa de trabajo y de que comprenda completamente las condiciones de su autorización de trabajo. Mudarse al extranjero sin la visa adecuada puede ser riesgoso, y las renovaciones de visa pueden requerir el apoyo de la empresa. Si te vas a mudar con tu familia, verifica si están incluidos en tu visa o si necesitarán visas separadas. Comprende el proceso y los plazos involucrados.

Ajustes culturales y laborales

Cada país tiene su propia cultura de trabajo, desde la jerarquía de la oficina hasta la etiqueta de las reuniones. Investiga estas normas para ver si se alinean con tu estilo de trabajo. Comprende las horas de trabajo estándar, las políticas de horas extras y el nivel de flexibilidad en el lugar de trabajo. Algunos países priorizan el equilibrio entre el trabajo y la vida personal, mientras que otros pueden esperar horarios extendidos o trabajo de fin de semana.

Requisitos lingüísticos

Si no dominas el idioma local, verifica si la empresa opera en inglés o en tu lengua materna. Si aprender el idioma local es esencial, considera cómo puede afectar tu trabajo e integración social.

Derechos y protecciones legales

Familiarízate con las leyes laborales locales. ¿Están protegidos los empleados contra el despido improcedente? ¿Cuáles son sus derechos con respecto al pago de horas extras, la licencia parental y la licencia por enfermedad? Asegúrate de recibir un contrato por escrito que describa todos los términos de empleo, incluidos el salario, los beneficios y las condiciones de terminación. Si es necesario, haz que un profesional legal con conocimiento de las leyes locales revise el contrato.

Certificaciones y acreditación

Comprueba si tus calificaciones y certificaciones son reconocidas en el nuevo país. Algunas profesiones requieren acreditación local o exámenes adicionales. Esto también puede aplicarse a las certificaciones de los miembros de la familia si tienen la intención de trabajar.

Costo de regreso a casa

Algunas compañías brindan asistencia de repatriación si su asignación termina antes de lo planeado o cuando se ha completado. Aclara si la empresa cubrirá los gastos de mudanza y las multas por terminación del contrato de arrendamiento. Es aconsejable tener una estrategia de salida si la posición no funciona o si necesitas regresar a casa por razones personales. Considera si tendrás estabilidad financiera si dejas el puesto antes de lo esperado.

Apoyo conyugal y familiar

Si te mudas con un cónyuge, confirma si tendrá derecho a trabajar en el nuevo país. Algunos países no ofrecen visas de trabajo automáticas para cónyuges, lo que podría afectar los ingresos de tu hogar. Para aquellos con niños, investiga escuelas internacionales o locales que cumplan con tus estándares. Algunas empresas pueden incluir un subsidio educativo para niños expatriados, así que infórmate sobre este beneficio.

Visado y requisitos legales

Investiga los tipos de visas disponibles (trabajo, estudiante, residencia, etc.) y asegúrate de cumplir con los criterios de elegibilidad. Además, comprende las leyes de inmigración y los procesos de solicitud de visa, extensiones o residencia permanente. Por último, asegúrate de tener toda la documentación necesaria a la mano (pasaporte, registros de salud, comprobantes financieros, etc.).

PREPÁRATE ANTES DE MUDARTE

Nunca es demasiado pronto para empezar a prepararte para la gran mudanza. La planificación y la organización adecuadas son esenciales para una transición sin problemas a tu nueva vida en el extranjero.

Investiga las costumbres y la cultura local: comprender las costumbres, tradiciones y normas sociales de tu nuevo país puede ayudar a minimizar el choque cultural. Aprende sobre el ritmo de vida, la cultura laboral y la etiqueta social común para evitar errores involuntarios, especialmente en entornos profesionales.

Empaca sabiamente: planifica tu maleta en función de los patrones climáticos, el clima y el tamaño de tu nuevo hogar. Verifica qué aparatos electrónicos funcionarán, ya que el voltaje y los tipos de enchufe pueden diferir. Considera adaptadores o convertidores de voltaje si es necesario, y verifica las restricciones locales sobre lo que puedes llevar al país.

Preparación del idioma: si el idioma local difiere del tuyo, considera tomar clases de idiomas antes de mudarte. El dominio básico puede ayudar con la comunicación esencial, lo que facilita la integración y la adaptación.

Visado y documentación: asegúrate de tener el visado correcto, ya sea un visado de trabajo, un visado de estudiante o un permiso de residencia. Verifica el proceso de solicitud, los plazos y los requisitos específicos, como las verificaciones de salud o de antecedentes. Si corresponde, asegúrate de que tu empleador proporcione la documentación necesaria para un permiso de trabajo. Asegúrate de que tu pasaporte sea válido durante al menos seis meses más allá de tu estadía prevista y haz copias de todos los documentos esenciales, incluida tu visa, para facilitar el acceso.

Manejo y transporte: si planea conducir, verifica si se acepta tu licencia actual o si necesitarás un permiso de conducir internacional o una licencia de conducir local. Si planeas llevar tu vehículo, asegúrate de que cumpla con las regulaciones locales y los estándares de emisiones. Revisa los costos de envío y registro en el nuevo país. Investiga las opciones de transporte público, incluidos trenes, autobuses y taxis, y aprende sobre las tarjetas de transporte público o las aplicaciones de pago que se usan localmente.

Atención médica y seguros: investiga el sistema de salud en tu nuevo país (público o privado) y si tu seguro actual lo cubre en el extranjero. Si no es así, considera un seguro de salud internacional. Asegúrate de estar al día con las vacunas requeridas o recomendadas. Trae copias de tu historial médico, recetas y registros de vacunación. Verifica la disponibilidad de cualquier medicamento recetado en el que confíes y verifica si hay restricciones en medicamentos específicos.

Banca y finanzas: determina si necesitas una cuenta bancaria local y qué documentos se requieren. Investiga formas eficientes de transferir fondos a nivel internacional. Asegúrate de tener suficientes ahorros o un fondo de emergencia para gastos inesperados, especialmente en los primeros meses.

Educación y cuidado de niños: si tienes hijos, investiga las escuelas locales e internacionales, la disponibilidad de lugares y las diferencias en el plan de estudios. Si el idioma de instrucción difiere, considera el apoyo lingüístico o la tutoría. Algunos empleadores ofrecen subsidios educativos, así que asegúrate de preguntar al respecto.

Organiza antes de empacar: evalúa qué llevar, vender o dejar atrás. La reducción de tamaño simplifica la mudanza y puede reducir los costos de envío.

Envío y aduanas: si vas a enviar pertenencias, investiga las empresas de envío internacionales, los costos y los plazos. Confirma las regulaciones aduaneras para evitar problemas con artículos restringidos o prohibidos a tu llegada.

Copias de documentos esenciales: guarda copias digitales e impresas de documentos esenciales (pasaportes, visas, certificados de nacimiento y matrimonio) en tu equipaje de mano. Márcalos como "No empacar" para asegurarte de que la empresa de mudanzas no los empaque accidentalmente con el resto de tus pertenencias. Coloca todos los documentos esenciales en un folder o estuche, y asegúrate de tener todos los documentos necesarios para abrir una cuenta bancaria, obtener una licencia de conducir, inscribir a los niños en la escuela, encontrar trabajo o encontrar vivienda; algunos propietarios requieren documentos de identificación, referencias de propietarios anteriores, estados de cuenta bancarios, cartas de recomendación de antiguos vecinos y copias de facturas antiguas que demuestren que se han pagado en su totalidad. Estos son más fáciles de hacer, obtener y organizar antes de moverse, y es uno de los pasos más críticos.

Configuración de comunicación: decide si deseas obtener una tarjeta SIM local o un plan telefónico internacional. Asegúrate de que tu teléfono esté desbloqueado y sea compatible con las redes regionales. Investiga los proveedores de internet locales y organiza la instalación en tu nuevo hogar lo antes posible.

Contactos de emergencia: ten números de contacto de emergencia para los servicios policiales, médicos y de bomberos de tu nuevo país que sean fácilmente accesibles. Regístrate en la embajada o consulado de tu país para recibir asistencia en caso de emergencia.

Redes comunitarias y de apoyo: busca redes de expatriados y comunidades locales para conectarte con otras personas que hayan pasado por experiencias similares. Estos grupos pueden ofrecer valiosos consejos, oportunidades sociales y apoyo emocional durante la adaptación.

Necesidades familiares: si te mudas con tu familia, involúcralos en la planificación. Asegúrate de que se satisfagan sus necesidades, desde el cuidado de los niños y la educación, hasta las actividades sociales para ayudarlos a adaptarse sin problemas.

Prepárate para el choque cultural: mudarse al extranjero puede ser emocionalmente desafiante, trayendo inquietud y nostalgia. Adaptarse a una nueva cultura puede acompañarse de frustración, soledad o nostalgia. Permítete tiempo para ti y tu familia para adaptarse y estar preparados frente a los altibajos emocionales.

Si bien es esencial una planificación minuciosa, sé realista y abierto a las sorpresas. Es posible que experimentes altibajos emocionales, desde entusiasmo por tu nuevo entorno hasta nostalgia. Las fases de transición pueden ser desafiantes, pero también ofrecen crecimiento y la oportunidad de aprender resiliencia a medida que te adaptas a nuevas experiencias.

DISFRUTA LA AVENTURA DE VIVIR EN EL EXTRANJERO

Salir de tu zona de confort nunca es fácil, sin embargo, en estos momentos de incomodidad, el verdadero crecimiento y progreso echan raíces.

Aprovechar la oportunidad de mudarse, especialmente a un nuevo país, puede parecer abrumador, pero oportunidades como estas son raras oportunidades, que ofrecen el potencial de remodelar tu vida de maneras extraordinarias. Cuando llegue ese momento, no dejes que el miedo te impida ver las posibilidades que te esperan. Cada paso te acerca a una vida enriquecida por nuevas experiencias, perspectivas y logros. Un día, te agradecerás a ti mismo el coraje de intentarlo.

Recuerdo vívidamente una escena de la infancia que me enseñó a aprovechar las oportunidades. Cuando tenía unos 5 años, mi tío Paco y mi tía Paulina me llevaron al circo. Como la mayor y la única niña en mi familia materna, me consentían mucho. Desde que llegamos, me compraron luces, dulces, un peluche y se aseguraron de conseguir los mejores lugares.

El circo era una explosión de colores, disfraces y música, todo era encantador y nuevo. Un acto siguió a otro, y luego llegó el momento de los payasos. Nos hacían reír con sus chistes, algunos tontos, otros un poco malintencionados. La que mejor recuerdo fue cuando llamaron a alguien del público para que subiera al escenario, aunque sospecho que era un actor.

Le pidieron al hombre que subiera a una escalera plegable que colgaba del techo y, mientras lo hacía, el payaso intentó seguirlo, tratando torpemente de trepar detrás de él. Los zapatos de gran tamaño del payaso seguían atascándose, lo que le hacía tropezar repetidamente y perder el equilibrio. Agarraba la ropa del voluntario para apoyarse cada vez que se resbalaba. Eventualmente, tiró de los pantalones del hombre en sus esfuerzos por estabilizarse, y se deslizaron lentamente hacia abajo con cada intento hasta que, para diversión de todos, cayeron por completo, dejando al hombre en ropa interior. ¡Me reí, pero recuerdo haber pensado en lo avergonzado que se habría sentido!

Después de que los payasos salieron, llegó el momento de los elefantes. Me emocionó ver de cerca a estas magníficas e inteligentes criaturas. Siempre había admirado a los elefantes, y aunque me alegro de que la mayoría de los circos ya no usen animales en sus actos (no porque no me gusten los animales, sino debido a la crueldad que a menudo conlleva), verlos en persona fue inolvidable.

Los elefantes realizaban elegantes rutinas, sosteniéndose mutuamente las trompas y colas en círculos, formando torres y bailando al compás. De repente, el maestro de ceremonias me miró y me invitó a unirme a ellos en el escenario. ¿Qué? ¿Yo, en el escenario? No tenía ni idea de qué esperar, y era mi primera experiencia en el circo, o al menos la primera que recordaba. Después de ver a los payasos bajarle los pantalones a ese hombre, no pude quitarme de la cabeza la idea de que algo igualmente vergonzoso pudiera pasarme. ¿Se burlarían de mí también? O, peor aún, ¿involucrarían de alguna manera a los elefantes de un modo que me pusiera en peligro? Mi mente corría con terribles posibilidades y, a pesar de mi deseo de acercarme a los elefantes, estaba demasiado asustada para aceptar la invitación.

A mi alrededor, otros niños vitoreaban y levantaban la mano, con la esperanza de ser elegidos, y el maestro de ceremonias finalmente eligió a un niño a solo unos asientos de distancia. Vi cómo acariciaba al elefante, daba un paseo, los alimentaba e incluso recibía un trozo de algodón de azúcar de uno de los elefantes. Mi corazón se hundió de arrepentimiento. ¿Por qué no había dicho que sí? Me hubiera encantado cada momento, y habría sido algo de lo que podría hablar sin cesar con amigos y familiares. Mis miedos a lo desconocido me habían impedido experimentar algo verdaderamente especial.

Durante años, lamenté esa oportunidad perdida. A menudo soñaba con volver al circo y acercarme por fin a los elefantes. Habría tenido una historia increíble para compartir, algo que pudiera contar con emoción durante años. Desde eso, aprendí que algunas oportunidades se presentan solo una vez: o las aprovechas o las dejas pasar, solo para preguntarte qué podría haber sido.

Lo que quiero decir aquí es: si se presenta la oportunidad de mudarte a un nuevo país o ciudad, no dejes que el miedo te detenga. No estoy sugiriendo que aproveches cualquier oportunidad a ciegas, pero considera la posibilidad cuidadosamente. No sentiría lo mismo si me invitaran a acercarme a una boa en lugar de a un elefante. Del mismo modo, no me mudaría a un país con mucha inseguridad o inestabilidad, simplemente no me atraería. Pero si hay algo en la oportunidad que te emociona o te atrae, piénsalo bien y no dejes que el miedo te detenga. Nunca se sabe qué experiencias maravillosas te pueden esperar si dices que sí.

Está abierto a las aventuras que te esperan en otro país, las culturas que descubrirás y las amistades que construirás en el camino.

En conclusión, mudarse al extranjero es una elección valiente y transformadora que trae desafíos y recompensas extraordinarias. Si bien es importante considerar los pros y los contras, aquellos que se atreven a aprovechar la oportunidad a menudo encuentran que es uno de los viajes más enriquecedores de sus vidas que puede llevarte a experiencias increíbles que te cambiarán la vida de formas que nunca imaginaste.

CONCLUSIONES

- Vivir en el extranjero proporciona muchos beneficios que pueden enriquecer profundamente aspectos de la vida personal y profesional.
- Analiza las ventajas e inconvenientes de trasladarte internacionalmente.
- Considera la seguridad, el costo de vida, las oportunidades de trabajo, la atención médica, el clima, la vivienda, el transporte, las leyes y regulaciones, la posible discriminación, los factores educativos, el ritmo de vida, el acceso a productos y servicios, y una comprensión clara de tu oferta de trabajo.
- Vivir en el extranjero puede ser una de las experiencias más enriquecedoras y transformadoras de la vida.

CAPÍTULO 10

Proceso de adaptación

"Un barco siempre está seguro en tierra, pero no es para eso
para lo que está construido".
—*Albert Einstein.*

Mudarse al extranjero es como cualquier decisión importante en la vida; puede traer un torbellino de emociones como tristeza, alegría, ansiedad, motivación, desafíos, diversión, frustración e incomodidad, por nombrar algunas.

Mudarse a un nuevo país es una aventura emocionante y, a la vez, un cambio desalentador. Es normal sentir euforia y nerviosismo, felicidad y tristeza, todo a la vez. Esta mezcla de emociones es una respuesta natural a sumergirse en una cultura diferente y adaptarse a nuevas formas de vida, elementos esenciales del viaje que lo hacen tan gratificante como desafiante.

Mudarse a un lugar desconocido puede ser estresante en muchos niveles, desde la gestión de la logística hasta el aprendizaje de un nuevo trabajo y la adaptación a diferentes normas y expectativas. Los altibajos de la vida en el extranjero generalmente se pueden dividir en varias fases emocionales. Si bien la duración y la intensidad de estas fases varían para cada persona, la experiencia es universal.

Algunas personas son intrépidas, listas para explorar el mundo y embarcarse en una nueva aventura sin dudarlo. Pueden pasar rápidamente de la fase de luna de miel a la de aceptación, ajuste e integración. Otros, especialmente aquellos que se mudaron por necesidad o sin desearlo, pueden experimentar una ansiedad más prolongada o un choque cultural. Es posible que tarden más en progresar a través de estas fases, pasando más tiempo sintiéndose nostálgicos o inquietos. Cada viaje es único y depende de la voluntad y apertura del individuo para aceptar el cambio.

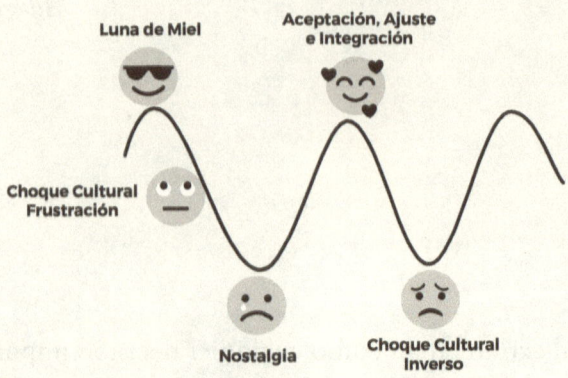

Figura 12. Proceso de adaptación.

El concepto de ajuste cultural fue introducido por primera vez en 1954 por el antropólogo canadiense Kalervo Oberg y desde entonces se ha convertido en un marco ampliamente reconocido. Aunque hay varias versiones de las fases de ajuste, todas comparten una progresión similar de altibajos emocionales que la mayoría de las personas experimentan durante la reubicación. El modelo clásico de cuatro fases proporciona un panorama perspicaz sobre lo que muchos, incluyéndome a mí, atraviesan al adaptarse a un nuevo entorno.

Así que, ¡abróchate el cinturón para esta montaña rusa emocional!

PRIMERA ETAPA: LUNA DE MIEL

"Si eres lo suficientemente valiente como para decir adiós, la vida
te recompensará con un nuevo hola".
—*Paulo Coehlo*

En esta etapa es sobre la emoción y el asombro; todo se siente nuevo y extraordinario. ¡No puedes esperar para sumergirte en esta aventura! Es como unas vacaciones: tienes toda una ciudad para explorar, tomar fotos de cada nueva vista, probar comida local en restaurantes únicos e instalarte en tu nuevo hogar con asombro y curiosidad.

Durante esta etapa, estás lleno de cosas para compartir. Publicas constantemente en las redes sociales, envías mensajes de texto y llamas a familiares y amigos en casa para contarles sobre tus descubrimientos. Estás rebosante de motivación, listo para enfrentar cualquier desafío que se te presente.

Para mí, vivir en el extranjero fue un sueño de toda la vida. Siempre me habían intrigado las diferentes culturas, me atraían los idiomas extranjeros y me emocionaba conocer gente nueva y ver nuevos lugares. Esto hizo que mi decisión de mudarme fuera un poco más fácil, y cuando finalmente llegó la oportunidad, estaba más que lista. Al principio, realmente se sintió como unas vacaciones largas y emocionantes: explorar cada rincón, salir a cenar a menudo y tratar mi nueva casa o apartamento como un retiro temporal.

En esta fase, la emoción por nuevas experiencias es inmensa y la energía positiva está en su punto máximo. Aproveché al máximo este tiempo estableciendo metas y anotando todo lo que quería lograr, desde lugares para visitar hasta nuevas habilidades para dominar. Creé listas de deseos, listas de cosas por hacer y planes de pasatiempos que quería explorar. Cuanto más detalladas, mejor. Estas listas estaban llenas de sueños y ambiciones que me dieron dirección y propósito.

Estas listas y objetivos se convirtieron en algo más que simples ideas; me pusieron los pies en la tierra, dieron sentido a mis sacrificios y me ofrecieron un sentido de propósito cuando la emoción inicial comenzó a disminuir. Las siguientes fases pueden ser desafiantes, y tener estos objetivos establecidos desde el principio te ayuda a prepararte para lo que está por venir, recordándote por qué diste este salto en primer lugar.

Cómo sacar lo mejor de esta fase

- Saborea cada momento de emoción y novedad en tu nuevo entorno.
- Canaliza tu impulso y energía positivos estableciendo metas y planificando para los próximos meses: piensa en nuevas rutinas, pasatiempos y aspiraciones profesionales para explorar. Haz una lista de deseos llena de lugares para visitar, alimentos para probar y actividades o habilidades que te gustaría aprender.
- Reflexiona sobre tu viaje escribiendo tus pensamientos y expectativas sobre mudarte al extranjero. Esta reflexión puede ser tanto terapéutica como un valioso punto de referencia a medida que pasa el tiempo.
- Anota tus razones para mudarte al extranjero; volver a revisar estas razones durante tiempos difíciles puede mantenerte enfocado, motivado y conectado con la emoción que te llevó ahí.

SEGUNDA ETAPA: CHOQUE CULTURAL / FRUSTRACIÓN

"Nadie dijo que sería fácil. Simplemente dijeron que valdría la pena".

Los primeros meses en el extranjero suelen ser los más desafiantes y abrumadores. Después de que la emoción inicial y la "sensación de vacaciones" de la fase de luna de miel se han desvanecido, la realidad comienza a asentarse.

Empiezas a sentir el peso del día a día: no son vacaciones, y ahora tienes responsabilidades —trabajo, estudios, rutinas—, todo sin el sistema de apoyo que tenías en casa. Los amigos locales son escasos, la familia está lejos, tu rutina es un desastre y la barrera del idioma hace que la comunicación básica sea desafiante y agotadora. Las tareas cotidianas, como ir de compras, se vuelven frustrantes cuando te cuesta encontrar artículos familiares para comidas sencillas.

Tu mente está a toda marcha, absorbiendo constantemente nueva información, aprendiendo un nuevo idioma, tratando de mantenerse al día en el trabajo o la escuela y navegando por las peculiaridades de una ciudad extranjera. Incluso las tareas pequeñas se sienten desconocidas e inquietantes.

El nuevo entorno cultural se siente desconocido, y las cosas simples que antes hacías sin pensarlo dos veces ahora requieren planificación y paciencia.

Poco a poco, te das cuenta de que este lugar no es tan "perfecto" como habías imaginado; tiene sus desafíos y defectos, como en cualquier otro lugar. Y estar lejos de casa magnifica estas dificultades.

Algunos de los choques culturales que encontré durante mis primeros meses incluyeron:

- Durante mis primeras semanas en el trabajo, uno de mis compañeros de trabajo celebró su cumpleaños. Su cubículo estaba frente al mío, y esperaba las festividades habituales: una tarta, un coro cantando "Feliz cumpleaños", intercambio de abrazos y buenos deseos. En cambio, los colegas se detuvieron casualmente en diferentes momentos para felicitarlo rápido y tomar rebanada de pastel que la mayoría se comió en sus cubículos. ¿No cantan? ¿Sin abrazos? ¿No hay reunión grupal? No se parecía en nada a las cálidas celebraciones de cumpleaños en México y ni siquiera parecía un festejo.
- Una noche en mi nuevo apartamento, estaba cocinando verduras al vapor cuando, de repente, sonó una fuerte alarma. Nunca había escuchado una alarma de incendio y estaba completamente confundida. Una vez que descubrí lo que era, abrí rápidamente las ventanas para liberar el vapor. Para mi sorpresa, un camión de bomberos y un coche de policía llegaron a mi puerta minutos después. De donde soy, ver un camión de bomberos o un coche de policía en tu casa significa algo serio, ¡no es por un poco de vapor en la cocina!
- En Bélgica, descubrí por las malas que la mayoría de las tiendas, los supermercados, están cerradas los domingos. Adaptarse a esta rutina no fue fácil; recordar abastecerse con anticipación tomó algunas semanas (y varias comidas incompletas).
- Una de las sorpresas más divertidas fue nuestra primera Nochevieja en Indiana. Habíamos invitado a unos amigos y, como acabábamos de regresar de vacaciones dos días antes, fuimos de compras el día antes de la víspera de Año Nuevo, que resultó ser un domingo. Cargamos nuestro carrito con quesos, carnes, aperitivos y, por supuesto, una fina selección de vino tinto y blanco y champán.
- Nos dimos cuenta de que la gente nos miraba de forma extraña, pero no nos importó, hasta que llegamos al cajero, el cual, con cara seria, nos informó: "No podemos vender alcohol los domingos". Resulta

que, en Indiana, la venta de alcohol estaba restringida los domingos. ¡Así que ahí estábamos, enfrentándonos a la posibilidad de recibir el Año Nuevo brindando con sidra sin alcohol!

- La falta de comunicación era un desafío frecuente debido a la barrera del idioma. Intentaba decir algo, pero a menudo se entendía de manera completamente diferente.
- En México, colgamos la ropa al sol para desinfectarla, mantener la ropa blanca brillante y eliminar los olores. En mi nuevo apartamento, estaba prohibido secar la ropa al aire libre. Del mismo modo, normalmente desechábamos el agua del trapeador en la calle, pero aquí eso no era aceptable.
- En algunos supermercados belgas, se necesita una moneda para desbloquear un carrito de la compra. Cuando devuelves el carrito, recuperas tu moneda. Perdí la cuenta de cuántas veces conduje hasta la tienda solo para darme cuenta de que no tenía monedas, lo que me obligó a regresar a casa o confiar en la bondad de una persona caritativa dispuesta a prestarme (o regalarme) una.

Todas estas pequeñas experiencias se acumulan, haciéndote sentir como un extraño. Incluso las tareas pequeñas pueden resultar desalentadoras y frustrantes en esta fase, lo que te hace sentir fuera de lugar o fuera de control, como si no pudieras entender del todo el sistema o la cultura local. Mudarse al extranjero puede ser incómodo e inquietante al principio. En esta fase, la idea de volver a casa, donde todo parece más sencillo, puede ser muy tentadora.

Pero recuerda, nada que valga la pena es fácil. Todos estos desafíos son parte del viaje, y cada pequeño obstáculo hace que la experiencia sea más rica y gratificante.

Cómo sacarle el máximo provecho

- Observa cómo actúa y responde la gente en diversas situaciones para conocer mejor la cultura local.
- Resiste a la tentación de comparar tu ciudad natal con tu nueva ubicación; cada lugar tiene su propio encanto único.
- Aprende sobre las diferencias culturales entre tu hogar y tu nuevo país para fomentar la comprensión y facilitar la transición.
- Pide a tus vecinos, amigos o compañeros de trabajo que te orienten sobre cómo se hacen las cosas a nivel local cuando no estés seguro.

- Recibe la experiencia con sentido del humor y no tengas miedo de reírte de ti mismo mientras navegas por nuevas situaciones.
- Cambia tu perspectiva para apreciar tu nuevo entorno y descubrir qué lo hace especial.
- Explora nuevos pasatiempos o actividades para mantenerte comprometido. Esto puede ayudarte a integrarte, conocer gente y sentirte más conectado con tu nueva comunidad.
- Mantén la mente abierta: comprende que las diferencias no equivalen a lo que está bien o mal; simplemente son diferentes.
- Acepta que debes adaptarte a tu nuevo entorno, no al revés.
- Prepárate para lo inesperado y permítete adaptarte a medida que surjan las cosas.
- Adopta una perspectiva optimista para mejorar tu adaptabilidad y resiliencia. Concéntrate en los aspectos positivos y disfruta de las cosas buenas que ofrece tu nuevo hogar.
- Replantea los desafíos como oportunidades únicas para el crecimiento y el aprendizaje.
- Reserva algo de tiempo para hacer cosas que te traigan alegría y alimenten tu alma, conectándote con tu nuevo entorno.

TERCERA ETAPA: NOSTALGIA

"Sin la lluvia, no habría arcoíris".
—*Gilbert K. Chesterton*

Cuando te mudas a un nuevo país, es natural que empieces a echar de menos todo lo que hay en casa, tanto grande como pequeño. Extrañas a tu familia, amigos, comidas favoritas, actividades familiares y las comodidades que ya no tienes. A veces, incluso puedes cuestionar tu decisión: "¿Por qué me mudé aquí? ¿En qué estaba pensando? Los sentimientos de ansiedad, frustración y agobio pueden convertirse en compañeros frecuentes.

Me di cuenta de esto una noche de fin de semana en Collierville, Tennessee, unos meses después de mudarnos allí. Mi esposo y yo estábamos acostados en la cama un sábado por la noche simplemente porque todos los restaurantes y bares locales ya habían cerrado. En México, nuestros sábados por la noche nunca eran tan tranquilos.

Luego, pasada la medianoche, sonó el teléfono. Era mi primo, Paco, que llamaba desde su boda, diciéndome cuánto extrañaba que estuviéramos allí. Pasó el teléfono a cada miembro de mi familia, cada uno compartiendo cuánto nos querían y extrañaban, deseando que estuviéramos con ellos. De fondo, podía escuchar música, risas y el zumbido familiar de las personas que disfrutaban de la compañía de los demás: todos se divertían mucho. Mientras tanto, aquí estábamos, solo nosotros dos en la cama, perdiéndonos la celebración.

Estar lejos de mi familia en estos momentos fue y sigue siendo una de las partes más complejas de vivir en el extranjero. Sentí una profunda sensación de soledad, extrañando la cercanía, la risa y la conexión que brinda la familia. Esa noche, me quedé despierta, cuestionando mi decisión. ¿Por qué había renunciado a tanto por lo que parecía tan poco en ese momento? ¿Por qué había dejado atrás tanta felicidad, familia, vida social, buen clima y comodidad solo para sentir esta desconexión? ¿Fue la decisión correcta? Todo se sentía completamente diferente a lo que estaba acostumbrada y no era lo que había pensado.

En casa, tenía todo lo que podía desear: una familia increíble y solidaria, buenos amigos, animados restaurantes y bares nocturnos (que no cerraban a las 11 p.m., comida y servicio excepcionales, reuniones de fin de semana, un trabajo que amaba y fácil comunicación con todos los que me rodeaban. Esa noche, sentí que había dejado todo eso atrás. La nostalgia y la añoranza me golpearon duro, muy duro.

Pero aquí hay una buena noticia: nada dura para siempre, y esta fase desafiante no fue la excepción. Esa noche fue la peor de todas. Los meses siguientes fueron duros, pero poco a poco fui superando esos sentimientos. Cuando nos mudamos a Bélgica, había aprendido tanto sobre la adaptación que esta fase de nostalgia solo duró dos semanas en lugar de los meses que duró la primera vez que me mudé.

Esta fase puede pasar y nunca regresar, o puede volver en una forma mucho más suave. Después de veinticinco años de vivir en el extranjero, todavía extraño a mi familia y amigos y tengo días de nostalgia, especialmente cuando no puedo estar allí para ocasiones especiales. Pero esos días son menos, pasan rápido y nunca son tan intensos como esa noche.

Una hermosa comprensión es que cada vez que vuelvo a casa, es como entrar en un abrazo eterno. El amor, la calidez y la conexión son tan fuertes como siempre, dándome la bienvenida de todo corazón. Vivir en el extranjero me ha enseñado a apreciar cada momento con mis seres queridos y me ha reforzado la idea de que la distancia nunca puede disminuir esos vínculos. He aprendido a nunca dar por sentadas estas preciosas conexiones.

Cómo aprovecharlo al máximo

- Aprende a soltar.
- Evita comparar tu ciudad natal con tu nuevo lugar.
- Ten en cuenta por qué te mudaste.
- Recuérdate a ti mismo que esta fase pasará.
- Permítete sentir tus emociones. Si necesitas llorar, llora. Si necesitas llamar a tu familia, llámala. Si necesitas salir de casa y correr como un loco, hazlo. Si quieres comerte una caja entera de chocolates, resiste la tentación, te arrepentirás al día siguiente, pero consiéntete con algunos. Haz lo que haga que tu alma se sienta mejor, luego levántate y sigue adelante.
- Busca formas de conectarte con personas en el trabajo, la escuela o a través de grupos de expatriados. Puedes encontrar una página en las redes sociales o en la iglesia.
- No esperes demasiado para abrir tus puertas. Reúnete con tus vecinos, colegas y con los padres de los amigos de tus hijos, e invítalos a tomar un café o cenar.
- Haz una lista de las cosas que te gustan de tu nuevo lugar y tenla cerca. Puedes leerla siempre que necesites un recordatorio.
- Mira la lista de deseos que hiciste durante la fase de luna de miel e intenta hacer algo con ella.
- Concéntrate en encontrar los aspectos positivos de tu nueva situación.
- Busca dosis diarias de alegría. Este puede ser mi mejor consejo: tómate un tiempo diario para actividades que te brinden alegría y felicidad. Puede ser difícil encontrar el tiempo, pero esto cambia las reglas del juego.

CUARTA ETAPA: ACEPTACIÓN, AJUSTE E INTEGRACIÓN

"No son las especies más fuertes las que sobreviven, ni las más inteligentes, sino las más sensibles al cambio".
—Charles Darwin

Después de unas semanas, o meses, de navegar por los altibajos de una nueva cultura, idioma y entorno un cambio notorio se empieza a dar. Los obstáculos iniciales (comprender las costumbres locales, encontrar el camino y hacer amistades) se transforman lentamente en tranquilidad cotidiana, lo que indica la llegada de una fase de genuina satisfacción y alegría.

A medida que te comunicas cómodamente en un nuevo idioma, cultivas amistades y creas un espacio acogedor y personalizado, cada logro, ya sea grande o pequeño, brinda una sensación de comodidad y satisfacción. Has aprendido dónde encontrar tus ingredientes favoritos, has adaptado tu cocina y has establecido rutinas que te adaptan a tu nuevo entorno.

La emoción ha vuelto. Ya no te sientes como un extraño, sino como alguien que pertenece. Has adquirido nuevos pasatiempos, has alcanzado algunas metas, has establecido una rutina diaria y tal vez incluso has explorado lugares nuevos y emocionantes, que agregan una chispa a cada día, aportando un propósito al viaje de vivir en el extranjero. Cuanto más rápido llegue esta fase, más fácil y gratificante será la experiencia de adaptación.

Para mí, este momento llegó cuando finalmente superé la curva de aprendizaje en el trabajo, alcancé un nuevo nivel de fluidez en el idioma y formé un excelente grupo de amigos. Ser aceptada en la universidad para mi maestría se sintió como un clave en mi integración en Bélgica, y comencé a dedicar más tiempo a lo que realmente me hacía sentir feliz: viajar, socializar y seguir mis sueños.

Marqué mis logros como realizados de mi lista de deseos: aprendí a pintar, a cocinar comida tailandesa y aprendí a esquiar en nieve, experiencias que habrían sido más difíciles realizar en México. En esos momentos, supe que mi decisión de mudarme había sido la correcta. Los sacrificios valieron la pena, y el entusiasmo y la motivación que inicialmente me llevaron a embarcarme en este viaje regresaron más fuertes que nunca. Finalmente había llegado a un lugar donde este país extranjero se sentía como en casa. Aunque sabía que habría más desafíos por delante, me sentía preparada para enfrentarlos, viendo cada uno como una oportunidad de crecimiento y aprendizaje. El camino hacia esta fase suele ser desafiante, pero una vez aquí, es una gratificante afirmación de resiliencia, adaptabilidad y desarrollo personal.

Cómo aprovecharlo al máximo

- Pasa tiempo de calidad con amigos, ya sea explorando la ciudad, compartiendo una comida o asistiendo juntos a eventos locales.
- Disfruta de experiencias únicas en tu nueva ubicación, cosas que quizás no hayas tenido la oportunidad de hacer en casa. Por ejemplo, prueba el snowboard si eres de Brasil o sumérgete en aventuras de buceo si eres de Argelia.
- Sigue creciendo aprendiendo nuevas habilidades o profundizando tus conocimientos, ya sea a través de clases, pasatiempos o proyectos personales.
- Diseña tu espacio para que sea cálido y acogedor, un fiel reflejo de tu estilo y comodidad, convirtiéndolo en un refugio acogedor.
- Explora tu nuevo entorno, viaja y sumérgete en los paisajes, vecindarios y culturas cercanos que hacen que tu nueva área sea única.
- Únete a iniciativas locales, ofrécete como voluntario y participa en eventos comunitarios. Es una excelente manera de conectarte con los demás y marcar una diferencia positiva.
- Prioriza el bienestar, asegúrate de que tú y tu familia estén felices y saludables, dedicando tiempo al cuidado personal y a las actividades familiares que enriquezcan la calidad de vida de todos.

CONCLUSIONES

- **El proceso de adaptación:** encapsula los altibajos emocionales que la mayoría de las personas experimentan durante transiciones importantes, particularmente cuando se mudan al extranjero. Es un camino marcado por el crecimiento, los desafíos y los momentos de descubrimiento.
- **Tiene cuatro etapas:** luna de miel, choque cultural (o frustración), nostalgia y aceptación, ajuste e integración.

CAPÍTULO 11

Libera tus alas

*"Las personas que carecen de la claridad, coraje
o determinación para seguir sus sueños, a menudo
encontrarán formas de desalentar los tuyos. ¡Vive tu verdad
y nunca te detengas!"*
—*Steve Maraboli*

Un aspecto que rara vez se discute cuando se muda al extranjero es la culpa que pueden enfrentar los expatriados. Como seres humanos, nos preocupamos por los sentimientos de los demás, y es natural preguntarse si la decisión de mudarse fue la correcta. La culpa, una emoción moral, surge cuando alguien cree que ha comprometido sus estándares o ha violado las normas morales, asumiendo esta responsabilidad .

He sido bendecida con los padres más increíbles: cariñosos, amorosos, independientes, alegres, amables, generosos, pacientes, justos, activos, divertidos, alentadores, comprensivos, trabajadores y responsables. Siempre han puesto el bienestar de nuestra familia en primer lugar, ofreciendo amor y apoyo inquebrantables. Además de su amor, uno de los mayores regalos que me dieron fue la confianza y la independencia para perseguir mis sueños. Me proporcionaron las alas para volar, incluso si eso significaba que volaría lejos de ellos. A pesar de la distancia, comparten mi felicidad, incluso cuando eso significa no verme tan a menudo como les gustaría.

Recuerdo que llamé a mi mamá el primer día de jardín de infantes de mi hija, compartiendo mis emociones encontradas: tristeza, alegría y orgullo. Quería parar el tiempo; mi hija crecía en un abrir y cerrar de ojos, pero estaba muy emocionada con su nueva escuela y sus amigos; tan pronto como vio su nueva aula, me abrazó y me besó y se fue directamente a su clase sin mirar atrás. Sin problemas, sin llanto, sin colgarse de mi pierna. Solo una niña feliz que se convierte en una niña independiente.

Ese día, mi mamá compartió conmigo algo que yo no sabía: lloró en secreto cuando yo estaba empacando para mudarme antes de casarme. Tenía el mismo sentimiento agridulce que yo sentí por mi hija, solo que magnificado al saber que ya no viviría bajo el mismo techo. Nunca había notado su tristeza en ese momento; lo había disimulado bien, priorizando mi alegría y emoción. Estaba muy contenta de verme casada con un buen hombre y comenzar mi propia vida, incluso si eso significaba que le dolía no verme a diario.

Cuando tomamos la decisión de mudarnos al extranjero, también fue difícil para mis padres verme ir. Aun así, me apoyaron con todo, reconociendo la increíble oportunidad que representaba. En lugar de cargarme con culpa, me animaron a perseguir mis sueños. ¿No es eso lo que los padres quieren en para sus hijos? ¿Verlos forjar sus caminos y llevar vidas felices y satisfactorias?

Por supuesto, la mudanza vino con su propia tristeza. Sabía que mis padres me extrañarían profundamente, especialmente cuando no pudiéramos pasar todas las vacaciones juntos en México o cuando mis hijos no pudieran crecer tan cerca de sus abuelos, primos y familiares como lo hice yo. Sentí el peso de no estar presente en eventos familiares, como bodas, funerales, graduaciones o cumpleaños, y de perderme momentos como ver crecer a mis sobrinas y sobrinos. En esos momentos, deseaba poder estar en dos lugares a la vez. No es fácil, y no voy a endulzar eso. Pero en el fondo, sabía que estaba tomando la mejor decisión que podía, dadas las circunstancias. Gracias al apoyo inquebrantable de mis padres y mi familia, la culpa nunca me consumió.

Desafortunadamente, no todos cuentan con el mismo sistema de apoyo. Una amiga mía siempre había soñado con estudiar su maestría en Inglaterra. Trabajó duro, mantuvo calificaciones excelentes y obtuvo una beca para la universidad de sus sueños. Su familia conocía sus aspiraciones desde hacía años, y su madre la había apoyado increíblemente. Pero después de que su madre falleciera, cuando finalmente fue aceptada, su hermano le dijo que su afligido padre estaría devastado si ella se iba, lo que implicaba que su ausencia podría dañar su ya frágil estado. Dividida entre su ambición y el bienestar de su familia, renunció a su sueño.

Es cierto que su padre y su hermano habrían sentido el dolor de su ausencia, y las cosas habrían sido más difíciles para ellos sin ella. Pero, ¿qué hay de sus aspiraciones? ¿No habría sido posible celebrar su logro y apoyarla mientras mantenían un contacto cercano? ¿No podrían haber encontrado formas de hacer que funcionara para todos, apoyar sus sueños y mantener el contacto? Hubieran podido buscar una solución más equilibrada y saludable.

Es esencial preocuparse por los sentimientos de los demás y practicar la empatía, pero no hasta el punto de sacrificar su propia vida y felicidad para cumplir con las expectativas de los demás. Complacer a los demás a expensas de tu propia realización no es sostenible, y es posible que lo resientas tarde o temprano. Vivir auténticamente significa encontrar la armonía entre cuidar a nuestros seres queridos y mantenernos fieles a nosotros mismos.

LA CULPA DEL EXPATRIADO

> **"La culpa es un sentimiento que puede abalanzarse sobre nosotros cada vez que una ocasión nos llama a casa... Y no vamos".**
>
> —*Jessica Scott-Reid*

En algunas culturas y familias, como se analiza en el capítulo 6, decir que no a tus padres o abandonar tu comunidad se considera inaceptable, incluso si eso significa renunciar a tus propios sueños, aspiraciones, felicidad, oportunidades o prosperidad. Elegir un camino que te aleje de la familia a menudo se percibe como abandono o egoísmo, poniendo tus propios deseos por encima de las necesidades y emociones de quienes te criaron. La expectativa es permanecer cerca, cuidarse unos a otros y mantener el ciclo de apoyo. Al fin y al cabo, te cuidaron de niño o en momentos cruciales de tu vida, y ahora se considera que te toca a ti cuidarlos.

Estas expectativas culturales y familiares pueden crear una presión inmensa, a veces tácita. Amas a tu familia y no quieres decepcionarlos. Quieres estar cerca de ellos y compartir los momentos importantes, pero también anhelas perseguir tus propios sueños y forjar tu camino.

Para muchos expatriados, esta lucha les provoca sentimientos de tristeza y, en algunos casos, de culpa por dejar atrás a familiares y amigos. Como seres humanos, nos preocupamos profundamente por nuestros seres queridos y nos esforzamos por hacerlos sentir orgullosos mientras mantenemos una buena relación. Es doloroso cuando se echan de menos esos momentos entrañables.

Tomar la decisión de mudarse al extranjero, dejando atrás a la familia, los amigos, los recuerdos y las tradiciones, es una de las decisiones más desafiantes que uno puede enfrentar. Es un salto a lo desconocido, lejos de todo lo familiar y querido. Nadie, o al menos nadie que yo conozca, toma esta decisión sin pensar.

> **"Para los que se quedan, alguien que se muda deja un agujero en su mundo. Los que se mudan dejan todo su mundo atrás.**
>
> —*Toyi Rodríguez*

Las personas se mudan por razones válidas, a menudo buenas: para proveer mejor a sus familias, para sentirse seguros, para perseguir sus sueños, para acceder a la educación o al trabajo que no están disponibles en su país de origen, para avanzar personal o profesionalmente, para aprovechar oportunidades únicas, para encontrar un lugar que los haga sentir más felices, por motivos de salud, o para estar con una pareja que vive en el extranjero. Rara vez, si es que alguna vez pasa, se toma la decisión de abandonar los lazos familiares. Entonces, ¿por qué sentimos culpa?

La culpa a menudo surge de las normas culturales o de las reacciones de los seres queridos. Tengo amigos que sienten una profunda culpa y dolor por haberse mudado lejos de sus familias, no porque haya sido la elección equivocada, sino porque, en su cultura, vivir lejos de la familia es raro. A veces, la culpa se intensifica por comentarios que persisten: "Me estoy haciendo mayor y enfermo, y no estás aquí para cuidarme". "Cuando yo vaya a morir, tú no estarás aquí". "Soñaba con disfrutar de mis nietos cerca, pero ahora viven tan lejos". "Me estás robando esos preciosos momentos". "Te perdiste la boda de tu primo, después de todo el tiempo que pasaron juntos antes, ¿cómo pudiste ser tan desagradecido?" "Preferirías estar en otro lugar para Navidad que pasar tiempo con tu familia".

Estas palabras, a menudo pronunciadas desde un lugar de amor y anhelo, pueden intensificar la carga emocional de un expatriado que ya está equilibrando su ambición y la lealtad que siente hacia sus seres queridos. La verdad es que la mayoría de los expatriados no se mueven para dar la espalda a la familia; lo hacen para aprovechar las oportunidades y los desafíos de la vida.

Tu familia y amigos forman tu sistema de apoyo, basado en el sacrificio y el cuidado mutuos. Siempre han estado ahí el uno para el otro, cuidando y cumpliendo sus roles dentro de ese círculo tan unido. Cuando alguien se va, rompe el equilibrio del grupo. ¿Por qué? Porque todos deben adaptarse a un cambio que no eligieron o no querían. Tales cambios pueden traer incomodidad, desilusión, miedo e incertidumbre.

Directa o indirectamente, pueden hacerte sentir egoísta, cuando en realidad, es un reflejo de sus propias emociones y miedos. Alternativamente, puedes tener sentimientos de culpa o egoísmo debido a experiencias, comentarios, valores o creencias pasadas que han moldeado tu pensamiento a lo largo del tiempo. Pero, ¿no querría alguien que te ama de verdad celebrar tus éxitos, ver tus sueños hechos realidad y ser testigo de tu felicidad?

Si decides mudarte al extranjero o ya has dado el salto para perseguir tus sueños, ¿por qué les cuesta tanto aceptar y compartir tu alegría? Esta dura realidad es la que enfrentan muchos expatriados: la tensión entre seguir sus aspiraciones y lidiar con la decepción o la resistencia de aquellos a quienes aprecian.

Sentirte triste y extrañar a tus seres queridos cuando te vas es completamente natural. Es normal desear poder estar allí para ocasiones especiales: cumpleaños, bodas, funerales y esos momentos invaluables al ver crecer a los niños. Es igualmente normal anhelar la posibilidad de estar en dos lugares a la vez, equilibrando el cuidado de un miembro de la familia en casa con el cumplimiento de las obligaciones en tu nueva vida. Pero si bien estas emociones son comprensibles, no dejes que la culpa o las expectativas poco realistas te impidan aprovechar las oportunidades que se te presentan.

La culpa puede ser una emoción útil cuando fomenta la reflexión, conduce a conclusiones equilibradas e inspira acciones reflexivas. Sin embargo, más allá de eso, la culpa se convierte en una carga en lugar de una guía. Nadie debería ser consumido por la culpa, especialmente dadas las complejidades y los desafíos que vienen con transiciones de vida tan grandes. Tu viaje tiene que ver con el crecimiento, la resiliencia y la creación de una vida plena, sin quedar atrapado por el peso de las expectativas.

TIPOS DE CULPAS DE EXPATRIADOS

La culpa es una experiencia cognitiva y emocional que ocurre cuando una persona se da cuenta de que ha violado una norma moral y es responsable de esa violación. Una conciencia culpable es el resultado de pensamientos de que no hemos estado a la altura de nuestro yo ideal. Con precisión o sin ella, la culpa es un sentimiento de haber hecho algo malo o de haber fallado en una obligación.

Culpa por no estar presente

Esta es quizás la forma más común de culpa que experimentan los expatriados. Sientes un profundo remordimiento por no estar ahí cuando alguien te necesita, sabiendo que no puedes ayudar desde lejos. Extrañas las reuniones familiares, las tradiciones preciadas y esos momentos cotidianos y llenos de significado, como caminar con tu madre, cocinar con tu padre, pasar los domingos con tus hermanos y padres, o ver partidos de fútbol juntos. Incluso te puedes sentir culpable cuando eliges explorar nuevos destinos en lugar de ir a casa para las vacaciones.

La culpa también puede surgir de ya no poder realizar ciertas tareas que antes realizabas, como llevar a tus padres a las citas médicas, ayudarlos con problemas tecnológicos o llevar a tu sobrina a la práctica de fútbol los martes. La idea de que enfrenten estos desafíos sin su ayuda y la preocupación de que no haya nadie que se haga cargo de esas responsabilidades puede profundizar estos sentimientos de culpa. Es una poderosa mezcla de anhelo y responsabilidad que pesa en el corazón, recordándote los sacrificios inherentes a seguir tu propio camino.

Culpa por no cumplir con las expectativas familiares o sociales

Las expectativas no son inherentemente malas; todos las tenemos y es natural que así sea. El problema surge cuando intentas estar a la altura de las expectativas de los demás y buscar su aprobación, sacrificando tus propias necesidades y dejando que controlen tu vida.

Las expectativas son ideas predeterminadas de lo que debería suceder en un futuro incierto. Si bien pueden ayudarnos a tomar decisiones, es posible que no siempre sean realistas o adecuadas para ti. Es posible que no se alineen con tus deseos, sueños, creencias, valores, habilidades, destrezas o talentos.

Las expectativas se basan en las experiencias, opiniones y valores de las personas, que pueden diferir de los tuyos. Vivir según las expectativas de los demás cuando contradicen las tuyas es agotador y desgastante. Es imposible complacer a todo el mundo, y tratar de hacerlo te hará sentir insatisfecho.

Por ejemplo, si aspiras a ser médico, pero no hay escuelas de medicina en el lugar donde vives, mudarte al extranjero puede ser tu única opción para perseguir tus sueños. Sin embargo, es posible que tu familia espere que te mantengas cerca, trabajes en el negocio familiar, te unas a las cenas semanales o cuides de su gato cuando viajan. Cumplir con sus expectativas y las tuyas será imposible.

La culpa de no cumplir con las expectativas familiares o sociales se deriva de decepcionar a las personas que amas al no cumplir con lo que esperaban. Es esencial reconocer que, si bien sus expectativas se basan en sus experiencias y valores, tu camino debe estar guiado por tus propias aspiraciones y principios.

Culpa tóxica

La culpa tóxica consiste sentirse responsable de los sentimientos de los demás, temeroso de lastimarlos o preocupado de que tu decisión los haga infelices. Sentir culpa porque tu familia se siente triste, abandonada, decepcionada o enfadada cuando te vas puede llevar a la miseria y al agotamiento. Aunque influyas en los sentimientos de los demás, al igual que ellos influyen en los tuyos, cada persona es en última instancia responsable de su felicidad, emociones y respuestas a las decisiones de otra persona.

Cuando priorizas la felicidad de los demás sobre la tuya y descuidas tu bienestar, puedes provocarte ansiedad, resentimiento y agotamiento. En términos psicológicos, esta dinámica suele estar ligada a la proyección emocional, donde los individuos atribuyen sus sentimientos o impulsos inaceptables a otra persona para evitar enfrentarse a ellos. Esto puede dar lugar a patrones de relación poco saludables, como el apego inseguro, el resentimiento, la ira, la victimización, el agotamiento y la ansiedad.

Es bueno ser empático, preocuparse por los demás y estar dispuesto a hacer felices a los demás. Pero no el cargar con los sentimientos de los demás, sobre tus hombros.

Culpa por tomar algo importante de los demás

Este tipo de culpa surge cuando sientes que tus decisiones han tenido un impacto negativo en tus seres queridos. Por ejemplo, mudarse al extranjero con tu familia puede crear varios escenarios desafiantes:

Sacrificios conyugales: si tu cónyuge renuncia a su trabajo para acompañarte y no puede encontrar una carrera satisfactoria en el lugar nuevo, es posible que te sientas culpable por interrumpir su vida profesional.

Dificultades de los niños: si tus hijos extrañan a sus amigos y su entorno escolar familiar, pueden llorar porque no entienden el nuevo idioma o aún no han hecho nuevos amigos. También pueden extrañar las interacciones familiares con primos, abuelos y otros parientes.

Oportunidades perdidas: sentir que estás privando a tu familia de interacciones y experiencias valiosas con la familia extendida o las tradiciones en casa.

Estas culpas pueden hacer que te preguntes si tomaste la decisión correcta para tu familia.

Culpa de tus privilegios

Este tipo de culpa se deriva de los privilegios y ventajas que disfrutas y que tu familia o los que están en casa pueden no tener. Puede manifestarse cuando ganas un salario significativamente más alto que alguien que hace el mismo trabajo en tu país de origen o cuando eres capaz de mantener un nivel de vida más alto, vivir en una casa más espaciosa o lujosa y tener los medios para viajar y experimentar cosas que se considerarían inalcanzables en casa. Este contraste puede crear una sensación de incomodidad a medida que te das cuenta de las disparidades y comienzas a cuestionar tus nociones de justicia.

Disparidades financieras: es posible que te sientas culpable por tener estabilidad financiera, mientras tu familia lucha con dificultades económicas. Esto puede dificultar disfrutar plenamente tus privilegios, sabiendo los sacrificios que hace tu familia.

Seguridad y protección: vivir en un entorno más seguro también puede contribuir a la culpa. Es posible que puedas caminar con seguridad por la noche, dejar que tus hijos vayan en bicicleta a la escuela sin la supervisión de un adulto y no necesitar un sistema de alarma en casa. Mientras tanto, tu familia podría vivir en zonas plagadas de violencia e inseguridad.

Acceso a experiencias: es posible que tengas acceso a nuevas experiencias, oportunidades de viajes y una mejor calidad de vida, mientras que tu familia y amigos en casa carecen de estas oportunidades. Esta disparidad puede hacerte sentir como un extraño y puede tensar las relaciones.

Privilegio y percepción de pertenencia: en algunas culturas, tu nivel de vida más alto puede ser visto como un privilegio inmerecido, que te hace sentir que no perteneces a tu grupo original. Es posible que te perciban como rico, mientras que tu familia y amigos enfrentan dificultades financieras. Esto puede llevar a sentimientos de aislamiento y alienación.

La familia y los amigos pueden llegar a esperar que alinees tu vida con la de ellos ayudándolos financieramente, por ejemplo, pagando sus facturas, invitándolos de vacaciones, encontrándoles trabajo o interviniendo para resolver sus problemas. Si bien el deseo de ayudar a los que te importan es natural y encomiable, es esencial reconocer que existe un delicado equilibrio entre ser solidario y ser dado por sentado.

La presión para cumplir con estas expectativas puede ser intensa, impulsada por el amor, la lealtad y el sentido del deber. Sin embargo, es importante establecer límites saludables para asegurarse de que su amabilidad no se convierta en una obligación que erosione tu propio bienestar o estabilidad financiera. Ser generoso debe ser un acto de elección, no una carga impuesta por las suposiciones o la dependencia de los demás.

Sentir que estás traicionando a tu país

Cuando te mudas a otro país, es natural adoptar nuevas tradiciones, celebrar diferentes días festivos, probar nuevos estilos de ropa, saborear comidas desconocidas e incluso aprender matices del idioma, a veces alterando tu acento en el camino. Sin embargo, cuando regresas a casa, estos cambios pueden ser recibidos con comentarios u opiniones que impliquen que adoptar aspectos de una nueva cultura es de alguna manera una traición a tus raíces. Tales comentarios, ya sean hechos en broma o con un juicio subyacente, pueden hacer que te sientas como un extraño.

Es importante recordar que integrar partes de una nueva cultura es una parte natural y enriquecedora de vivir en el extranjero. No significa abandonar o disminuir tu cultura original; significa ampliar tus experiencias y perspectivas, enriqueciendo tu vida de maneras que combinan lo mejor de ambos mundos.

No dejes que los demás te hagan sentir como si estuvieras menos conectado con tu tierra natal simplemente porque vives en el extranjero o incorporas nuevas tradiciones a tu vida.

La culpa de no aprovechar la oportunidad de vivir en el extranjero

Es un error común ver la vida en otro país como unas vacaciones prolongadas llenas de aventuras y ocio sin fin. Sin embargo, la realidad suele ser muy diferente. La vida diaria en el extranjero todavía incluye trabajar, cocinar, cuidar a los niños y hacer malabarismos con una miríada de otras responsabilidades. De hecho, puede ser incluso más desafiante que la vida en casa porque todo, las costumbres, los sistemas e incluso las interacciones básicas, es diferente.

A medida que pasa el tiempo, si descubres que no has cumplido todos tus objetivos iniciales o esas ambiciosas aspiraciones, ya sea aprender el nuevo idioma con fluidez, viajar tanto como pensabas, forjar conexiones cercanas con los lugareños o contribuir a través del trabajo voluntario, es posible que sientas una sensación de culpa. Esta culpa proviene de la creencia de que no estás aprovechando al máximo tu tiempo en el extranjero o viviendo a la altura de la versión idealizada de la experiencia que una vez imaginaste.

LIDIANDO CON LA CULPA DE LOS EXPATRIADOS

Lidiar con la culpa del expatriado puede ser difícil, especialmente cuando te acabas de mudar al extranjero y todavía estás construyendo un sistema de apoyo. La buena noticia es que no estás solo: la mayoría de los expatriados experimentan algún nivel de culpa o vergüenza en algún momento de su viaje. Es crucial poner las cosas en perspectiva y mostrarte compasión mientras navegas por este nuevo capítulo. Aquí hay algunos consejos para ayudar a aliviar el peso de la culpa del expatriado:

Reconoce tu culpa

¿Por qué te sientes culpable? ¿Estás haciendo algo mal o es que a los demás no les gusta tu decisión? ¿Por qué tu familia y amigos no están dispuestos a verte partir? ¿Estás interiorizando lo que se espera de ti? Determina si hiciste algo mal. Conocer la causa de la culpa puede ayudarte a resolver el problema.

Sentir culpa es una parte natural de cualquier cambio que sabes le afecta a los demás. Entender por qué te sientes de esa manera puede ayudarte a lidiar con estas emociones de manera más saludable.

Lo primero que hay que hacer es aceptar la culpa y luego reflexionar sobre ella. Determina si tienes una responsabilidad irracional (sentirte culpable sin razón), si tu culpa es proporcional a la situación y si hay algo que puedas hacer para minimizarla. Empieza a notar cuando estás atendiendo las necesidades de los demás y descuidando tus propias necesidades y deseos.

A veces no tienes una opción, no tienes control sobre ella o estás asumiendo responsabilidades que no te pertenecen. En estos casos, puedes sentir una culpa irracional. Haz una verificación de la realidad y determina si tu culpabilidad es razonable o no.

Presta atención a lo que piensas y sientes, no creas todo lo que dice tu mente. Cuestiona tus pensamientos: ¿son realistas? ¿Este pensamiento se basa en emociones o en hechos? ¿Qué es lo peor que podría pasar? ¿Qué es lo mejor que podría pasar? ¿Es en blanco y negro o hay algunos tonos de gris? ¿Es esto exacto?

Una vez más, reflexiona sobre ello y no dejes que la culpa tome el control de tu vida y tus decisiones.

Ten claras tus razones

En primer lugar, debes saber bien por qué te vas a mudar al extranjero. Haz una lista de las razones para mudarte y cómo cada una te beneficiará a ti y a los demás, ahora y en el futuro. Cuando tienes claros tus motivos para moverte, puedes mantenerte enfocado en lo positivo en lugar de perder la pista cuando te golpea una emoción negativa.

Es útil documentar tus sentimientos, opciones, decisiones y los posibles resultados de cada escenario. Por ejemplo, si tienes que elegir entre la opción a) Quédate en casa, y la opción b) Mudarte al extranjero, pregúntate:

- ¿Cómo te sentirías si eliges A en lugar de B?
- ¿Qué te hace pensar que elegir A es una mejor opción que B?
- ¿Cuáles son las consecuencias y beneficios de elegir A?
- ¿Cuál sería el resultado de seleccionar A en los próximos años?

Repite este proceso para que la opción B sopese tus opciones de manera integral. Una vez que hayas tomado la decisión, aprovecha tus oportunidades, disfruta de lo que estás haciendo en ese momento y de las recompensas y beneficios que te esperan. Replantea cualquier pensamiento negativo con otros alentadores y positivos.

Tómate el tiempo para apreciar las cosas buenas de tu vida y sé agradecido por lo que tienes.

No te dejes chantajear

Adopta un enfoque práctico. ¿Por qué tu familia y amigos son reacios a verte partir? Simplemente porque te echarán de menos. Por mucho que deseemos lo contrario, la gente puede comentar nuestras decisiones, y esto puede desencadenar sentimientos de culpa. Comprende que cuando alguien te hace sentir culpable o te chantajea, a menudo es amor enmascarado e indica expectativas insatisfechas en la relación. Hablan a través de chantajes cuando no saben cómo expresar el problema real.

De hecho, la culpa puede ser una emoción compleja, a menudo entrelazada con sentimientos de amor y cuidado. Cuando alguien se siente culpable, puede ser porque cree que ha decepcionado a alguien que le importa, lo que refleja su profunda inversión emocional en la relación.

Para mantener relaciones positivas, debemos comunicar nuestras necesidades emocionales sin sacrificar nuestros deseos y necesidades. Pedir comprensión a aquellos que podrían no comprender completamente la situación, puede ayudar a aliviar cualquier sentimiento de culpa y crear lazos más fuertes en el futuro.

Cuando los seres queridos te hacen sentir culpable:

Crea distancia emocional: te ayudará saber que la culpa no se trata de ti, sino de la persona que te hace sentir culpable. Cuando empieces a sentirte culpable, ¡detente! Y crea cierta distancia emocional.

Enfréntale y redirígele para que hable sobre el problema real: dile, por ejemplo: "En lugar de quejarte de que yo no esté allí para llevarte a tus citas con el médico o visitarte en el hospital cuando te enfermes, ¿podrías decir, por favor, lo que quieres decir? Que es que me amas y me extrañarías, y que estás aterrorizado de estar solo en el hospital y te gustaría encontrar formas de no sentirte solo allí o encontrar más formas de pasar más tiempo juntos".

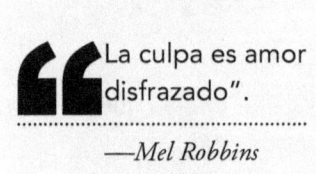

La culpa es amor disfrazado".

—*Mel Robbins*

El amor no cambiará

Reconoce que mudarte no significa que hayas dejado de amar o cuidar a aquellos que dejaste atrás. Puedes mantener un amor profundo e inquebrantable por tu familia y amigos mientras eliges lo que es mejor para tu propio crecimiento y bienestar. Es posible honrar tus necesidades y aspiraciones sin disminuir el amor que sientes por los que están en casa.

Tranquiliza a tus seres queridos expresando lo mucho que significan para ti y recordándoles que la distancia no cambiará tus sentimientos ni el vínculo que comparten. Hazles saber que siguen siendo una parte vital de tu vida, incluso si están a kilómetros de distancia. Si bien es posible que al principio no estén de acuerdo con tu decisión o no les guste, es importante recordar que el amor verdadero perdura y trasciende la presencia física.

Mucha comunicación

Comprender sus sentimientos, opiniones, deseos y necesidades es crucial. Encuentra el momento adecuado para comunicarlos de manera clara y frecuente con cualquier persona afectada por la mudanza y con quien consideres que vale la pena hablar. Hazles saber cómo te sientes y por qué quieres mudarte al extranjero. Explica los beneficios que ves para ti y los que potencialmente ves para ellos al aprovechar esta oportunidad única en la vida que te hará sentir realizado y feliz.

Además, comparte cómo te sentirás al perder la oportunidad de estudiar, conseguir un mejor trabajo, viajar, utilizar tus talentos y habilidades, y mejorar personal y profesionalmente. ¿Te sentirías resentido, limitado, infeliz, frustrado o deprimido si tu arduo trabajo no diera sus frutos?

Permíteles expresar sus emociones, miedos y preocupaciones, y escucha sus perspectivas para comprenderles. Esto ayudará a resolver problemas y malentendidos y a crear el mejor plan de acción posible. El objetivo es tener relaciones mejores, más saludables y más satisfactorias con tu familia, asegurándote de que nadie tenga que sacrificar su bienestar para satisfacer los deseos de otra persona.

Involúcralos en la planificación

Si llevas a tu familia contigo (pareja, hijos), pregúntate: ¿Estoy haciendo lo que creo que es mejor para ellos? Anota tus razones. Tal vez su hijo esté triste porque extrañaría a sus amigos o esté preocupado porque no habla el nuevo idioma. Pero estarán en un lugar más seguro, tendrán un mejor acceso a la educación, disfrutarán de una mejor calidad de vida o tendrán un mejor acceso a la asistencia médica. Discútelo con ellos y, si es posible, involucra a todos los afectados por la medida.

La comunicación abierta y frecuente es esencial cuando te preparas para mudarte al extranjero. Comparte tus razones para mudarte y los beneficios que prevés. Esta transparencia ayuda a los miembros de la familia a comprender tus motivaciones y a sentirse incluidos en la toma de decisiones. Involucra a tu familia en las etapas de planificación de la mudanza para crear un sentido de trabajo en equipo y facilitar la transición. Estas son algunas formas de hacerlo:

- Investiga y aprende en familia sobre la cultura, el idioma, las escuelas y la atención médica del nuevo país. Esta investigación compartida reduce la ansiedad al convertir lo desconocido en un descubrimiento emocionante.

- Incluye la opinión de tu familia al tomar decisiones importantes, como seleccionar un vecindario, escuelas o actividades locales. Valorar sus opiniones ayuda a que todos se sientan incluidos en la mudanza.
- Trabajen juntos en una lista de verificación de mudanzas que cubra todas las tareas esenciales, desde el embalaje y el papeleo hasta la configuración de los servicios públicos y el amueblado de la nueva casa. Este enfoque estructurado mantiene a todos en el camino correcto e involucrados en el proceso.
- Exploren juntos su nueva ciudad, busquen sus lugares favoritos, descubran parques, restaurantes y entretenimiento locales, y únanse a clubes comunitarios, equipos deportivos o grupos sociales para cultivar un sentido de pertenencia compartido.
- Dales algo que esperar, encuentra actividades o experiencias en la nueva ubicación que puedan entusiasmar a tu familia, como visitar una atracción local, probar una cocina única o planificar un día en familia. Esto les da a todos un matiz positivo para anticipar y hace que la transición se sienta más gratificante.

Al involucrar a tu familia en cada etapa, creas un entorno de apoyo y participación que ayuda a todos a adaptarse y generar entusiasmo por este nuevo capítulo.

Elabora un plan

Desarrolla un plan razonable, realista y detallado basado en las conversaciones, tanto con los miembros de la familia que se quedan como con los que se mudan contigo. Compartir este plan, si crees que sería útil, puede aliviar las ansiedades y establecer expectativas claras. Debes abordar las preocupaciones planteadas durante las conversaciones y describir cómo tienes la intención de mantener conexiones sólidas y brindar apoyo. Incluye detalles sobre los planes de visitas y comunicación, así como la forma en que te mantendrás involucrado en los temas y celebraciones familiares, ya sea virtualmente o en persona.

Si los que se quedan son niños, ancianos, personas discapacitadas o cualquier persona con una afección que impida la independencia, habla con otros miembros de la familia, amigos y parientes para organizar el apoyo. Infórmales quién se hará cargo de las tareas que solías hacer y cómo continuarás apoyando sus necesidades y abordando sus problemas. Es posible que te des cuenta de que la presencia física no es necesaria para mostrar tu apoyo. Puede tratarse más bien de redefinir los roles y redistribuir, delegar o compartir las responsabilidades de manera más equitativa entre los involucrados.

El cuidado de familiares enfermos, discapacitados o ancianos desde extranjero plantea muchos desafíos prácticos, de comunicación, de tiempo y logísticos. Por lo tanto, es esencial crear una red de apoyo que pueda manejar emergencias, brindar atención y mantenerte informado sobre la salud y otros temas vitales. Si es posible, reúnete con el médico antes de salir o por videoconferencia, y ten a mano un contacto de emergencia.

Delega responsabilidades. Si otros miembros de la familia pueden ayudar, divide las responsabilidades para cubrir todo lo necesario, como encontrar atención de enfermería, cocinar y limpiar, comprar medicamentos, proporcionar transporte o programar y asistir a citas con el médico.

Este enfoque reduce sus sentimientos de abandono o negligencia y les ayuda a sentirse escuchados, cuidados y apoyados por ti, incluso desde lejos. Si bien es posible que no puedas resolver todos sus problemas, tampoco los está abandonando.

Recuerda que, a pesar de todos tus planes y esfuerzos para atender sus necesidades, puede haber momentos en los que te sientas triste e impotente por no estar allí y no saber lo que está sucediendo como lo hacen los que están presentes. Encuentra la paz de saber que estás haciendo lo mejor que puedes.

Aprovechen al máximo el tiempo que pasen juntos

Cuando visites, llames o hagas una videollamada, atesora cada momento. Estas son algunas maneras de aprovechar al máximo el tiempo que pasen juntos:

- Investiga cómo les gustaría pasar tiempo contigo cuando los visites. ¿Quieren mostrarte un lugar especial, cocinar juntos, ver una película o un partido de fútbol, o mirar fotos viejas y compartir historias?
- Hazles saber también lo que te gustaría hacer. Este intercambio mutuo de deseos garantiza que ambas partes sean escuchadas y valoradas.
- Si bien es posible que no sea viable hacer todo, conocer los deseos del otro les permite planificar actividades que disfruten todos. Con un poco de esfuerzo y buena voluntad, pueden crear experiencias memorables juntos.
- Haz lo posible por estar completamente presente en persona o en una llamada. Escucha activamente, participa en la conversación y maximiza tu tiempo con ellos.

- Toma fotos, haz videos o escribe en un diario el tiempo que pasan juntos. Estos recuerdos serán preciosos recordatorios de los momentos que compartiste.
- Llámalos espontáneamente, aunque también es útil programar días y horas que funcionen para ti y para ellos y así tener una conversación más prolongada e intencional, en lugar de apresurar una conversación porque alguien está ocupado o debido a diferentes zonas horarias.

Establece límites saludables

Establecer límites puede ser desafiante e intimidante, especialmente si creciste en una familia en la que decir no o tener una opinión diferente a la de tus padres o mayores era inaceptable. Sin embargo, establecer límites no significa que no respetes o te importen las opiniones o sentimientos de los demás, que estés tratando de controlar a otras personas o que no seas amable.

Establecer límites significa comunicar y proteger tus valores, necesidades y bienestar. Implica establecer límites y estándares sobre cómo quieres que te traten y lo que puedes y no puedes tolerar.

Comunica tus límites con amor y respeto, pero con firmeza. Por ejemplo:

- Si te llama varias veces al día por anhelo, hazle saber amablemente que estás ocupado con el trabajo y que solo puedes hablar durante los momentos designados, como después del trabajo o durante los descansos.
- Planes de vacaciones: Si esperan que pases todo tu tiempo de vacaciones con ellos, pero desean explorar nuevos lugares, sé sincero y claro sobre tus planes e intenciones. Asegúrales que valoras el tiempo que pasan juntos, pero que es necesario equilibrarlo con tus propios deseos.
- Si anticipan más apoyo financiero del que puedes pagar o crees justo, explica tus limitaciones financieras con honestidad. Enfatiza que, si bien estás feliz de ayudar dentro de tus posibilidades, debes administrar tu presupuesto de manera responsable.
- Si quieren visitarte por períodos prolongados, como todo el verano, pero tienes planes con su cónyuge u otros compromisos, expresa amablemente tus preferencias y proporciona un horario que funcione para todos.

- Aborda los comentarios hirientes. Si hacen comentarios que desencadenan sentimientos incómodos, tristes, hirientes o de enojo cada vez que llamas o los visitas, hazles saber cómo te impactan sus palabras. Sé honesto acerca del efecto emocional y pide su comprensión. Si las cosas no cambian a pesar de tus esfuerzos, considera mantener cierta distancia o limitar el contacto para proteger tu bienestar mental y emocional.

Consejos prácticos para establecer límites

- Expresa claramente tus límites y por qué son importantes para ti.
- Utiliza instrucciones en primera persona. Comunica tus sentimientos y necesidades sin culpar ni criticar a los demás. Este enfoque fomenta la comprensión y reduce la actitud defensiva. Por ejemplo, di "Necesito un tiempo a solas para recargar energías después del trabajo", en lugar de "Siempre me abrumas cuando llego a casa".
- Sé coherente; mantén y refuerza tus límites con regularidad para asegurarte de que se respeten.
- Elige la culpa sobre el resentimiento. Es una forma poderosa de tomar el control de tu vida y priorizar tu bienestar en lugar de vivir con una ansiedad, frustración y resentimiento crecientes.
- Mantente firme en tus límites, incluso si los demás te presionan o se resisten. Está bien decir que no y proteger tu espacio personal y tus necesidades.
- Si establecer y mantener límites se vuelve difícil, no dudes en buscar ayuda de un terapeuta o consejero. La orientación profesional puede proporcionar herramientas y estrategias para navegar por el establecimiento de límites de manera efectiva y mantener tu salud emocional.

Los límites saludables ayudan a mantener relaciones sólidas, positivas, respetuosas y satisfactorias. Se aseguran de que las interacciones sean respetuosas y de apoyo, evitando el resentimiento y el agotamiento.

Aprende a soltar
Reconoce cualquier pensamiento y emoción negativa y reencuádrala con algo positivo. La pérdida, decir adiós y no estar cerca de los seres queridos son experiencias dolorosas. Sin embargo, es esencial dejar de lado estas emociones

que te frenan y concentrarte en los próximos pasos para lograr tus objetivos y disfrutar de tu vida en el extranjero.

Recuerda que tú eres responsable de tu felicidad, no los demás. Pensar lo contrario puede ser abrumador. Encuentra la paz de saber que estás haciendo todo lo posible para que la transición sea más fácil para todos sin sacrificar tu bienestar.

Reconoce y replantea tus pensamientos y emociones negativas, enfocándote en las oportunidades y el crecimiento que conllevará tu mudanza. Concéntrate en tus objetivos y pasos necesarios para lograr tus aspiraciones en el extranjero. Esto te ayudará a mantenerte positivo y motivado.

Dejar ir no se trata de darse por vencido o pensar negativamente de los demás; se trata de liberar el apego a los resultados y eliminar la necesidad de validación. Una vez que tomes una decisión consciente, hazte cargo y sigue adelante sin mirar atrás ni cuestionarte a ti mismo.

No vivas para cumplir las expectativas de los demás

Es normal que las personas que te aman y se preocupan por ti expresen sus preocupaciones, expectativas y opiniones. Esta puede ser su forma de decir: "Te amo", "Quiero lo mejor para ti" o "Me gustaría pasar más tiempo contigo". Del mismo modo, es natural que te preocupes por las personas que amas y que tengas en cuenta sus opiniones. Si bien sus aportes y perspectivas pueden ser beneficiosos, no significa que debas cumplir con sus expectativas o complacer a todos a expensas de tu bienestar.

Asume la responsabilidad de tus sentimientos, expectativas y acciones. Recuerda que las expectativas que otra persona tiene de ti son las suyas, no las tuyas. Es posible que no se alineen con tus valores o que no sean tu mejor opción. Identifica lo que es importante para ti, quién eres y qué quieres lograr. Mantente fiel a ti mismo y toma decisiones que se alineen con tus valores y creencias.

Deja de vivir de acuerdo con las expectativas de los demás y vive según las tuyas. Escucha tu voz interior: ¿Se siente bien o correcto? ¿Te hace sentir feliz, triste, ansioso o enojado? ¿Coincide esto con tus creencias, valores, estándares, deseos y necesidades? Usa tu voz interior como guía.

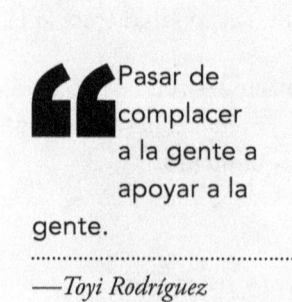
Pasar de complacer a la gente a apoyar a la gente.

—*Toyi Rodríguez*

Acepta que no puedes cambiar a otras personas, que no eres totalmente responsable de la felicidad de otra persona y que exigirles un estándar poco realista te hará sentir miserable. Incluso con sus mejores intenciones, sus expectativas se basan en sus experiencias, opiniones y valores. Nadie te conoce mejor que tú mismo. Comprende tus sentimientos, opiniones, deseos y necesidades. Encuentra el momento adecuado para comunicarlos de manera efectiva y decir tu verdad.

Conéctate con otras personas a tu alrededor

Busca comunidades de expatriados, ya que pueden ser invaluables para el apoyo emocional y práctico. Estas comunidades a menudo están llenas de personas que entienden los desafíos y emociones únicas que conlleva vivir en el extranjero. Pueden ofrecer ideas, consejos y experiencias compartidas para ayudarte a navegar el proceso y sentirte menos solo. Consulta el Capítulo 12 para obtener más información sobre cómo crear comunidad.

Cuídate

Date tiempo para procesar tus emociones y participar en actividades relajantes, como leer un libro, conectarte con la naturaleza, practicar la respiración profunda, escuchar música, charlar con un amigo o darte un masaje. Priorizar el tiempo de inactividad te ayuda a recargar mental y emocionalmente.

Además, reserva tiempo para actividades que disfrutes, ya sea que te deleites de un pasatiempo, participes en un deporte, pruebes algo nuevo o seas voluntario. La vida no debe girar únicamente en torno al trabajo o al cuidado de los demás. Si no haces tiempo para lo que te da alegría, te pierdes todo el potencial de tu experiencia. Esfuérzate por lograr un equilibrio entre el trabajo, los demás y tú mismo. Esto no requiere horas, incluso unos pocos minutos dedicados a ti mismo pueden hacer una gran diferencia.

Adaptarse a un nuevo entorno conlleva una curva de aprendizaje empinada, que abarca todo, desde nuevas prácticas de trabajo hasta la vida diaria. Es esencial darse tiempo para aprender y adaptarse, al mismo tiempo que te das permiso para descansar y recargar energías. Si bien es más fácil decirlo

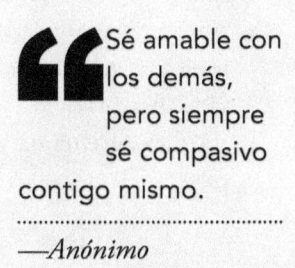

Sé amable con los demás, pero siempre sé compasivo contigo mismo.

—*Anónimo*

que hacerlo, recuerda que el aprendizaje y la adaptación se vuelven mucho más desafiantes cuando te quedas sin nada.

Modifica tus expectativas. Algunas personas ven erróneamente mudarse al extranjero como algo similar a unas vacaciones prolongadas, olvidando que las responsabilidades cotidianas como el trabajo, las tareas domésticas y las obligaciones de la vida aún se aplican. Este concepto erróneo puede llevar a la frustración cuando no logran de inmediato todos los planes divertidos que imaginaron. No te desanimes si no puedes hacerlo todo de inmediato. Estas oportunidades llegarán con el tiempo a medida que te instales en tu nuevo hogar y trabajo.

Practica la autocompasión, sé paciente contigo mismo y permítete moverte a tu propio ritmo sin culpa. Adaptarse a una nueva vida y entorno es un proceso continuo, y está bien si todo no encaja de inmediato. Trátate a ti mismo con amabilidad mientras navegas por tu nueva realidad.

CONCLUSIONES

- Reflexiona sobre tu culpa identificando su origen y determinando si es racional o se basa en pensamientos inexactos.
- Acepta tu decisión enfocándote en los beneficios de mudarte al extranjero y cómo se alinea con tus objetivos y valores.
- Encuentra el equilibrio y las formas de satisfacer tus necesidades y perseguir tus sueños mientras mantienes las conexiones con tus seres queridos en casa.
- Establece límites saludables para mantener relaciones respetuosas y satisfactorias sin sentirte abrumado por las expectativas de los demás.
- Prioriza el cuidado personal, practica la autocompasión y reconoce que seguir tus sueños no significa descuidar a tus seres queridos.
- Aprovechen al máximo el tiempo juntos, ya sea en persona o virtualmente, y dejen de lado la culpa reconociendo el derecho a buscar una vida plena.
- ¡Dedica tu energía vivir una vida que sea significativa y satisfactoria para ti!

CAPÍTULO 12

Encuentra tu tribu

"Si quieres caminar rápido, camina solo. Pero si quieres caminar lejos, camina acompañado".
—*Ratan Tata*

Construir un sistema de apoyo es la clave para disfrutar de la vida en un lugar nuevo y realmente hacer que te sientas como en casa. Mudarse a un nuevo país puede ser aislante, especialmente si estás lejos de la familia y del entorno familiar. Los amigos crean un sentido de pertenencia y una conexión con una comunidad, lo que ayuda a evitar los sentimientos de soledad.

Los amigos no son solo compañeros. Son esenciales para nuestro bienestar emocional, mental e incluso físico. Proporcionan un espacio seguro para expresar sus sentimientos, miedos y alegrías. Su empatía, comprensión y un hombro en el que apoyarse durante los tiempos difíciles, son invaluables. Una red de apoyo sólida puede ayudarte a navegar por la montaña rusa emocional de vivir en el extranjero, ya sea lidiando con el choque cultural, la nostalgia o los desafíos diarios.

Los amigos, especialmente aquellos que son locales o han vivido en el país por más tiempo, juegan un papel fundamental en tu adaptación cultural. Sus conocimientos y apoyo pueden facilitar la transición, ayudándote a comprender y navegar mejor por la cultura, tradiciones y normas sociales o a mejorar tus habilidades lingüísticas. Además, estas relaciones proporcionan apoyo emocional, consejos prácticos y perspectivas, haciendo el ajuste más fácil.

CITA A CIEGAS

Las citas a ciegas no son solo para encuentros románticos, también pueden dar lugar a amistades para toda la vida. Conocí a Lety, mi mejor amiga en Bélgica, en una cita a ciegas. Ella y su familia se habían mudado a Bruselas casi al mismo tiempo que nosotros.

Unas semanas después de llegar a Bélgica, nuestra agente de bienes raíces llamó para preguntar si podía compartir mi contacto con otra de sus clientas, una mexicana que también se había mudado recientemente a Bélgica. Al día siguiente, Lety me llamo, presentamos por teléfono y hablamos durante más de 80 minutos. Al final de la llamada, me invitó a tomar un café a su casa. Más tarde esa semana, tomé un taxi para un viaje de una hora para encontrarme con ella. Sin redes sociales en ese entonces, no podía buscarla ni tener una idea de quién era: entraba a esta reunión completamente ciega.

Imaginar a alguien basándose únicamente en su voz es complicado y, a menudo, engañoso. Cuando finalmente nos conocimos, Lety no se parecía en nada a lo que me había imaginado: era más joven, más relajada, increíblemente amable e incluso más sociable de lo que esperaba.

Nos sentamos a tomar un café y hablamos durante horas como si fuéramos viejas amigas poniéndonos al día después de años separadas. A partir de ese día, nos volvimos inseparables y nuestros esposos también se hicieron amigos rápidamente. Puede sonar a cliché, pero cuando vives lejos de tu familia, tus amigos se convierten en tu familia. Si bien los amigos pueden sentirse como una familia incluso cuando estás cerca de casa, el vínculo que se forma con los amigos mientras vives en el extranjero es excepcionalmente poderoso. Estas son las personas a las que recurres para todo.

Con el paso de los meses, empezamos a conocer gente nueva y a ampliar nuestro círculo social. Compartimos innumerables reuniones, viajamos juntos y nos apoyamos mutuamente a través de los desafíos de la vida. Te apoyas en tus amigos para el tipo de apoyo que normalmente buscarías de los miembros de tu familia cuando vives en el extranjero. Por ejemplo, cuando Lety estaba en el hospital dando a luz a su bebé, su hija mayor se quedó conmigo en mi casa y yo la cuidé hasta que permitieron visitas en el hospital.

Las amistades se forjan en condiciones únicas y, a menudo, se convierten en lazos profundos y duraderos que se sienten tan cálidos y seguros como los lazos familiares. Después de Bélgica, ellos se mudaron a Panamá y nosotros a Estados Unidos. Nos reunimos con Lety y su familia hace dos años después de casi quince años separados. Parecía que no había pasado el tiempo: el amor, la conexión y la cercanía eran igual de fuertes, a pesar de que no hablábamos con tanta frecuencia como antes. Sin duda, las amistades es lo que más te ayuda a disfrutar vivir fuera.

Consejos para encontrar amigos en citas a ciegas

Aprovecha la tecnología para encontrar y conectarte con posibles amigos en tu nuevo país. Varias aplicaciones y sitios web están diseñados para conocer gente y crear círculos sociales. Estos son algunos de los más populares para probar:

- **Meetup:** perfecto para encontrar nuevos amigos que compartan tus intereses específicos. Ya sea que te guste pintar, cocinar, leer o un deporte en particular, Meetup te conecta con grupos donde puedes disfrutar de tus pasatiempos con personas de ideas afines. He usado esta aplicación para conectarme con otros escritores de mi ciudad y ayuda; se reúnen con frecuencia y escribimos juntos durante un par de horas mientras tomamos un café.
- **¡Eh! Vina:** a menudo conocida como "Tinder for (Girl) Friends", esta aplicación está diseñada para mujeres que buscan hacer amigas. Su objetivo es empoderar a las mujeres ayudándolas a conectarse con otras que comparten intereses y valores similares.
- **Atleto:** ¿estás buscando un compañero de maratón, un compañero de gimnasio o un oponente de tenis o baloncesto? Atleto te conecta con personas que comparten tus intereses deportivos y de fitness.
- **Nextdoor:** esto es ideal para las personas que se acaban de mudar a un nuevo vecindario y buscan hacer amigos. Es una red social privada para ti y tus vecinos, diseñada para construir conexiones más fuertes dentro de tu comunidad local. También utilizo Nextdoor para ponerme en contacto con los vecinos, quienes una vez me ayudaron a encontrar a mi gato perdido.
- **Peanut:** es muy recomendable para las mamás que se sienten solas y quieren conectarse con otras mamás que entiendan por lo que están pasando. Peanut conecta a las mujeres desde el embarazo hasta la maternidad, ofreciéndoles apoyo y amistad.
- **Friender:** esta aplicación "solo para amigos" está diseñada para ayudarte a conocer gente nueva con intereses similares. No es una aplicación de citas, su único propósito es ayudarte a construir amistades.

- **Bumble BFF:** si estás buscando construir amistades uno a uno, Bumble BFF es una gran herramienta. Es como la versión de amistad de una aplicación de citas, donde puedes emparejarte con personas que comparten intereses y valores similares.
- **Internations:** diseñada específicamente para expatriados, Internations es una comunidad global en la que puedes conectar con otras personas de tu zona que están viviendo experiencias similares. A menudo organizan eventos sociales y actividades que facilitan conocer gente nueva.
- **Grupos de Facebook:** únete a grupos locales de Facebook para expatriados o comunidades de interés especial en tu área. Estos grupos a menudo comparten eventos, recomendaciones y oportunidades de encuentro.

Comienza por tener una conversación por teléfono con tu posible amigo. Este chat inicial te permite tener una idea de su personalidad, escuchar su voz y conocer sus antecedentes e intereses. Crea una oportunidad para una conversación ligera y natural y establece una base cómoda antes de reunirte en persona. Comenzar con una llamada telefónica también puede ayudar a aliviar cualquier nerviosismo inicial, haciendo que la primera reunión cara a cara se sienta más familiar y relajada.

Acércate a la conversación con la mente y el corazón abiertos. La apertura invita a una conexión genuina y ayuda a generar confianza desde el principio.

Arriésgate y sal de tu zona de confort, dar el salto para conocer a alguien nuevo puede ser intimidante, pero a menudo es el primer paso para formar amistades.

Planea algo agradable y emocionante para ambos. De las conversaciones telefónicas, ya has aprendido sobre sus intereses, gustos y disgustos, así que usa ese conocimiento para crear una primera reunión divertida.

Se autentico, la autenticidad fomenta relaciones y amistades más sólidas y duraderas.

HACER AMIGOS EN EL TRABAJO O LA ESCUELA

Hacer amigos en el trabajo o la escuela puede ser una de las formas más fáciles y efectivas de expandir tu círculo social. Cuando mi esposo y yo nos mudamos a Memphis, trabajamos a tiempo completo para la misma empresa. Debido a nuestras agendas, teníamos oportunidades limitadas de conocer gente fuera del trabajo, por lo que nuestro círculo social consistía principalmente en compañeros de trabajo y personas conectadas con ellos.

Algunos colegas fueron proactivos y se presentaron, lo que nos facilitó formar conexiones. Con otros, tomamos la iniciativa y nos pusimos en contacto primero.

Consejos para hacer amigos en el trabajo:

- Preséntate y entabla una conversación ligera. Un simple saludo puede abrir la puerta a una nueva amistad.
- Participa en eventos de la empresa, picnics, juegos y fiestas navideñas. Estas reuniones son excelentes oportunidades para conocer gente en un ambiente relajado.
- Una forma sencilla y eficaz de iniciar una conversación es pedirle a un compañero de trabajo que te recomiende restaurantes, tiendas o eventos o atracciones locales cercanas. Esto muestra interés en su opinión y abre la puerta a una invitación de seguimiento casual. Después de que sugieran un lugar, invítalos a unirse a ti para un evento, almuerzo o una bebida después del trabajo. Si te sientes más cómodo en un entorno grupal, considera invitar a algunos colegas para aliviar los nervios de la primera vez. Las salidas en grupo pueden ser una forma relajada de conocerse mejor, creando un ambiente natural para la conversación y la conexión sin la presión de la interacción uno a uno.
- Almuerza lejos de tu escritorio. Unirse a otros en la cafetería o en una cafetería cercana es una excelente manera de conocer mejor a tus compañeros de trabajo.
- Ofrecerse como voluntario para iniciativas de la empresa o pequeños actos de bondad, puede ayudar a conectarte con los demás y crear relaciones positivas.

CONOCE A TUS VECINOS

Conocer a tus vecinos es una de las maneras más sencillas pero efectivas de construir un sentido de hogar y comunidad en un lugar nuevo. Crear estas conexiones puede ayudarte a sentirte más asentado y seguro en tu entorno, dándote un sentimiento de pertenencia.

Mi esposo y yo nos hemos mudado nueve veces en veinte años y, cada vez, nos hemos presentado a nuestros vecinos. Algunos se han convertido en amigos cercanos, mientras que otros se han mantenido como rostros familiares y amigables. Conocer a nuestros vecinos nos ha brindado un sentido de apoyo, comunidad y comodidad que ha sido invaluable a medida que nos hemos adaptado a cada nuevo hogar.

Nuestras relaciones con nuestros vecinos han ido más allá de simples saludos: nos hemos cuidado genuinamente los unos a los otros, creando un fuerte sentido de comunidad. Nos hemos ayudado mutuamente con las tareas cotidianas como cortar el césped, sacar la basura y recoger el correo cuando uno de nosotros no estaba. Durante mi embarazo, cuando mi esposo estaba de viaje, nuestros vecinos amablemente limpiaron nuestro camino de entrada después de una nevada. Hemos pedido prestadas herramientas, compartido suministros e incluso dependemos unos de otros para el cuidado de los niños en emergencias.

Han recomendado niñeras confiables, proveedores de servicios, las mejores tiendas locales, y ayudado a cuidar de la casa mientras estamos fuera. Siempre hemos correspondido de la misma manera, agradeciendo el apoyo mutuo.

En uno de los lugares donde vivimos en Estados Unidos, la mayoría de las familias tenían niños de edad cercana a los nuestros, por lo que los niños a menudo jugaban juntos en la calle, corriendo, montando triciclos y bicicletas. Sabíamos que siempre había algunos adultos cerca para vigilarlos, lo que nos permitía tomar un descanso, cocinar la cena o atender llamadas de trabajo sin interrumpir la diversión de los niños. Vivíamos en un acogedor callejón sin salida al lado de nuestros vecinos alemanes. Nuestros hijos, tan cercanos en edad, pasaban horas jugando. Muchas tardes, los niños disfrutaban de sus paletas heladas o jugos mientras los adultos nos relajábamos intercambiando Heinekens por Coronas.

La asociación de propietarios organizaba reuniones semestrales en los dos últimos vecindarios, perfectas para conocer y convivir con los vecinos. Los niños del vecindario jugaban mientras los adultos conversaban, y luego todos nos reuníamos para actividades familiares.

La mayoría de los lugares en los que hemos vivido han tenido vecinos acogedores que se presentan. Sin embargo, cuando nos mudamos a Bélgica, nadie se acercó inicialmente, así que decidí dar el primer paso y presentarme. Como dicen: "Si la montaña no quiere venir a Mahoma, Mahoma debe ir a la montaña". Estoy muy contenta de haberlo hecho, nuestros vecinos fueron increíblemente amables y agradables. La vecina de al lado me presentó a otras señoras de la cuadra, muchas de las cuales eran mayores que mis padres, y amablemente me invitaron a sus fiestas de té y cenas elaboradas de varios platos, que son parte de la tradición belga.

Atesoro esas fiestas de té, experiencias que solo había visto en películas. A los 27 años, me movía por la vida a toda velocidad, con ganas de hacer todo y absorber todo lo que pudiera. Estas reuniones proporcionaron un contraste pacífico con mi estilo de vida acelerado: una oportunidad para reducir la velocidad, disfrutar del momento y el arte de estar completamente presente. Eran un recordatorio para hacer una pausa y relajarme.

Sentarme con estas extraordinarias damas, bebiendo té, disfrutando de aperitivos y postres ingeniosamente preparados en una mesa bellamente adornada con flores frescas, en un acogedor patio con música suave de fondo e inmersas en una cálida conversación, se sentía como un retiro sereno, casi como meditación o un día en el spa. En esos momentos, el tiempo parecía detenerse; no había prisas, ni preocupaciones, solo el placer de estar completamente presente, saboreando el entorno y la compañía. Las cenas en Bélgica eran mucho más que una experiencia culinaria; eran una celebración cultural. En la cultura belga, como en muchas otras, la comida tiene un profundo significado. Las comidas belgas están diseñadas para reunir a familiares y amigos, creando un espacio para una experiencia gastronómica tranquila y deliciosa que refleja el orgullo por su cocina. La hora de comer en Bélgica es casi sagrada, conectarse con los demás y fortalecer las relaciones, nunca se trata de negocios.

Nuestras cenas con vecinos belgas a menudo se extendían por más de cinco horas, con varios platos, a veces hasta doce, cada uno cuidadosamente maridado con un vino diferente. Estas comidas prolongadas eran un fiel reflejo de la hospitalidad y la tradición belgas. No es de extrañar que duraran tanto tiempo; sin el ritmo y la estructura, ¡podría haber terminado borracha en la mayoría de ellas!

Cada platillo se servía en un plato diferente con los cubiertos apropiados, por lo que, para una cena de diez platos, cada persona usaba diez platos, de diez a veinte cubiertos y varias copas, una para cada tipo de vino, más una para el agua. El café se servía después del postre, no con él, y por lo general era sin leche ni azúcar. Cenar con ellas fue una experiencia cultural increíble.

Más allá de las comidas, nuestros vecinos fueron increíblemente amables y serviciales. Probablemente fueron mi conexión más cercana con la cultura belga. Gracias a ellos, tuve experiencias de primera mano con los lugareños, aprendí consejos sobre Bélgica y Europa, descubrí sus tradiciones, probé su comida y encontré los mejores restaurantes y lugares locales para visitar. A pesar de que tuve que dar el primer paso para presentarme, ¡valió la pena!

Consejos para conocer a tus vecinos

- Saluda a la gente con sonrisas cálidas y amistosas. Es una forma simple pero poderosa de establecer conexiones con tus vecinos.
- Pasa tiempo afuera; quedarte en casa no te ayudará a conocer gente nueva. Visita áreas comunes, sal a caminar y pasa tiempo en espacios comunitarios como parques, gimnasios, casas club o piscinas. O intenta trabajar en tu patio delantero, esto puede aumentar naturalmente tus posibilidades de conectarte con los vecinos y entablar conversaciones.
- Muestra interés en tus vecinos preguntando sobre el área, los restaurantes locales, los eventos, las actividades o las empresas de servicios. Es una excelente manera de iniciar conversaciones y recopilar información útil.
- Ofrécete a ayudar, sé proactivo y echa una mano si tu vecino lo necesita. Los actos de bondad, como cortar el césped, palear la nieve o recoger su correo cuando no están, pueden ser de gran ayuda para establecerte como un vecino amable y servicial.
- Pide o haz un pequeño favor, a la mayoría de las personas les gusta ayudar a los demás; las pequeñas peticiones pueden ayudar a construir una relación positiva.
- Visita los lugares locales con regularidad, como cafeterías, floristerías o restaurantes. Convertirte en una cara familiar en el vecindario puede ayudar a conectarte con los vecinos y los propietarios de negocios locales.
- Comparte algo simbólico, tomates frescos de tu jardín o un pequeño recuerdo de tu ciudad natal. Un gesto considerado como este puede dejar una impresión duradera.
- Invita a tus vecinos a tomar un café, una cerveza o incluso a una pequeña reunión. Antes de extender una invitación, ten en cuenta las diferencias culturales. Por ejemplo, ¡no ofrezcas alcohol a un musulmán o carne de cerdo a un judío!

- Intencionalmente, asegúrate de encontrarte con tus vecinos y comenzar una conversación informal. Trata de que sea cuando no tengan prisa, permitiendo que la charla se sienta natural y no forzada.

OTRAS FORMAS DE HACER AMIGOS EN EL EXTRANJERO

Conocer gente nueva requiere tiempo y esfuerzo, especialmente si estás en un entorno nuevo o buscas expandir tu círculo social. Otras formas de conocer gente nueva son las siguientes.

Únete a clubes, grupos o clases

Únete a clubes o grupos que se centren en actividades que disfrutes, como clubes de lectura, grupos de senderismo, clases de cocina o clubes de fotografía. Participar en deportes de equipo o clases deportivas.

Considera inscribirte en clases en una universidad local, un centro comunitario o un gimnasio. Ya sea que estés aprendiendo un nuevo idioma, desarrollando una habilidad o explorando un tema que te entusiasme, estos entornos son ideales para conocer a otras personas con intereses en común. Los talleres de arte, escritura, música u otras actividades creativas fomentan la interacción.

Explora museos, galerías de arte y sitios históricos locales. Estos lugares a menudo organizan eventos, visitas guiadas y exhibiciones especiales que brindan excelentes oportunidades para conectar con otros.

Asiste a eventos sociales y locales

Únete a festivales, ferias o reuniones comunitarias locales para conocer gente en un ambiente relajado y amigable. Los eventos de creación de redes profesional, las conferencias y las reuniones de la industria también son excelentes opciones.

Visita los mercados de agricultores o la biblioteca pública local. Se trata de entornos informales en los que se pueden iniciar fácilmente conversaciones con los proveedores o con otros asistentes. Además, asiste a charlas públicas, firmas de libros o conferencias sobre temas que te interesen, ya que a menudo brindan oportunidades para socializar y conocer gente nueva después.

Voluntarea

Ser voluntario por una causa que te importa es una excelente forma de conocer a personas que comparten tus valores. Ya sea en un refugio local, un banco de alimentos o una limpieza ambiental, crearán vínculos para generar un impacto positivo. Participa en carreras benéficas, recaudaciones de fondos o campañas de concientización. El voluntariado es un entorno estructurado, centrándose en una causa compartida en lugar de solamente socializar.

Asiste a reuniones religiosas o espirituales

Si eres religioso o espiritual, asistir a servicios, grupos de estudio o eventos comunitarios en tu lugar de culto puede ayudarte a crear un buen grupo de amigos. Considera la posibilidad de unirte a retiros, sesiones de meditación o talleres centrados en prácticas espirituales. Ya sea a través de discusiones compartidas, proyectos de servicio colaborativos o momentos tranquilos de reflexión, interactuar con tu comunidad espiritual puede ayudarte a construir amistades duraderas y una sólida red de apoyo.

CONSTRUYENDO AMISTADES EN EL EXTRANJERO

Para algunos, conocer gente nueva y formar amistades es una parte natural y fluida de la vida. Para otros, el proceso puede resultar desalentador, ya que requiere más tiempo, esfuerzo y salir de sus zonas de confort. Sin embargo, en el fondo, todos somos seres sociales, programados para la conexión y la pertenencia. Construir relaciones no es solo una elección; es esencial para el ser humano. Estas conexiones enriquecen nuestras vidas, proporcionando apoyo, alegría y un sentido de propósito que da forma a nuestras experiencias y bienestar.

He recopilado valiosos consejos para ayudarte a ser agradable y cultivar amistades duraderas.

Supera la ansiedad social

Es común experimentar pensamientos negativos en situaciones sociales, como "hare el ridículo" o "no le agradaré a la gente". Sin embargo, puedes contrarrestar estos pensamientos con perspectivas más positivas y realistas. Recuerda que todo el mundo comete errores, y esos momentos son parte del ser humano. La mayoría de las personas suelen estar demasiado preocupadas por sus propios asuntos como para centrarse en juzgar a los demás.

Cambiar tu mentalidad para entender que las interacciones sociales tienen que ver con la conexión, no con la perfección, puede aliviar tu ansiedad. Acepta la idea de que las imperfecciones te hacen identificable y que la autenticidad es más atractiva que tratar de ser impecable. Reconoce que las conversaciones genuinas y los pequeños actos de bondad a menudo dejan una impresión positiva duradera.

Crea oportunidades de conexión

Invita a alguien a hacer algo discreto, como visitar un museo, salir a caminar o pasear al perro o tomar un café. Estas actividades permiten una interacción sin la presión de una conversación constante. Si te sientes cómodo, considera organizar una reunión pequeña, como una cena o una reunión informal. Invitar a las personas a tu espacio crea un ambiente acogedor donde las conexiones pueden florecer.

Las grandes reuniones sociales pueden ser desalentadoras si eres introvertido o prefieres entornos más pequeños e íntimos. En lugar de sumergirte en esos entornos abrumadores, concéntrate en construir conexiones a través de interacciones uno a uno en entornos más cómodos, personales y menos intimidantes, sin la presión de una multitud.

Mantén una actitud positiva

Sé una fuente de aliento, apoyo y motivación celebrando los éxitos de los demás y animándolos. Este enfoque actúa como un poderoso imán, atrayendo a las personas hacia ti sin esfuerzo. Cultiva el arte de animar a los que te rodean reconociendo sus fortalezas y ofreciendo comentarios sinceros, positivos y constructivos. Tu energía positiva puede transformar el ambiente, creando un espacio donde las personas se sientan valoradas, inspiradas y ansiosas por conectarse, convirtiéndote en alguien que quieren tener en su círculo.

Muestra interés sincero y escucha activamente

Haz preguntas abiertas para fomentar una conversación más profunda e invita a otros a compartir sus vidas, intereses, pasiones y metas. Este enfoque demuestra un interés genuino y abre la puerta a un diálogo. Concéntrate completamente en el momento, deja a un lado las distracciones como tu teléfono o computadora portátil, y tómate el tiempo para responder reflexivamente a lo que dicen los demás. Tu atención y compromiso harán que los demás se sientan valorados y respetados, lo que ayudará a fomentar una conexión más fuerte.

Empieza despacio y observa cómo responden. Presta mucha atención a sus respuestas y a su lenguaje corporal. ¿Parecen cómodos y comprometidos con la conversación? ¿Mantienen el contacto visual o miran a su alrededor? ¿Sus respuestas son breves o detalladas? Considera reducir la velocidad o cambiar de tema si notas signos de incomodidad o falta de conexión, como respuestas cortas o atención divagante. No querrás parecer intrusivo. Sin embargo, si ellos parecen disfrutar de la conversación, continúa construyendo sobre la base de tu relación establecida.

Presta mucha atención cuando los demás hablen y muestra tu compromiso a través de gestos como asentir con la cabeza, mantener el contacto visual y ofrecer respuestas reflexivas, teniendo en cuenta las diferencias culturales en el lenguaje corporal y los estilos de comunicación. Practicar escuchar con atención indica que estás completamente presente, haciendo que los demás se sientan genuinamente escuchados y valorados. Este enfoque transmite respeto y empatía, fomentando la confianza y la conexión. Demuestra que realmente te preocupas, hazlo generando confianza, ofreciendo apoyo incondicional y cultivando el respeto mutuo y la empatía en tus interacciones. Ve más allá de las conversaciones superficiales: tómate el tiempo necesario para comprender las necesidades, los sentimientos y las perspectivas de los demás. Demuestra compasión y comprensión de manera constante.

Sé accesible

Ser accesible significa demostrar calidez, amabilidad y apertura, lo que hace que sea fácil hablar contigo y que resultes atractivo para los demás. Las personas accesibles atraen naturalmente a los demás al crear una sensación de comodidad y confianza a través del lenguaje corporal, así como de expresiones y tonos de voz.

Mantén una postura abierta y relajada, usando gestos como una sonrisa genuina, contacto visual y una presencia atenta para mostrar que eres receptivo a la interacción. Para tener una mejor conexión, evita cruzarte de brazos y mira a la persona con la que estás hablando. Si bien estos gestos universales señalan calidez, ten en cuenta las diferencias culturales, ya que ciertos comportamientos pueden interpretarse de manera diferente. Al proyectar accesibilidad, facilitas que los demás se acerquen.

Habla con calma, claridad y respeto. Tu tono prepara el escenario para la recepción de tus palabras, así que asegúrate de que transmita calidez y comprensión. Usa el humor, teniendo en cuenta sensibilidades culturales para asegurarte de que sea apropiado y bien recibido. El equilibrio adecuado entre el tono y el humor puede aliviar la tensión.

Muestra amabilidad y sé proactivo al ofrecer ayuda, ya sea dando direcciones, sosteniendo una puerta o compartiendo información útil. Ofrece cumplidos sinceros cuando sea apropiado, reconocerlos esfuerzos o logros de los demás alegra su día y mejora la relación.

Da el primer paso y preséntate, especialmente en entornos sociales donde las personas no se conocen entre sí. Iniciar una conversación muestra confianza y ayuda a romper el hielo para todos.

Usa su nombre, incorporar el nombre de alguien en la conversación agrega un toque personal y demuestra un interés genuino.

Se auténtico

La autenticidad es la piedra angular de la construcción de amistades genuinas. Cuando te mantienes fiel a ti mismo, naturalmente atraes a otros que aprecian y se conectan con tu verdadero yo. Las personas se sienten atraídas por aquellos que confían en sí mismos, ya que eso crea una sensación de confianza y comodidad. Al compartir un poco de ti (pensamientos, experiencias y vulnerabilidades), invitas a otros a hacer lo mismo.

Comprende las perspectivas de los demás

Aborda las conversaciones con una mente abierta y empatía, resistiendo la tentación de juzgar o descartar los puntos de vista de los demás. Reconoce que las personas provienen de diferentes lugares y experiencias, lo que da forma a sus perspectivas. Respeta estas diferencias en lugar de verlas como obstáculos. Reflexiona sobre tus creencias y prejuicios que podrían influir en tu interpretación de las perspectivas de los demás, y expresa compasión y comprensión, incluso si no estás completamente de acuerdo con su punto de vista.

Aprende sobre su cultura y comprende lo que es apropiado y lo que no lo es en tu nuevo entorno. Investiga un poco antes de sumergirte en la cultura, la política y el idioma de tu nuevo hogar. Mantente informado siguiendo las noticias locales.

Sé paciente y persistente

Construir nuevas amistades requiere tiempo y esfuerzo. No apresures el proceso ni fuerces las amistades; sé constante en ser accesible y deja que las relaciones se desarrollen naturalmente con el tiempo. Las amistades más fuertes crecen orgánicamente.

Usa rompehielos

Romper el hielo puede facilitar el inicio de conversaciones. Estos son algunos rompehielos efectivos:

- **Cumplidos:** un cumplido bien colocado puede fomentar una conexión positiva.
- **Chistes reflexivos**: usa el humor, pero asegúrate de que sea apropiado para la nueva cultura.
- **Preguntas abiertas:** haz preguntas como: "¿Qué te gusta hacer en tu tiempo libre?" "¿Cuál es tu restaurante favorito?" o "¿Cuál es el mejor lugar al que has viajado?" para fomentar la conversación y aprender más sobre la otra persona.

LOS AMIGOS QUE NECESITAS TENER CUANDO VIVES EN EL EXTRANJERO

Cuando vives en el extranjero, tener una red de amigos diversa y de apoyo puede tener un profundo impacto en tu experiencia. Estos son los tipos de amigos que deberías considerar tener cuando vivas en el extranjero:

El amigo local: un amigo local puede ayudarte a entender la cultura, el idioma y las normas sociales de tu nuevo entorno. Ofrecen conocimiento interno sobre el área, ayudan a navegar por las costumbres locales, las tradiciones, la comida y los lugares que puedes visitar, y brindan una conexión más profunda con la comunidad local.

Un amigo expatriado: entiende los desafíos de vivir en un país extranjero porque está pasando por lo mismo. Pueden ofrecer empatía, consejos prácticos y compartir experiencias. Proporciona un sentido de camaradería, apoyo y comprensión, lo que facilita hacer frente a los altibajos de la vida de expatriado.

El mentor o guía: esta persona puede ser un local o un expatriado experimentado que ha vivido en el país durante mucho tiempo. Pueden ofrecer valiosos consejos y conocimientos sobre cómo navegar por los aspectos personales y profesionales de la vida en el extranjero. Te ayudan a evitar errores comunes, brindan orientación sobre cómo integrarse en la cultura y ofrecen consejos acerca de todo, desde asuntos legales hasta desafíos cotidianos. Un mentor es alguien con quien te sientes completamente seguro, haciendo todo tipo de preguntas mientras navegas y aprendes cómo funcionan las cosas. Son una presencia que ofrece sabiduría y proporciona un espacio sin prejuicios donde tu aprendizaje y desarrollo son genuinamente apoyados.

El compañero de idiomas: aprender el idioma local es crucial para la comunicación diaria y una integración más profunda. Un compañero de idiomas puede ayudarte a practicar y mejorar tus habilidades lingüísticas en un ambiente relajado e informal.

El conector social: un conector social conoce a muchas personas y disfruta uniendo a otras. Pueden ayudarte a ampliar tu círculo social e invitarte a eventos, reuniones y actividades, ayudándote a conocer gente nueva y a sentirte más conectado con la comunidad.

El compañero de actividades: tener a alguien con quien puedas compartir pasatiempos y actividades hace que tu tiempo en el extranjero sea más agradable. Ya sea que estés explorando la ciudad, haciendo senderismo o asistiendo a eventos culturales, un compañero de actividades agrega diversión a tu rutina.

El confidente comprensivo: vivir en el extranjero puede ser una montaña rusa emocional, llena de desafíos, incertidumbres y triunfos. Tener a alguien que te escuche y comprenda a tu lado es invaluable. Esta persona ofrece un espacio libre de juicios para compartir abiertamente tus luchas, miedos y éxitos. Escuchan con empatía y comprensión, brindando el apoyo emocional que necesitas para procesar tus experiencias. Su presencia te ayuda a navegar por las complejidades de la vida en un nuevo país, asegurándote de que te mantengas mentalmente sano y emocionalmente equilibrado.

El aliado profesional: un aliado profesional que entiende la cultura de trabajo local puede ofrecer ideas y consejos sobre cómo navegar por el ámbito profesional ayudándote a adaptarse a la cultura del trabajo.

El contacto de emergencia: tener a alguien en quien puedas confiar durante una emergencia es crucial, ya sea que se trate de un problema médico, un asunto legal o una crisis personal. Si te encuentras en una emergencia en el extranjero sin un contacto de confianza, haz que sea una prioridad familiarizarte con los números de emergencia locales para la policía, los bomberos y la asistencia médica tan pronto como llegues. La embajada o el consulado de tu país puede ayudar en diversas emergencias, como encontrar atención médica o apoyo legal. La mayoría de las embajadas mantienen un número de contacto de emergencia las 24 horas del día, los 7 días de la semana para los ciudadanos en peligro. Los centros de salud locales, los farmacéuticos, el personal del hotel, los propietarios o anfitriones de alquiler, los proveedores de seguros, los grupos comunitarios de expatriados, las iglesias, las autoridades locales o los vecinos, también pueden ser fuentes valiosas de apoyo. Recuerda siempre que la mayoría de las personas, incluso los extraños, son compasivos y están dispuestas a ayudar. Nunca dudes en pedir ayuda cuando la necesites, ya que es posible que te sorprenda la amabilidad y la disposición a ayudar que existen a tu alrededor. El mundo está lleno de personas compasivas, ¡y nunca estás solo!

El viejo amigo a la distancia: mantenerte conectado con amigos de tu país de origen. Estos amigos te conocen profundamente y te ofrecen una conexión reconfortante que te ayuda a mantener los lazos con tus raíces. Han compartido tus alegrías, te han hecho reír, te han consolado en momentos de tristeza y te han proporcionado esa sensación esencial de seguridad que todos anhelamos. Incluso cuando aceptas nuevas experiencias, estas siguen siendo una parte importante de tu vida, lo que te brinda un apoyo y una familiaridad inquebrantables. Su presencia, incluso desde lejos, sigue siendo una fuente de fuerza y calidez mientras navegas por tu nuevo entorno.

* * *

No necesitas un gran círculo de amigos para satisfacer todas tus necesidades sociales; muchas amistades pueden cumplir naturalmente múltiples roles. Por ejemplo, un amigo local puede ser un mentor, un compañero de idiomas y un compañero de actividad.

Si bien conectarte con personas que comparten tu idioma, creencias y tradiciones es reconfortante, trata de no limitarte únicamente a círculos familiares. Expandir tus amistades para incluir a personas diversas puede ampliar tu visión del mundo e inesperadamente enriquecer tu vida, a través de información sobre diferentes culturas, perspectivas y formas de pensar.

Puede parecer que hay muchas reglas y que conectarse con los demás es más complicado de lo que es. Pero créeme, no es tan difícil. Nuestros cerebros están naturalmente diseñados para conectarse, por lo que esto es algo que ya está dentro de nosotros. Para establecer estos vínculos con otros sin esfuerzo, solo necesitas tres cosas clave:

Mantente abierto a nuevas amistades y busca o crea activamente oportunidades para conocer gente.

Muestra un interés genuino y practica escuchar con atención, empatía y amabilidad.

Sé auténtico.

CONCLUSIONES

- Construye una red de apoyo sólida lo antes posible. Los amigos fomentan un sentido de comunidad y pertenencia, ayudando a combatir la soledad cuando se vive en el extranjero y haciendo la vida más agradable.
- Diversifica tus amistades y ve más allá de las personas que comparten tu idioma y tradiciones. Ampliará tu visión del mundo y enriquecerá tu experiencia en el extranjero.
- Sé proactivo, toma la iniciativa de presentarte, participa en eventos locales y usa la tecnología para conectarte con los demás. Construir relaciones requiere esfuerzo y compromiso activo.
- Ten contactos de emergencia confiables y recuerda, ¡nunca estás solo!
- Mantente en contacto con amigos de casa que te proporcionen un vínculo reconfortante con tus raíces y te ofrezcan estabilidad emocional mientras te adaptas a tu nuevo entorno.
- Cultiva una red de apoyo diversa: construir una red de amigos variada y de apoyo enriquece tu vida en el extranjero y te empodera para prosperar. Esta red diversa ayuda a que tu nuevo país se sienta realmente como en casa.
- Esfuérzate por ser el tipo de amigo que te gustaría tener.
- Sé auténtico.

CAPÍTULO 13

Barrera del idioma

"Aprender un idioma es tener una ventana más desde la que mirar el mundo".
—*Proverbio chino.*

La comunicación es una de nuestras necesidades más fundamentales, una habilidad que comenzamos a desarrollar desde que nacemos. Nos permite conectarnos con los demás, expresar nuestras necesidades y pensamientos, crear relaciones y navegar por las complejidades del mundo. Es esencial tanto para ser entendido como para comprender a quienes nos rodean.

Encontrarse en un lugar donde no puedes hablar o entender el idioma puede ser frustrante y limitante. La incapacidad de comunicarte de manera efectiva puede restringir tus interacciones, obstaculizar oportunidades y amplificar los sentimientos de aislamiento. Este capítulo nace de mis experiencias, ya que creo firmemente que enfrentar la barrera del idioma ha sido el aspecto más desafiante como expatriada, y superarlo resultado ser el más gratificante.

La barrera del idioma es ampliamente reconocida como uno de los mayores desafíos de vivir en un país extranjero. A menudo es la principal fuente de preocupación y frustración entre los expatriados. Si bien los beneficios de ser multilingüe están bien documentados, he visto a muchas personas sentirse tan abrumadas por el miedo a las dificultades de comunicación que terminan aislándose o paralizadas por la ansiedad. Este miedo puede generar un ciclo de aislamiento, aumentando el estrés y la sensación de desconexión con el entorno, lo que, a su vez, puede derivar en sentimientos de depresión y mayor angustia.

También hay quienes están convencidos de que aprender un nuevo idioma es demasiado difícil o imposible, así que evitan el esfuerzo por completo. Permanecen dentro de su zona de confort, confinados a un círculo de amigos que hablan su lengua materna, echando de menos la rica experiencia de integrarse verdaderamente en la nueva cultura.

Personas de todos tipos, incluidas personas muy exitosas, a menudo comparten conmigo lo difícil y estresante que es navegar por la vida diaria mientras luchan por comunicarse en un nuevo idioma. Las situaciones cotidianas se convierten en fuentes de frustración: saltarse puntos críticos durante las reuniones, luchar por ser entendidos debido a un acento, pedir comida en un restaurante solo para recibir el plato equivocado o pasar una cantidad agotadora de tiempo explicando un destino a un taxista. Sin embargo, no tiene por qué ser así.

Si te identificas con esto, debes saber que este capítulo está escrito pensando en ti. Entiendo los desafíos porque yo misma he pasado por ellos y sé lo desalentador que puede ser. Pero recuerda algo importante: no estás solo en este camino.

Compartiré mis experiencias: los errores que cometí, las lecciones que aprendí y las estrategias que finalmente funcionaron para mí. Mi esperanza es que estos conocimientos hagan que aprendizaje de idiomas sea más fácil y agradable.

MI VIAJE A LOS IDIOMAS

El placer de aprender idiomas

Mi fascinación por los idiomas comenzó a una edad temprana, inspirada por mi tío, Fernando Rodríguez, y su familia; fue el fundador y primer director de la Orquesta Filarmónica de México. Su carrera lo llevó por todo el mundo y, a menudo, lo acompañaba su madre, Cuquita, mi tía abuela.

Cuquita siempre me traía los regalos más originales e fascinantes de diferentes países, pero lo que más me gustaba eran las historias cautivadoras que compartía sobre sus viajes. Me sentaba, hipnotizada, imaginando lo increíble que sería viajar por el mundo, descubrir nuevos lugares y conocer gente, todo mientras les hablaba en sus idiomas nativos.

Para aumentar mi interés, la esposa de Fernando era francesa y, como resultado, mis primos hablaban español y francés. El francés se convirtió en su código secreto, un idioma al que cambiaban cuando querían mantener sus conversaciones privadas del resto de nosotros. Esto despertó en mí un intenso deseo de aprender otros idiomas, no solo para comunicarme con personas de diferentes países, sino también para descifrar su "código secreto".

Decidida a aprender inglés, les rogué a mis padres que me enviaran al extranjero, creyendo que era la única manera de dominar realmente el idioma. A los 16 años, un amigo cercano de la familia, Nelson, y su esposa, Mindy, me invitaron a pasar el verano con ellos en su casa en Louisville, Kentucky. En ese momento, mi inglés se limitaba a un puñado de palabras y frases básicas: "sí", "no", "por favor", "gracias" y cosas por el estilo. Todos sabíamos que esta era una oportunidad increíble para que yo aprendiera, y con la seguridad de que estaría en buenas manos, mis padres aceptaron.

Nelson y Mindy viajaron a México para acompañarme durante mi viaje a Louisville, probablemente preocupados de que mi limitado inglés pudiera resultar en que abordara un avión hacia el destino equivocado o perdiera mi vuelo. Cuando llegamos a Louisville, me recibieron con la mejor sorpresa: una limusina esperando por nosotros en el aeropuerto. Era mi primera vez en una limusina y me sentí como una celebridad mientras recorríamos el centro de Louisville durante más de una hora.

Mientras Nelson y Mindy señalaban varios rascacielos y lugares icónicos, traté desesperadamente de entender sus entusiastas explicaciones, pero la barrera del idioma era demasiado grande. Las únicas palabras que pude decir fueron: "¡Oh! Hermoso" y "Gracias". A pesar de mi limitada participación, parecían contentos, y disfruté del recorrido, aunque me perdí la mayoría de los comentarios.

En esas primeras semanas, nos comunicamos principalmente a través de gestos y lenguaje corporal, intercambiando muy pocas palabras. Hablaban poco o nada de español, y mi inglés era igual de limitado. Sin embargo, a medida que pasaba el tiempo, comencé a aprender más palabras y frases, ganando gradualmente la capacidad de comunicarme con los nuevos amigos que hice.

Una de las experiencias más gratificantes fue ser voluntaria en el preescolar donde trabajaba Mindy. Al final del primer mes, pude enseñar a un grupo de niños cómo hacer piñatas desde cero, usando globos, periódicos, papel de seda y engrudo, un pegamento casero hecho de harina y agua. Les expliqué todo el proceso, desde cortar el papel en diferentes formas hasta el significado y las tradiciones de las piñatas en la cultura mexicana, todo en inglés. Estaba increíblemente orgullosa de mí misma.

Al final de ese verano, podía entender las noticias, las películas, las canciones y las conversaciones cotidianas, y me comunicaba en inglés sin necesidad de depender de los gestos. Aprender inglés no solo me permitió interactuar con una variedad de personas y hacer nuevos amigos, sino que también me permitió disfrutar plenamente de mi verano en el extranjero.

La experiencia fue tan agradable que, al regresar a México, me inscribí en clases de italiano y alemán, emocionada por explorar más a fondo el mundo de los idiomas.

Lo que ayudó

- **Motivación:** entendí que aprender inglés me beneficiaría académicamente, me ayudaría a conseguir un mejor trabajo en el futuro, haría que los viajes fueran más fáciles de disfrutar, me permitiría comunicarme con personas más allá de los hispanohablantes y entender mis canciones y películas favoritas sin necesitar subtítulos. Esto me motivó a seguir aprendiendo.
- **Placer:** el proceso de aprendizaje fue divertido. A medida que me volví más fluida, hacer amigos se volvió más fácil, lo que llevó a más invitaciones sociales y oportunidades para hacer cosas que disfrutaba.
- **Inmersión lingüística:** estaba totalmente inmersa en el inglés, sin otra opción que hablarlo y escucharlo constantemente. La radio, la televisión y todo lo que me rodeaba estaba en inglés, con muy pocas personas que hablaran español. Esta inmersión es una excelente manera de aprender cualquier idioma.
- **Observar y escuchar:** pasé mucho tiempo escuchando a los demás y observando de cerca cómo formaban palabras, concentrándome en sus labios y bocas para imitar los sonidos. Con el tiempo, estos sonidos y palabras se volvieron más familiares, lo que me facilitó hablar y entender.

De la confianza a la duda

Pensé que mi inglés era razonablemente bueno hasta que nos mudamos a Memphis y comencé a trabajar en atención al cliente para América del Norte. Cuando inicialmente vi la oferta de trabajo que mencionaba "América del

Norte", supuse que incluía a México. Sin embargo, rápidamente descubrí que "América del Norte" en este contexto significaba "América de habla inglesa", o Estados Unidos y Canadá. Esto significaba que no había pausas en español, todo en inglés, todo el tiempo.

Durante mi entrenamiento, tuve que desmontar y volver a montar un motor real, casi tan alto como yo, como un rompecabezas gigante. Tuve que aprender los nombres y funciones de piezas como cigüeñales, turbocompresor, pistones, volantes de inercia y camisas de cilindros, términos con los que ni siquiera estaba familiarizada en español. A diario me bombardeaban con terminología automotriz y términos técnicos, lo que hacía que las conversaciones fueran cada vez más difíciles.

Tener una charla informal con amigos en inglés es una cosa, pero participar en reuniones de negocios donde se espera profesionalismo y precisión, es completamente diferente y mucho más complejo. En las conversaciones informales, no entender algunas palabras no era un gran problema; todavía podía entender la idea general sin conocer todos los términos. Sin embargo, en un entorno laboral, perder un solo detalle no era una opción. Mi trabajo se basaba en una comprensión completa y lo quería hacer bien.

Contestar el teléfono se convirtió en una lucha diaria: la gente hablaba a la velocidad de la luz, o así se sentía. Usaban modismos que nunca antes había escuchado, y había demasiados acentos diferentes, y sin la ayuda del lenguaje corporal. Cada conversación requería una concentración intensa, y me encontré no solo aprendiendo las habilidades técnicas para mi trabajo, sino también ampliando mi vocabulario y mejorando mi gramática para mantenerme al día.

El reto trascendía el ámbito laboral. Dondequiera que iba, el supermercado, el consultorio del médico, el dentista, incluso simplemente caminando por la calle, constantemente me encontraba con nueva terminología. Mis viajes de compras al supermercado se convirtieron en mini lecciones de idiomas, que a menudo me obligaban a traducir la mayor parte de mi lista de compras o a confiar en mi diccionario inglés-español (esto era antes de los teléfonos inteligentes). A veces, tenía que describir lo que estaba buscando, como diciendo: "Es una hierba que se usa para cocinar pasta", solo para que me dirigieran a algo similar pero no del todo correcto. Otras veces, incluso cuando conocía la palabra, mi pronunciación no ayudaba. Una conversación típica en el supermercado podría ser así:

–"¿Dónde puedo encontrar salsa Wo-chess-ter-shire?"
–¿Qué?

–"Salsa Wer-ches-ter".

–"Señora, lo siento, pero no puedo entenderla".

–"Es una salsa pardusca en una botella de vidrio marrón con una etiqueta amarilla, que se usa para marinar carnes".

–"¡Oh! ¿Salsa Worcestershire?

–"¡Sí, esa es!" (Todavía tengo problemas con la pronunciación).

Cada conversación exigía toda mi atención, y mi cerebro estaba a toda marcha, tratando de absorber toda esta nueva información. Muchos días llegaba a casa con dolor de cabeza, sintiéndome agotada y agobiada de pensar en inglés todo el día. Sentía como si mi cerebro estuviera a punto de explotar.

Pero no era solo el idioma; mudarme a un nuevo lugar significó aprender muchas cosas nuevas. Tuve que acostumbrarme a mi nuevo trabajo, estudiar para el examen de manejo, navegar por una nueva ciudad evitando áreas inseguras, aprender a cocinar en una estufa eléctrica en lugar de la estufa de gas a la que estaba acostumbrada en México y averiguar dónde encontrar los ingredientes que necesitaba para cocinar. Todos los aspectos cotidianos de la vida diferían de lo que estaba acostumbrado en casa.

Mi vida social también se vio afectada. La barrera del idioma me impidió conectarme realmente con mis amigos. Nadie entendía mis chistes, sarcasmo o humor, y yo no entendía los suyos. No podía hablar tan rápido como lo hacía en español, y los problemas de comunicación eran comunes. Cuando nuestros amigos angloparlantes nos invitaban a cenar o a una fiesta, me estresaba. Rezaba para que no me preguntaran algo que no pudiera entender o que no me avergonzara con mi mal inglés.

Mi confianza en aprender algo nuevo se evaporó por primera vez en mi vida. Como perfeccionista (en recuperación), no poder comunicarme y entender como lo hacía en mi lengua materna fue desalentador. Me convertí en mi peor crítica, constantemente me reprochaba por no recordar una palabra, no poder expresar un pensamiento con claridad o no entender cada detalle en una conversación. Quería ser profesional en el trabajo, pero en cambio, me sentía como una niña tratando de hablar con los adultos, y eso no era divertido ni aceptable para mí.

Caí en la trampa perfeccionista de todo o nada. Si no podía hablar perfectamente, no quería hablar en absoluto. Hablar inglés, algo que alguna vez disfruté, se convirtió en una fuente de estrés. Empecé a asociar el inglés con la ansiedad y empecé a evitarlo siempre que podía. Me rodeé de personas con las que podía comunicarme fácilmente, evité conversaciones innecesarias con personas que no hablaban español y recurrí a ver las noticias en español y películas con subtítulos.

No quería ser juzgada o parecer ignorante o poco inteligente, así que me retiraba cada vez que podía, aferrándome desesperadamente a mi zona de confort. No estoy orgullosa de la forma en que pensaba o me comportaba durante este tiempo. De hecho, me avergüenzo de ello. Pero comparto esto con la esperanza de que pueda ayudar a alguien en una situación similar, evitando cometer los mismos errores.

Con el tiempo, llegué a comprender que mi miedo a no tener un buen desempeño debido a mis habilidades en inglés, tener dificultades para comunicarme de manera efectiva o ser juzgada por otros estaba en gran medida en mi mente. Cuando recibí evaluaciones de desempeño en el trabajo, los comentarios tanto de los clientes como de los compañeros de trabajo fueron positivos. Me di cuenta de que había sido mi juez más severo.

Errores de aprendizaje de idiomas

¿Qué cambió? ¿Por qué hablar otro idioma pasó de ser agradable a convertirse en una fuente de estrés? ¿Qué me impedía disfrutarlo?

- **Metas poco realistas:** sin darme cuenta, estaba progresando; agregaba nuevas palabras a mi vocabulario, me acostumbraba a diferentes acentos y me volvía más fluida. Sin embargo, no avanzaba tan rápido como esperaba. El ritmo que esperaba era poco realista, lo que me desanimó.
- **No dividir el gran objetivo:** mi objetivo era la fluidez, la gramática perfecta y el dominio de todo el vocabulario que necesitaba para la vida diaria y el trabajo. Pero no me enfoqué en los avances a lo largo del camino. En vez de querer avanzar gradualmente, me obsesioné con el objetivo final, haciendo que el viaje se sintiera abrumador e imposible.
- **Perfeccionismo:** aprender un idioma lleva tiempo y los errores son una parte inevitable del proceso. Así como debemos aprender a caminar antes de poder correr, tropezamos muchas veces antes de dominar una nueva habilidad. Si nos negamos a salir de nuestra zona de confort, permaneceremos atascados, sin progresar más allá de lo básico. Cometer errores significa que lo estamos intentando, y son inevitables si realmente queremos aprender.

- **Comparándome con los demás:** inconscientemente comparé mi inglés con el de mi esposo y otros bilingües sin considerar factores como cuánto tiempo habían estudiado o con qué frecuencia practicaban para dominarlo. Al aprender un nuevo idioma, la única comparación que importa es entre tu yo del pasado y tu yo actual.
- **Diálogo interno negativo:** estaba increíblemente impaciente y me concentré únicamente en mis errores. Cada vez que me costaba entender algo, cada pequeño error, cada vez que tenía que pedirle a alguien que lo repitiera, o cada vez que alguien me corregía amablemente, yo era mi peor crítica. Nadie más me juzgó tan duro como me juzgué a mí misma.

Consejo: Es crucial encontrar formas de animarte, centrándote en tus esfuerzos y progresos en lugar de obsesionarte con tus errores.

Rompiendo barreras

Con el tiempo, finalmente superé mi miedo a la vergüenza al hablar en inglés. Me di cuenta de que había sido mi mayor obstáculo, conteniéndome y perdiendo innumerables oportunidades para interactuar con personas increíbles, disfrutar de reuniones sociales, aprender cosas nuevas, sobresalir en mi carrera y desbloquear innumerables posibilidades.

Decidida a liberarme de estas autolimitaciones, hice un esfuerzo consciente para involucrarme más con las personas que no hablaban español. Comencé un club de cocina, me uní a varios grupos y pasé más tiempo con amigos que no hablaban español.

Un día, mi amiga americana Kate me invitó a dar un paseo. Como me encanta hacer ejercicio y estar al aire libre, acepté sin pensarlo dos veces. Empezamos a caminar juntas dos veces por semana y, sin darme cuenta, mí inglés mejoró. Mi vocabulario creció y comencé a hablar con más fluidez y confianza.

Estas caminatas resultaron ser la combinación perfecta: estaba haciendo ejercicio, relajándome, recibiendo consejos invaluables sobre la educación de los hijos y platicando con una gran amiga, todo mientras mejoraba mi inglés. Kate era la compañera de conversación ideal: paciente, elocuente y libre de modismos excesivos. Ella gentilmente me ayudó a encontrar las palabras correctas y con tacto corregía y reformulaba mis oraciones cuando era necesario. Se convirtió en la mejor compañera de conversación en inglés que podría haber pedido.

Esta experiencia me enseñó que el aprendizaje de idiomas puede ser divertido cuando se combina con actividades que disfrutas.

Al poco tiempo, se me presentó otra oportunidad. Siempre había soñado con escribir un libro, pero sabía que mi inglés no estaba al nivel necesario para abordar un proyecto así. Así que me puse en contacto con Brooke, una amiga que es escritora y editora, para ver si me ayudaba con la edición.

Para mi sorpresa, no solo accedió a darme consejos, sino que me invitó a unirme a su club de escritores. Cuando mencionó que el grupo estaba compuesto en su totalidad por hablantes nativos de inglés, autores y escritores experimentados, me sentí emocionada y nerviosa a la vez. Se sentía como niña con la emoción de la llegada de Santa Claus, combinado con los nervios del primer día en la escuela.

Fue una oportunidad extraordinaria. Para alguien cuya experiencia como escritora se había limitado a ensayos universitarios y cartas a mi abuela, la oportunidad de escribir un libro con el apoyo y la retroalimentación de escritores talentosos, mientras mejoraba mis habilidades en inglés, fue invaluable. Sabía que no sería fácil. Exigiría un gran esfuerzo y dedicación. Tendría que retarme a mí misma, aportar de manera valiosa y salir de mi zona de confort, todo mientras aceptaba que cometería muchos errores en el proceso.

Esta vez, sin embargo, lo abordé con objetivos más realistas. Estaba preparada para aceptar los errores como parte del proceso y aprender de ellos, mejorando con cada capítulo. No me comparé con los otros escritores, eso solo me habría desanimado, dada su amplia experiencia.

En cambio, había desarrollado un método, un sistema y un horario que funcionaban para mí, y estaba muy motivada para lograr mi objetivo. Esta nueva mentalidad fue la clave para redescubrir la alegría y la confianza que una vez tuve al hablar inglés y usarla para perseguir mis sueños.

Lo que ayudó

- **Descubrir mi motivación:** Identifiqué razones poderosas para mejorar mi inglés: fortalecer mis lazos con amigos estadounidenses, expresar mis ideas con mayor claridad, desempeñarme mejor en el trabajo, viajar con más confianza y conocer gente nueva. Sin embargo, mi mayor fuente de motivación ha sido escribir este libro. Es el motor que impulsa mi determinación y me anima a seguir adelante con propósito.

- **Tener un compañero de aprendizaje:** me rodeé de personas que me apoyaron y me animaron a mejorar de manera reflexiva y constructiva, haciendo que el proceso de aprendizaje fuera más agradable y efectivo.
- **Encontrar un método y un sistema que funcionen para mí:** me comprometí a escribir durante al menos ocho horas semanales, utilizando herramientas para refinar mi ortografía y gramática. También me puse metas de lectura y ahora leo más que nunca. Unirme a un club de escritores ha sido fundamental para ayudarme a mejorar y abordar mis errores.
- **Hacerlo divertido:** he reavivado mi disfrute del aprendizaje incorporando actividades que disfruto, como escuchar música y podcasts, escribir, leer y participar en clubes que se alinean con mis intereses. Estas actividades no solo me ayudan a mejorar, sino que también hacen que el proceso sea agradable.

Del estrés al éxito

Bélgica tiene tres idiomas oficiales: flamenco, francés y alemán. Vivíamos en la región flamenca, donde el flamenco es el idioma principal. Unas semanas después de mudarnos, comencé a tomar clases de flamenco, pero pronto lo dejé cuando me di cuenta de que ahí me podía comunicar perfectamente en inglés.

En su lugar, cambié al francés y comencé con lo básico. En poco tiempo, podía pedir direcciones y entender las respuestas, ordenar mi comida en restaurantes, saludar a la gente, mantener conversaciones básicas y seguir las ideas principales de las películas en francés, incluso si no captaba cada detalle.

Aprender francés fue una experiencia completamente diferente a la que pasé mientras aprendía inglés en Memphis. Esta vez lo abordé con una mentalidad relajada, más confianza y automotivación. En lugar de criticarme por no hablar perfectamente, celebré cada pequeño avance.

Celebraba mi progreso cada vez que:

- Pedía en un restaurante sin recurrir a señalar el menú.
- Pedía direcciones y las seguía con éxito para llegar a mi destino.
- Veía una película y la entendía sin necesidad de subtítulos.
- Mantenía una conversación de cinco minutos en francés.

- Leía una página y comprendía el 60-80% del contenido.

Al celebrar cada pequeño logro, encontré una motivación renovada para seguir estudiando y practicando, lo que hizo que el proceso de aprendizaje fuera mucho más placentero.

Lo que ayudó

- **Sin prisa, pero con objetivos claros:** no tenía una necesidad urgente de aprender el idioma, no había presión del trabajo ni necesidad de comunicación. Lo estudie simplemente por el placer de aprender. Sin embargo, continúe estableciendo objetivos claros para hacer un seguimiento de mi progreso, asegurándome de tener objetivos en los cuales trabajar.
- **Celebrar los pequeños logros:** reconocer y celebrar las pequeñas victorias era crucial, especialmente cuando la meta final se sentía lejana. Estos éxitos incrementales construyeron mi confianza y me acercaron constantemente a mi objetivo más grande.

Lecciones de un políglota

Mientras estudiaba italiano, mi profesora me presentó una oportunidad única: asistir a un Congreso Internacional de Medicina realizado en mi ciudad natal de San Luis Potosí. Mi función consistía en orientar a los asistentes de habla italiana a navegar por el proceso de registro, familiarizarse con las instalaciones, horarios y otras cuestiones de logística.

El congreso fue un evento prestigioso que convocó a médicos y psicólogos de todo el mundo. Las presentaciones se llevaron a cabo en cinco o seis idiomas diferentes, cada uno traducido simultáneamente a otros cuatro o cinco a través de auriculares para el público. La diversidad y la magnitud del evento fueron impresionantes, pero lo que realmente capturó mi atención fue uno de los traductores, Carlos Lomelí.

Carlos dejó una impresión duradera en mí. Hablaba seis o siete idiomas con fluidez y poseía una habilidad extraordinaria para cambiar sin problemas entre ellos. Durante los descansos, observé con asombro cómo se relacionaba sin esfuerzo con grupos de médicos que hablaban diferentes idiomas. Conversaba en alemán con uno, cambiaba al francés con otro y continuaba cambiando de idioma con fluidez, interactuando con todos los que lo rodeaban.

Me asombraron sus habilidades lingüísticas y la naturalidad con la que pasaba de un idioma a otro. Intrigada por sus habilidades, me acerqué a él para preguntarle cómo había aprendido tantos idiomas. Su respuesta fue aún más sorprendente.

Carlos explicó que nunca había pasado más de una semana en ninguno de los países donde se hablaban estos idiomas, ni había asistido a ninguna clase formal de idiomas. Su método de aprendizaje fue totalmente autodidacta: veía películas extranjeras en repetidas ocasiones, imitando los sonidos y los movimientos de la boca hasta que podía recitar frases enteras. Luego utilizó diccionarios y libros para ampliar su vocabulario y afinar su gramática. ¿No es increíble?

Este encuentro cambió mi forma de pensar sobre el aprendizaje de idiomas. Me mostró que la pasión, la persistencia y los métodos creativos pueden superar las barreras tradicionales.

CONSEJOS PARA APRENDER UN NUEVO IDIOMA

Aprender un nuevo idioma es algo que todos podemos lograr, pero no sucede de la noche a la mañana. Requiere tiempo, esfuerzo, cometer muchos errores y practica constante. El proceso de adquisición del idioma exige compromiso, esfuerzo estratégico y una mentalidad abierta. En este apartado, describiré los pasos y técnicas clave que me ayudaron en mi aprendizaje y que pueden guiarte para aprender un nuevo idioma de manera efectiva.

Encuentra un método que te guste

Encontrar un método de aprendizaje que se adapte a ti es crucial. Una combinación equilibrada de técnicas divertidas puede mejorar tus habilidades y hacer que el aprendizaje sea divertido y variado.

- **Software de idiomas:** muchos programas de software están diseñados para enseñar nuevos idiomas a través de imágenes, conjugaciones, gramática y pronunciación. Estas herramientas son excelentes para construir una base sólida.
- **Ver películas:** ver películas en el idioma que quieres aprender es una forma divertida de aprender modismos y ampliar tu vocabulario. Haz una pausa y repite frases para practicar tu pronunciación y ganar confianza.

- **Aplicaciones de idiomas:** las aplicaciones móviles como Duolingo, Rosetta Stone y Babbel son herramientas convenientes que te permiten practicar en cualquier momento y en cualquier lugar. O explora otras aplicaciones de aprendizaje de idiomas, y descubrirás una amplia gama de opciones que se adaptan a diferentes niveles y preferencias de aprendizaje.
- **Juegos:** el aprendizaje a través de juegos puede hacer que el proceso sea efectivo, pero también atractivo. Desde tarjetas digitales hasta crucigramas y juegos clásicos como el Ahorcado, hay innumerables juegos interactivos de idiomas disponibles en línea o como aplicaciones móviles. Estos juegos desafían tus habilidades de vocabulario, gramática y comprensión mientras mantienen el proceso de aprendizaje ligero y agradable. Busca "juegos de idiomas en (idioma específico)".
- **Escucha radio o podcasts:** sumérgete en el nuevo idioma escuchando estaciones de radio o podcasts, incluso si no entiendes mucho. Con el tiempo, tu cerebro se aclimatará a los nuevos sonidos y empezarás a aprender palabras.
- **Encuentra un compañero de idiomas:** un amigo, compañero de trabajo o un extraño puede ayudarte a practicar tu nuevo idioma. No tengas miedo de pedir ayuda, es posible que te sorprendas de cuántas personas están dispuestas a ayudarte. Establece reuniones periódicas para practicar juntos.
- **Únete a un club de conversación o intereses compartidos:** si tienes un pasatiempo, como cocinar, considera unirte a un club donde puedas practicar tu nuevo idioma mientras aprendes algo nuevo. Lo mismo se aplica a intereses como correr, pintar, leer o cualquier otra actividad.
- **Clases de idiomas o un tutor:** invertir en instrucción profesional siempre es una buena idea. Un profesor o tutor calificado puede proporcionar un aprendizaje estructurado y comentarios personalizados, lo que lo ayuda a progresar de manera más efectiva.
- **Autoaprendizaje:** usa libros de gramática y un diccionario para perfeccionar tus habilidades. Este enfoque te permitirá centrarte en áreas específicas de mejora.
- **Leer:** leer libros en el nuevo idioma son una excelente manera de mejorar la gramática y el vocabulario. Comienza con textos simples y avanza gradualmente a material más complejo.

- **Repetición espaciada:** una técnica de aprendizaje altamente efectiva implica revisar el material aprendido a intervalos crecientes. Volver a revisar palabras, oraciones y conceptos a lo largo del tiempo refuerza la memoria y facilita la retención de nueva información. La repetición espaciada es una herramienta poderosa para el aprendizaje de idiomas, ya que te ayuda a desarrollar un dominio sólido y duradero del idioma. Existen algunos programas de software que utilizan algoritmos de repetición espaciada para mejorar el aprendizaje de idiomas.

Cómo funciona la repetición espaciada:

Aprendizaje inicial: cuando te encuentras por primera vez con información nueva, como una palabra de vocabulario o una regla gramatical, comienzas por aprenderla e intentar comprender su significado y uso.

Revisión a intervalos crecientes: en lugar de revisar esta información con frecuencia en poco tiempo (lo que a menudo conduce a un olvido rápido), los sistemas de repetición espaciada (SRS) programan revisiones a intervalos crecientes. Por ejemplo: después de la primera exposición, puedes revisar el material después de un día. La próxima revisión podría programarse para tres días después. Luego, una semana después, y así sucesivamente.

Aprendizaje adaptativo: los sistemas de repetición espaciada a menudo se adaptan en función de tu rendimiento. Si recuerdas la información rápidamente, el intervalo antes de la siguiente revisión aumenta. Si tienes dificultades, el intervalo se acorta. Este enfoque adaptativo garantiza que te centres más en el material que necesita refuerzo.

CONSEJOS PRÁCTICOS PARA EL ÉXITO

Sumérgete en el idioma: empápate del idioma, en escuchar y hablar desde el principio. No esperes hasta que tus habilidades se sientan perfectas, sumérgete en el idioma tanto como sea posible todos los días. Aprovecha todas las oportunidades para aprender nuevas palabras, ya sea que estés haciendo ejercicio, viajando o esperando en una cita. Busca conversaciones con cualquier persona que esté dispuesta a practicar contigo. Cuando el proceso se sienta abrumador, cambia del aprendizaje activo (como estudiar gramática o vocabulario) al aprendizaje pasivo, como escuchar música, ver programas de televisión o sintonizar podcasts en el idioma objetivo. Incluso si no lo entiendes completamente, el simple hecho de escuchar el idioma ayuda a entrenar tu cerebro para reconocer patrones y sonidos. Entrena a tu mente a pensar y responder en el idioma de destino tanto como sea posible.

Escucha activamente: desarrollar fuertes habilidades de escucha es esencial para un aprendizaje efectivo del idioma. Cuanto más escuchas, más se familiariza tu cerebro con las palabras, las frases y la entonación, lo que facilita la comprensión y el habla. Dedica tiempo a actividades de escucha enfocadas, como escuchar la radio, noticias, o ver videos con acentos variados.

Practica el habla: hablar con regularidad es vital para reforzar el vocabulario nuevo, mejorar la pronunciación y desarrollar la fluidez. Entabla conversaciones con los lugareños en el supermercado, los vecinos y los amigos, o incluso practica hablar contigo mismo. Hablar en voz alta con regularidad ayuda a reforzar el vocabulario nuevo, mejorar la pronunciación y desarrollar la fluidez.

Imita sonidos y movimientos: imitar los sonidos, las expresiones faciales y los movimientos de la boca de los hablantes nativos puede mejorar dramáticamente tu pronunciación y hacer que tu discurso suene más natural. Familiarízate con el alfabeto fonético y aprende cómo se produce cada sonido dentro de la boca. Este método ayuda a afinar tu acento y hace que tu discurso sea más auténtico.

Aprende las palabras más comunes: concéntrate en aprender las 500-1,000 familias de palabras principales (lemas). Según BBC News, aprender solo 800 de los lemas más utilizados en inglés te permite comprender el 75% del lenguaje cotidiano. Los hablantes nativos conocen entre 15.000 y 20.000 lemas, pero empezar por los más comunes te ayudará a comunicarte de forma eficaz mucho más rápido. Concéntrate en temas coloquiales y frases de uso frecuente.

Visualiza vocabulario nuevo: visualizar las palabras que estás aprendiendo puede ayudarte a conectar conceptos y mejorar la memorización. Estas imágenes mentales hacen que sea más fácil recordar palabras cuando las necesitas.

Acepta los errores: espera cometer errores y úsalos como oportunidades de aprendizaje. Evita el deseo de perfección y el temor a ser juzgado, especialmente por ti mismo. No puedes hablar con fluidez sin exponerte, así que acepta tus errores y sigue hablando.

Encuentra tu motivación: define claramente por qué quieres aprender un nuevo idioma. Haz una lista de los beneficios y cómo se alinean con tus objetivos personales. Esta motivación te impulsará hacia adelante, especialmente cuando el aprendizaje es difícil.

Crea un horario constante: comprométete a dedicar tantas horas como sea posible al día a estudiar y practicar el idioma. Ya sea que se trate de 30 minutos o varias horas, mantener una práctica regular y concentrada es clave. La constancia es esencial para desarrollar y retener las habilidades lingüísticas, ya que la exposición frecuente ayuda a reforzar lo que has aprendido y acelera tu progreso.

Establece metas realistas: divide tus metas lingüísticas a largo plazo en objetivos más pequeños, específicos y medibles. Este enfoque te mantiene motivado y evita que te sientas abrumado.

Ponte a prueba regularmente: acostúmbrate a tomar exámenes de práctica, ya sea a través de plataformas en línea, guías de estudio o exámenes estandarizados de competencia lingüística. La autoevaluación periódica te ayuda a mantenerte en el camino al destacar tus fortalezas e identificar las áreas que necesitan mejorar; también refuerza lo que has aprendido y proporciona una medida clara del progreso.

Haz que el aprendizaje sea divertido: incorpora actividades que disfrutes en tu práctica lingüística. Ya sea que veas películas, juegues o te unas a un club de conversación, el aprendizaje se vuelve más rápido y efectivo cuando te diviertes.

Permítete el tiempo para aprender, sé paciente con el proceso y, sobre todo, disfruta del viaje.

CONCLUSIONES CLAVE

- Sé paciente y acepta el proceso, permitiéndote cometer errores sin juzgarte a ti mismo.
- Relájate y sumérgete en el idioma escuchando, hablando, escribiendo e imitando cómo se comunican los demás.
- Elige métodos de aprendizaje divertidos que se adapten a tu personalidad, como clases, aplicaciones, libros, podcasts o interactúa con hablantes nativos.
- Establece metas claras y alcanzables con un plan estructurado, comenzando con frases básicas y avanzando gradualmente.
- Celebra las pequeñas victorias, reconoce tu progreso y haz que el aprendizaje sea divertido mientras te mantienes motivado para mejorar.

CAPÍTULO 14

Pasión por viajar

"El mejor regalo que podrías haberle dado fue toda una vida
de aventuras".
—Lewis Carroll, Alicia en el país de las maravillas.

Wanderlust —pasión por los viajes—, un término derivado de las palabras alemanas *"wandern"* (caminar) y *"lust"* (deseo) encapsula un anhelo profundo y a menudo inexplicable de explorar el mundo. Es más que un simple deseo de viajar; es un anhelo insaciable de experimentar nuevos lugares, culturas y perspectivas.

La pasión por los viajes tiene sus raíces en nuestra curiosidad natural y sed de aventura. Este impulso por explorar lo desconocido no es solo una tendencia moderna; es un retroceso a nuestros antepasados, que se aventuraron más allá de los caminos conocidos para asegurar una mejor supervivencia, encontrar nuevos recursos y crear oportunidades que beneficiaron a todas sus comunidades.

Hoy en día, si bien nuestra supervivencia no depende de descubrir nuevas tierras, ese mismo espíritu alimenta nuestro deseo de nuevas experiencias. Nos impulsa a crecer, conectarnos con los demás y encontrar la riqueza que viene con salir de nuestra zona de confort. Para quienes sentimos pasión por los viajes, viajar no es solo una escapada divertida, sino una forma de vida. Nos empuja a buscar el camino menos transitado, eligiendo experiencias únicas y auténticas por encima de los típicos puntos turísticos. Estos viajes nos abren los ojos a nuevas culturas, idiomas y formas de pensar, rompen estereotipos, desafían lo que sabemos y amplían nuestra perspectiva.

Viajar no se trata solo de tachar destinos de una lista; se trata de cultivar la empatía y la comprensión hacia las personas de diferentes realidades. Cuanto más nos aventuramos, más nos damos cuenta de lo mucho que tenemos en común. Además, viajar puede tener un efecto transformador. A medida que nos sumergimos en diferentes culturas, comenzamos a cuestionar nuestras propias creencias y valores, lo que provoca una introspección que conduce a una mejor comprensión de nosotros mismos y un sentido de propósito más claro. Las experiencias que adquirimos a través de los viajes y la vida en el extranjero pueden despertar nuevas pasiones, abrir trayectorias profesionales que nunca consideramos y remodelar toda nuestra perspectiva de la vida.

MI ESPÍRITU AVENTURERO

Desde que era una niña, he tenido una curiosidad insaciable por explorar nuevos lugares y conocer gente diferente. Esta pasión por los viajes nos llevó a mi esposo y a mí a mudarnos a los Estados Unidos. Quería tener la experiencia de vivir y trabajar en otro país, aprender un nuevo idioma y conectarme con personas de diversos orígenes. No es que no amara mi vida en México, lo hacía, pero anhelaba la aventura de ver más del mundo.

José Luis y yo nos casamos en junio de 2000, y antes de nuestro primer aniversario, nos mudamos a Collierville, Tennessee, en abril de 2001. Ambos firmamos nuevas ofertas de trabajo y planeamos quedarnos solo dos años. El plan era simple: adquirir experiencia internacional y luego regresar a nuestro querido México.

Pero dos años se convirtieron en tres, luego tres se convirtieron en cuatro y, antes de que nos diéramos cuenta, los años siguieron sumándose. Quedarnos más tiempo no había sido parte de nuestro plan original. No habíamos anticipado mudarnos a Bélgica después de esos dos años iniciales, convertirnos en ciudadanos estadounidenses siete años después, que nuestros hijos nacieran aquí o vivir fuera de México durante más de 20 años. Mi suegra, que contaba los días durante esos dos primeros años, era probablemente la menos preparada para este cambio inesperado. Cada vez que llamábamos, ella decía: "Solo 14 meses más" o "Solo 65 días más". Hasta el día de hoy, probablemente todavía esté decepcionada de que no regresamos cuando expiraron nuestras primeras visas de trabajo.

Dos años después de mudarme a los EE. UU., solicité un puesto en recursos humanos. Aunque mi formación era en marketing, ventas, servicio al cliente, importación/exportación, aduanas y gestión de la cadena de suministro, donde incluso implementé el software para inventario y ventas, no tenía ninguna experiencia en recursos humanos. Sin embargo, siendo alguien que disfruta trabajar con gente, me atrajo la idea de trabajar con las habilidades y talentos de las personas y conectar a la gente con los puestos adecuados. El trabajo de recursos humanos parecía ser el puesto perfecto para mí, ya que ofrecía la oportunidad de trabajar en una nueva área y aprender algo que me emocionaba. El equipo era fantástico y mi futuro jefe era amable, divertido y entusiasta. Cada conversación con él era un verdadero placer.

Pasé la ronda final de entrevistas y me convertí en la mejor candidata. El trabajo era prácticamente mío, con un 99% de seguridad. Lo único que quedaba era formalizar la oferta, y aceptarla. Estaba más que emocionada y no podía esperar para empezar. Pero la vida tenía otros planes. Esa misma noche, mi marido llegó a casa con una noticia: le habían ofrecido un ascenso que nos obligaba a mudarnos a Bélgica.

Solo había visitado Bélgica una vez de vacaciones y sabía muy poco sobre vivir allí, pero ya me había enamorado de Europa. Antes de que el pudiera terminar de explicar, mi alma aventurera se hizo cargo. Lo interrumpí y le dije: "¡Eso es increíble! ¿Cuándo nos mudamos?"

Sorprendido, preguntó: "Pero, ¿qué pasa con tu nuevo trabajo? ¿Y la casa que acabamos de comprar?

Le respondí: "Puedo encontrar un trabajo similar cuando regresemos, y siempre habrá casas en venta. ¿Pero vivir en Bélgica? Es una oportunidad única en la vida, ¡es como una luna de miel prolongada de tres años!"

Confuso, dijo: "Sabes que esto no son vacaciones, ¿verdad? Estaré trabajando allí".

"Sí", me reí, "pero sé que habrá días festivos, fines de semana y descansos en los que podremos viajar".

Y así, en abril de 2003, nos mudamos a Bélgica.

***

Natalie, nuestra consultora intercultural, fue una de las primeras personas que conocimos en Bélgica. Era belga, pero había pasado varios años como expatriada en Nueva York. Durante una de nuestras conversaciones, le pregunté cuál era el lugar que más le gustaba en los Estados Unidos. Dijo que Nueva York, pero admitió que no había explorado muchas otras ciudades. Curiosa, le pregunté por qué.

Explicó que cuando anunció que se mudaría cerca de Nueva York, familiares y amigos hicieron planes para visitarla y, naturalmente, todos querían explorar la ciudad con ella.

—Ya lo verás —dijo ella—. "Tu familia y amigos querrán visitarte, y todos querrán ver los mismos lugares: París, Bruselas, Londres, Venecia. Pero desafortunadamente, esto no te dejará suficiente tiempo o dinero para descubrir otros lugares".

—¡No sobre mi cadáver! Pensé. Estaba decidida a explorar Europa más allá de los típicos puntos turísticos y hacerla tan atractiva que nuestros invitados se unieran a nosotros para visitar esas joyas ocultas fuera de los típicos destinos. Y eso fue exactamente lo que hicimos.

Siempre aconsejo a mis clientes que exploren su nuevo país por completo, y evitar visitar los mismos lugares una y otra vez. Volver a tus lugares favoritos está bien, pero no limitarte a ellos. Amplía tus horizontes y disfruta de todo lo que el nuevo lugar tiene para ofrecer.

PASIÓN POR LOS VIAJES

Tenía la misión de aprovechar al máximo nuestros tres años en Europa. Mi objetivo era simple: descubrir, visitar y aprender tanto como fuera posible.

Mi pasión por los viajes comenzó desde pequeña. Con solo 12 años, conseguí mi primer trabajo en Viajes Montiel, una agencia de viajes perteneciente a una amiga de mi mamá. Se suponía que era un simple trabajo de verano, con tareas como tomar fotocopias y organizar folletos. Pero al final del verano, estaba reservando vuelos, organizando hoteles, respondiendo a las llamadas de los clientes y ganando una gran cantidad en comisiones. Me encantaba hojear esos folletos, imaginándome en todos esos lugares impresionantes: iglesias, templos, palacios, playas, mezquitas, castillos, desiertos, safaris, y vida silvestre. Los itinerarios detallados me llenaron de emoción y gusto por los viajes.

Saltando hasta nuestro tiempo en Bélgica. Decidí canalizar esa misma energía y entusiasmo en la creación de una pequeña agencia de viajes para mí. Compré un mapa gigante de Europa y lo colgué en mi oficina, marcando con alfileres todos los lugares que visitábamos. Comencé a recopilar guías de viaje, primero para Bélgica y países vecinos como Alemania, Francia y los Países Bajos, y luego me expandí para cubrir la mayor parte de Europa.

No me conformé con hojear las guías. Hice una lista de sitios web de viajes: National Geographic, Condé Nast, Lonely Planet, Guía Michelin y centros de visitantes de cada país. Busqué en Internet la mejor comida, música, historia, festivales de arte, eventos clave y los momentos óptimos para visitar cada destino. Incluso descargué la lista del Patrimonio Mundial de la UNESCO y me familiaricé con las aerolíneas de bajo coste, las rutas de tren y los mejores métodos de viaje en toda Europa.

Pero el verdadero tesoro de los consejos de viaje vino de hablar con la gente. Me propuse preguntar a todos los que conocí sobre sus lugares favoritos. Esta no fue la típica conversación de "¿Cuál es tu ciudad favorita?", no, profundicé más. Mis preguntas fueron más como:

- ¿Cuáles son los lugares más memorables o favoritos que has visitado? ¿Qué destinos eran los más exóticos, encantadores o emocionantes, y qué los hacía tan especiales?
- ¿Qué pequeña ciudad, joya escondida o lugar fuera de lo común tenía esa magia o encanto único que dejó una impresión duradera?
- ¿Qué ciudad destaca por su impresionante arquitectura, su ambiente o sus tesoros culinarios?
- ¿Qué playa te ha brindado la experiencia más serena, vibrante o pintoresca?
- ¿Qué sitios web o aplicaciones de viajes usas para encontrar las mejores ofertas e información actualizada?
- ¿Cuáles son tus sitios favoritos en esos lugares? ¿Qué poblaciones cercanas vale la pena recomendar por su encanto, carácter o magia oculta?

Compilé toda esta información en una lista maestra de Excel, con columnas para el pueblo o la ciudad, el país, los lugares turísticos destacados, las comidas imperdibles, los festivales o eventos, los sitios web esenciales, los mejores momentos para visitar, notas y el nivel de prioridad.

Luego, prioricé cada destino del 1 al 5. Los 1 eran lugares de visita obligada antes de que terminara nuestro tercer año, mientras que los 5 eran emocionantes, pero no críticos. Destaqué los lugares que habíamos visitado mientras viajábamos, llevando un registro de nuestras aventuras.

Para que nuestros viajes fueran aún más emocionantes para nuestros invitados, preparé información detallada, costos, itinerarios e imágenes para cada destino, como un agente de viajes profesional. Tomando en cuenta sus intereses, planes y tiempo disponible, les ofrecía tres opciones de itinerario para que eligieran. Cada opción tenía una ruta única, ciudades, sugerencias de visitas turísticas e incluía sitios web para una mayor investigación.

A veces, debido al trabajo de mi esposo o a mis clases, no podíamos acompañar a nuestros invitados durante todo el recorrido. Cuando eso sucedía, nos reuníamos con ellos después de que visitaran los lugares que nosotros ya conocíamos y los acompañábamos a los nuevos.

Durante esos tres años, mis padres, hermanos, cuñada, primos, el mejor amigo de mi marido, mi mejor amiga y su hermana, amigos de Memphis, mi tío Dámaso y su familia, y varios otros amigos y compañeros de trabajo vinieron a visitarnos. Elaboré itinerarios personalizados para cada grupo, rara vez repitiendo una ciudad, y funcionó perfecto.

Me convertí en una experta en encontrar ofertas de viajes. Hoteles ejecutivos de cinco estrellas los fines de semana por 20-50 euros la noche cuando las tarifas entre semana superaban los 180 euros. Billetes de avión a Italia, España o Turquía por 20-40 euros. Viajé con mi esposo, amigos, familia, compañeros de clase e incluso sola. Algunas aventuras eran viajes rápidos de un día, mientras que otras se extendían a vacaciones de dos semanas. Aproveché cada oportunidad para explorar, sin importar cuán grande o pequeña fuera. Cada viaje fue una oportunidad para descubrir algo nuevo y crear recuerdos inolvidables.

Viajar de Bruselas a París era muy fácil: solo 1 hora y 20 minutos en el tren de alta velocidad Thalys, con boletos tan bajos como 25 euros si se reservaban con anticipación. Podríamos estar en París para desayunar, pasar el día explorando y regresar a Bélgica después de cenar sin necesidad de un hotel. A pesar de que París está tan cerca y es asequible, solo lo visitamos unas cuantas veces. Mi objetivo era evitar repetir destinos y explorar tantos lugares nuevos como fuera posible.

Gracias a esta estrategia, logré visitar más de 121 ciudades, mientras que mi esposo exploró 69 (sin incluir sus viajes de trabajo), abarcando 23 países durante nuestros tres años en Bélgica. Requirió una gran cantidad tiempo y dinero y kilómetros. Usábamos casi todos los días libres e invertíamos una gran parte de nuestros ingresos en estas aventuras. Pero cada centavo y segundo invertidos en planificar y viajar valió la pena. Las experiencias, los recuerdos y los descubrimientos no tuvieron precio, y lo volvería a hacer sin dudarlo.

A pesar del exigente horario de trabajo de mi esposo y mi maestría, logramos equilibrar el trabajo, la escuela y los viajes. Además, sin niños en ese momento, podíamos movernos libremente. La compañía incluso ajustó sus vacaciones de dos semanas al estándar europeo de cuatro semanas, duplicando los días que habíamos esperado inicialmente.

Al final, tenía razón: ¡fue una luna de miel prolongada de tres años!

No comparto esto para presumir de nuestros viajes. Mi objetivo principal es inspirarte a aprovechar al máximo tu tiempo viviendo en el extranjero. Viaja, explora y descubre todo lo que puedas. Mantén una lista de los lugares que te gustaría visitar o las cosas que deseas hacer para que estés listo con opciones y una idea clara de dónde ir o qué hacer cuando surja la oportunidad.

No es necesario llegar a estos extremos o hacer lo que yo hice para tener una experiencia memorable; muchos pueden encontrarlo intimidante y abrumador. La clave es hacer lo que te resulte adecuado, disfrutes y se adapte a tu estilo y ritmo de vida. En última instancia, el objetivo es enriquecer tu experiencia en el extranjero, no añadir más estrés. Concéntrate en lo que te dé alegría y satisfacción, y deja que eso guíe tu viaje.

Viajar requiere tiempo y dinero, pero puedes ahorrar mucho aprendiendo dónde y cuándo buscar promociones. Únete a programas de viajes frecuentes, usa tu tarjeta de crédito para ganar noches de hotel o vuelos gratis, consulta aerolíneas de bajo costo, evita las temporadas altas, opta por el menú de degustación del chef en lugar de la carta, empaca solo lo esencial para evitar cargos por equipaje adicional y viaja con amigos para dividir los gastos.

El dinero va y viene, pero los recuerdos de un gran viaje duran para siempre. Y créeme, no hay nada mejor que mirar hacia atrás y decir: "¡Wow, qué tiempo tan maravilloso tuvimos, no podríamos haberlo hecho mejor!"

SÉ UN VIAJERO, NO UN TURISTA

Viajar está lleno de sorpresas, y algunas de las mejores experiencias a menudo provienen de los lugares más inesperados. El coco no suele ser mi mejor opción para el helado, pero el mejor helado que he probado fue, sorprendentemente, el de coco. Mi esposo y yo estábamos de visita en Chiang Mai, Tailandia, y todos los días, mientras nos dirigíamos del hotel a los templos budistas, al mercado o al centro de la ciudad, notábamos una larga fila de gente local formados en un puesto de helados ambulante. La primera vez que pasamos, le dije a mi esposo: "Debe estar delicioso. Quiero probarlo más tarde, cuando la línea se acorte". Él simplemente se encogió de hombros. Pero en el camino de regreso, la fila era aún más larga, y lo mismo sucedió los días siguientes.

Los vendedores eran una encantadora pareja tailandesa y el puesto muy simple: una gran caja de acero, una pequeña sombrilla unida a una bicicleta, cocos colgando de la sombrilla y cuatro cajas llenas de mangos frescos en el suelo. Todo parecía modesto pero impecable. Se lavaban las manos con frecuencia, la mujer manejaba el dinero y el hombre servía el helado.

Nuestra guía ya me había advertido sobre comer comida en la calle después de verme disfrutar de todo tipo de alimentos en mercados flotantes. "Ten cuidado" —dijo ella—. "Sí, está limpio, pero la comida aquí tiene bacterias diferentes a las que estás acostumbrada en casa. Podría enfermarte".

Pero no pude resistirme. La tentación era demasiado fuerte, así que me formé detrás de la interminable fila. Mi esposo, en un tono sarcástico, preguntó: "¿Estás seguro de que quieres un helado de E. Coli?" Me reír; pero parecía demasiado bueno como para preocuparme. Él optó por una cafetería elegante al otro lado de la calle y pidió un Dolce de Leche Häagen-Dazs, mientras yo esperaba pacientemente mi helado callejero.

Cuando finalmente fue mi turno, me sirvieron lo que resultó ser el mejor helado que he probado en mi vida. El hombre colocó el cremoso helado de coco en la mitad de una cáscara de coco recién cortada. El helado era rico y dulce, pero perfectamente equilibrado, con pequeñas hojuelas de coco tostado para darle textura. Lo cubrió con pequeños trozos de mango Okay Rong Damnoen, (una variedad de mango dulce y extra jugoso), y algo crujiente que no pude identificar, pero estaba seguro de que no era E. Coli. ¡Era increíblemente fresco y lleno de sabor, y la combinación de ingredientes era exquisita!

Cuando viajes, intenta ir a donde van los lugareños. Evita las cadenas internacionales y las franquicias de comida rápida. En su lugar, sumérgete en los platos regionales y los restaurantes locales. Escucha las recomendaciones de los locales sobre lugares, comida, eventos y gemas ocultas: a menudo esconden los secretos mejor guardados.

Como dijo sabiamente el famoso chef Andrew Zimmern: "Sé un viajero, no un turista". Los viajeros se sumergen en la esencia de las personas y los lugares que visitan, obteniendo una experiencia más rica y auténtica.

Viajar amplía tus horizontes, convirtiéndote en una mejor persona al exponerte a nuevas culturas, ideas, tradiciones, comidas y formas de vida. Viajar ha transformado mi vida, abierto los ojos y despertado mi creatividad de formas que nunca imaginé.

Cómo ser un auténtico viajero

- Familiarízate con la historia, la cultura y los conceptos básicos del idioma local para profundizar tu experiencia.
- Participa y sumérgete en la cultura, interactúa con los lugareños (ofrecen información que ningún guía podría), saborea los sabores locales, escucha su música y vive como un residente explorando lugares menos turísticos y utilizando el transporte local (siempre que sea seguro).
- Sé flexible y de mente abierta: sé espontáneo, respeta las tradiciones locales, adáptate a los cambios y mantente abierto a nuevas experiencias y diferentes perspectivas.
- Acepta lo inesperado: no te preocupes demasiado, a veces los mejores recuerdos provienen de arriesgarse.
- Muestra respeto por la religión, la cultura y las tradiciones locales. Evita los juicios y aprecia su singularidad.
- No te preocupes demasiado por cosas como el "helado de E. Coli", a veces arriesgarse lleva a los mejores recuerdos o sabores.

VIAJAR CON NIÑOS

No podríamos haber visitado todas esas ciudades ni viajado de igual manera si hubiéramos tenido hijos en ese momento, pero ahora que lo hacemos, nuestro estilo de viaje ha cambiado. Nos movemos a un ritmo más lento, pero las recompensas son igual de gratificantes, si no más.

Comenzamos a viajar con nuestros hijos cuando tenían solo dos meses. Nuestro primer viaje fue a México para presentarlos a la familia, y no hemos dejado de explorar desde entonces. Viajar con estos pequeños aventureros ha sido una gozada. Su curiosidad no tiene límites y ver el mundo a través de sus pequeños ojos es mágico. Todo es extraordinario para ellos, y su energía y sentido de la maravilla son contagiosos. Hacen las preguntas más perspicaces, lo que a menudo conduce a momentos de aprendizaje para todos nosotros.

Descubrir nuevos lugares en familia siempre ha sido una hermosa experiencia. Ya sea viéndolos sentir la arena entre los dedos de los pies, riendo mientras saltan en las olas o viendo cómo interactúan con el arte en un museo, la experiencia es constantemente enriquecedora. Su capacidad para notar detalles y leer expresiones faciales a menudo supera a la de los adultos, lo que hace que cada experiencia sea aún más agradable.

Uno de nuestros viajes familiares más inolvidables fue nuestra aventura europea en el verano de 2019. Andrea tenía 13 años y Luis 10. Visitamos Londres, París, Interlaken, Zúrich, Lucerna, Colmar y Estrasburgo. Estaba un poco preocupada por cómo la descompensación horaria y vuelo tan largo afectarían a los niños, pero me sorprendieron de la mejor manera posible. No estaban de mal humor, se adaptaron al nuevo horario el primer día, caminaron más de seis millas diarias y permanecieron interesados y ocupados durante cinco horas en el Museo Británico y más de seis horas en el Louvre. ¿La mejor parte? Ni una sola queja.

¿Cómo pueden un niño y una adolescente disfrutar de dos museos durante tanto tiempo?

Al igual que muchos otros museos, atracciones y parques nacionales de todo el mundo, el Museo Británico ofrece mapas, páginas para colorear, pasaportes y otras actividades diseñadas especialmente para los niños. Todo se explica de una manera divertida y fácil de entender, lo que hace que la experiencia sea agradable para los niños y sorprendentemente útil para los adultos también.

El Louvre ofrece una guía interactiva que parece un teléfono inteligente, con GPS, mapas de las galerías, fotos, música de fondo y explicaciones que puedes escuchar o leer mientras exploras el arte. En ambos museos, dejamos que los niños tomaran la iniciativa. Les pedimos ayuda para encontrar galerías u obras de arte específicas, y nos guiaron utilizando los mapas proporcionados por los museos. Para ellos, era como una búsqueda del tesoro o una aventura, y sentían una sensación de logro cada vez que encontraban algo.

Mi parte favorita fue verlos: su concentración, su creatividad y cuánto estaban absorbiendo.

Al final del día, cuando empezaron a cansarse, su creatividad estaba en su punto máximo. A ambos les encanta la fotografía, por lo que tomaron cientos de hermosas fotos y crearon videos divertidos. En uno de los videos, narraron una historia usando tres pinturas diferentes, haciendo que pareciera que los personajes estaban hablando entre sí. Me hicieron prestar más atención a los gestos, expresiones y paisajes de las pinturas, y sus historias tenían mucho sentido.

Otro video mostraba a una mujer estudiando atentamente una escultura griega de un hombre guapo y fuerte. Los ojos de la escultura parecían estar devolviéndole la mirada, por lo que los niños crearon un video boomerang de la escultura mirándola mientras ella la examinaba de cerca. La estatua decía:

"¿Por qué me miras de esa manera? ¡No conocíamos la ropa!" y agregaban música de fondo.

Fue impresionante ver los detalles que observaron y las preguntas reflexivas que hicieron. Estas interacciones nos ayudaron a los adultos a aprender aún más a medida que tratábamos de brindarles respuestas precisas. Su inocencia nos animó a reflexionar sobre nuestro mundo y nuestras elecciones, mientras que su curiosidad nos abrió los ojos a nuevas perspectivas.

Los niños pueden ser los mejores maestros y compañeros de viaje, solo déjalos ser ellos mismos.

Consejos para disfrutar de las vacaciones en familia

- Planifica en torno a sus necesidades: considera el sueño, las comidas y los descansos para jugar cuando programes su día.
- Empaca de manera inteligente: lleva artículos esenciales, artículos de consuelo y bocadillos para mantenerlos felices y cómodos.
- Hazlo divertido: sé creativo para mantenerlos entretenidos y comprometidos durante el viaje.
- Elije opciones aptas para niños: asegúrate de que el alojamiento y las actividades se adapten a los niños.
- Prepárate para la seguridad: revisa los planes de seguridad, enséñales qué hacer si se pierden y considera usar un rastreador GPS.
- Para minimizar los tiempos de espera, compra los boletos de entrada con anticipación, documenta por anticipado en los aeropuertos y usa pases rápidos cuando estén disponibles.
- No los apresures a menos que estés a punto de perder tu vuelo.

CONCLUSIONES

- La pasión por los viajes es un deseo profundo e insaciable de explorar el mundo, arraigado en la curiosidad por lo desconocido y el anhelo de nuevas experiencias.
- Viajar impulsado por la pasión a los viajes es más que solo ocio: es un camino hacia el crecimiento personal a través de la exposición a diferentes culturas, idiomas y perspectivas. Puede conducir a la introspección, remodelando creencias, valores y objetivos de vida.

- Aprovecha las oportunidades inesperadas.
- Interactúa con los lugareños; buscar sus percepciones puede llevar a descubrir gemas ocultas y experiencias auténticas. Sumérgete en la cultura local.
- Viajar con niños puede ralentizar el ritmo, pero añade alegría y asombro, ofreciendo una experiencia diferente e igualmente gratificante.

CAPÍTULO 15

El pasto es más verde...

"La comparación es la ladrona de la alegría"
—*Theodore Roosevelt*

Como seres humanos tenemos el instinto de comparar. Estamos en constante búsqueda de mejoras; a veces, las comparaciones nos ayudan a evaluar diferentes opciones, nos motivan a hacer cambios positivos y avanzan en nuestras vidas. Sin embargo, las comparaciones constantes también pueden hacernos sentir miserables.

Para los expatriados, esta puede ser una de las mayores causas de infelicidad. Cuanto más comparan negativamente su ubicación o vida actual con la anterior, más frustración sienten. A menudo escucho a los clientes decir cosas como: "La comida no sabe igual", "El clima era mejor en mi país de origen" o "No me gusta la cultura aquí".

Estas comparaciones se centran en los mejores aspectos de sus experiencias pasadas y destacan lo peor de las nuevas. Esta memoria selectiva a menudo conduce a la insatisfacción, ya que olvidan las cosas molestas que no les gustaban antes y, en cambio, se centran en lo que han perdido en lugar de en lo que han ganado. De repente, cosas que antes daban por sentadas en sus países de origen se vuelven esenciales en su nuevo entorno.

Hasta cierto punto, todos caemos en esta trampa, ya sea consciente o inconscientemente.

Soy feliz viviendo donde estoy, pero también he comparado México y Estados Unidos, Columbus y Carmel, y Bélgica con México y Estados Unidos. Todavía lo hago, pero es rara vez y solo brevemente, y eso es lo que marca la diferencia.

Cuando nos mudamos de México a los Estados Unidos, comparé mi vida social, la cercanía a mi familia, la calidez de la gente, el clima, la ayuda doméstica, la comida, la vida social y la cultura con lo que tenía en los Estados Unidos. Esta es una forma común pero improductiva de comparar dos lugares. Comparar los aspectos negativos de un país con los positivos de otro no es objetivo ni justo, y solo lleva a la infelicidad.

Inevitablemente pierdes algo con cada cambio, pero también ganas. Después de todo, ¿por qué te mudarías en si no fuera así? Enfocarte en lo que has ganado en lugar de enfocarte en las pérdidas hará que tu vida sea mucho más fácil.

Varias personas me han preguntado cómo podía ser tan feliz viviendo en un lugar que no consideraba atractivo. Mi respuesta es simple: cambié mi mentalidad y me concentré rápidamente en los aspectos positivos; en lugar de obsesionarme en lo que me faltaba, comencé a apreciar los aspectos únicos de mi nuevo entorno y encontré formas de convertir las cosas que no me gustaban inicialmente en fuentes de disfrute.

Por ejemplo, es fácil estar de acuerdo en que un día soleado y cálido suele ser más agradable que uno nublado, oscuro y lluvioso. En San Luis Potosí, México, la mayoría de los días eran soleados y despejados, mientras que, en Malinas, Bélgica, el clima era a menudo lo contrario: gris y lluvioso. Naturalmente, eché de menos el sol y la oportunidad de llevar vestidos de verano, ¡lo cual es totalmente comprensible!

Si hubiera pasado todo mi tiempo concentrándome en el clima sombrío de Malinas, me habría sentido miserable durante más de 300 días al año. enfoqué mi atención en la impresionante arquitectura, la abundancia de restaurantes excepcionales, la creatividad en la moda, la riqueza y diversidad cultural, la facilidad para viajar y todos los demás aspectos maravillosos de la vida allí. No me gusta la lluvia constante, pero mi pasión por la fotografía me permitió verlo bajo una nueva luz. Algunas de mis fotos favoritas capturan los impresionantes reflejos de las luces de la ciudad sobre las aceras mojadas por la noche, revelando una belleza bajo la lluvia. Aunque no me gusta cargar sombrilla, tengo debilidad por los impermeables elegantes. Así que me di el gusto de comprar unos cuantos y disfrutaba vestirlos, convirtiendo los días lluviosos en algo que esperaba. Cada vez que me quejaba del clima, rápidamente me recordaba a mí misma que la exuberante vegetación que me rodeaba era un hermoso regalo de esa misma lluvia.

No solo distraje mi mente con la belleza que me rodeaba en Bélgica, sino que también aprendí a disfrutar de algo que no me gustaba como la lluvia, asociándola con experiencias positivas, como usar mi gabardina favorita, tomar fotos o disfrutar del paisaje.

La vida a menudo desafía nuestra comodidad y estabilidad, y nos encontramos con momentos en los que debemos decidir cómo responder. En estos momentos, nos enfrentamos a tres opciones fundamentales: aceptar la situación, trabajar para cambiarla o soltar. El siguiente apartado explora estas tres poderosas opciones (aceptar, cambiar o soltar) y cómo pueden guiarte para navegar por los desafíos de la vida.

Antes de continuar, tomemos un momento para leer un fragmento de la Oración de la Serenidad, una sabiduría que habla de las complejidades de la vida. Esta oración encapsula los temas centrales de este capítulo: soltar, aceptar el cambio y liberarnos de las cargas que las circunstancias pueden imponernos.

Oración de la serenidad

Dios me conceda la serenidad.
Aceptar las cosas que no puedo cambiar,
Coraje para cambiar las cosas que puedo,
Y sabiduría para saber la diferencia.

Vivir un día a la vez.
Disfrutando de un momento a la vez.
Aceptar las dificultades como el camino hacia la paz.
Tomando, como Él lo hizo, este mundo pecaminoso...

—*Reinhold Niebuhr*

ACEPTAR

La aceptación es la piedra angular de todo cambio y el primer paso para avanzar. Lo opuesto a la aceptación es la resistencia. Con el tiempo, la resistencia puede provocar tristeza, depresión, irritabilidad, ansiedad y resentimiento. Pero ¿por qué nos resistimos, criticamos o tratamos de cambiar cosas que no podemos controlar? La respuesta está en nuestra reacción natural a situaciones desagradables: la mayoría de nosotros respondemos con resistencia o evitación, lo cual solo empeora el problema.

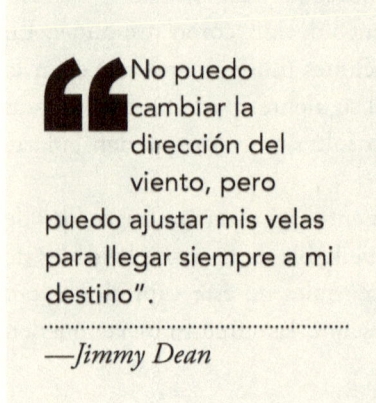

"No puedo cambiar la dirección del viento, pero puedo ajustar mis velas para llegar siempre a mi destino".

....

—*Jimmy Dean*

Puede que pienses que el pasto es más verde del otro lado. Pero antes de sacar conclusiones precipitadas, pregúntate: ¿Por qué estoy aquí en primer lugar? ¿Hubo buenas razones para mi decisión? ¿Elegí estar aquí o fue por necesidad? ¿Podría volver al lugar de donde vengo y, de ser así, cómo sería mi vida ahora?

Sé objetivo en tu autorreflexión. Después de responder estas preguntas honestamente, considera si el pasto es más verde en el otro lado o si solo ves una parte de él. Si llegas a la conclusión de que la vida podría ser mejor en otro lugar, pero debes quedarte donde estás debido a factores como el trabajo, las circunstancias políticas o el matrimonio, el mejor enfoque es practicar la aceptación radical hasta que tu situación pueda cambiar.

Aceptación radical

La aceptación radical es un concepto arraigado en la atención plena y la terapia dialéctica conductual (DBT), popularizado por la psicóloga Marsha Linehan. Implica aceptar plenamente la realidad tal como es, sin resistencias, juicios o intentos de cambiarla. La aceptación radical no significa que apruebes o estés de acuerdo con la situación; significa reconocer el momento presente y las circunstancias en las que te encuentras, incluso si son difíciles o dolorosas.[47]

La parte "radical" de la aceptación radical se refiere a su profundidad y completitud. Consiste en aceptar la realidad tal como es, sin aferrarse a cómo "deberían" ser las cosas o desear que fueran diferentes. Al practicar la aceptación radical, reduces el sufrimiento de la lucha contra la realidad y, en cambio, encuentras paz y claridad al enfrentar la verdad de tu situación.

Acepta tu nueva realidad tal como es, con todas sus ventajas y desventajas. Aprecia los aspectos positivos y reconoce los desafíos o dificultades

....

[47] Linehan, Marsha. *Construyendo una vida que valga la pena vivir: Memorias*. Libros de bolsillo de Random House. Capítulo 28. 5 de enero de 2021.

que enfrentas. Sumérgete por completo en el momento presente y deja ir el pasado.

Recuerda: no existe un país perfecto, una ciudad impecable o un hogar ideal. No soy perfecto. No eres perfecto. Nadie es perfecto. Sin embargo, hay una profunda belleza en esa imperfección.

La aceptación no significa rendirse a las circunstancias, darse por vencido o dejar de lado tus metas y sueños. Significa reconocer dónde estás y permitir que las experiencias no deseadas pasen sin adjuntar negatividad, juicio o resistencia. La aceptación consiste en estar plenamente presente y reconocer la realidad tal como es.

Cuanto antes aceptes tu situación, comprendas que la perfección es una ilusión y empieces a centrarte en los aspectos positivos que te rodean, encontrando alegría en las pequeñas cosas, más accesible y menos dolorosa será tu adaptación.

Tuve que aceptar mi realidad: mi familia estaba lejos, mi vida social no era tan activa, no hablaba inglés con fluidez y el clima limitaba las actividades al aire libre que disfrutaba. La comida tenía un sabor diferente y muchos de los ingredientes que necesitaba para cocinar eran difíciles de encontrar. La ayuda doméstica y otros servicios también eran mucho más caros o escasos. Muchos aspectos estaban fuera de mi control, y necesitaba aceptarlos y seguir adelante, encontrando nuevas formas de crear alegría y satisfacción en mi nuevo entorno.

Formas de cultivar la aceptación

Observa tu resistencia y cuestiona tus patrones: cuando te encuentres con algo difícil o indeseable, presta mucha atención a tus pensamientos, emociones y comportamientos. ¿Notas sentimientos de frustración, ira o negación? ¿Desearías que las cosas fueran diferentes o estás tratando de cambiar algo que está más allá de tu control?

Una vez que hayas identificado tu resistencia, el siguiente paso es cuestionar tus patrones. Esto puede ser un proceso liberador. Pregúntate por qué te resistes. ¿Qué estás tratando de evitar o de qué te proteges? ¿Tu resistencia te está ayudando o solo está aumentando tu angustia? Al explorar estas preguntas, puedes comprender los miedos, creencias o expectativas subyacentes que alimentan tu resistencia.

A menudo, la resistencia a la realidad se deriva de expectativas poco realistas sobre cómo debería ser la vida. Reflexiona sobre si tus expectativas están aumentando tu sufrimiento. Ajustar tus expectativas para alinearlas con la realidad puede ser un paso empoderado que te ayude a aceptar completamente tu situación.

Reconoce tu realidad: identifica los aspectos de tu situación que están fuera de tu control. Aceptar estos factores incontrolables es crucial para practicar la aceptación.

Cultiva la atención plena: participa en prácticas de atención plena que te mantengan presente y equilibrado. Esto puede implicar respirar profundamente, meditar o simplemente prestar atención a tus pensamientos y sentimientos sin juzgar. El estar en el presente te ayuda a ser consciente de tu realidad sin sentirte abrumado por ella.

Practica la autocompasión: sé amable y compasivo contigo mismo mientras practicas la aceptación radical. Reconoce que está bien sentir dolor, decepción o frustración. Permítete experimentar estas emociones sin juzgarte y trátate con la amabilidad que le ofrecerías a un amigo en una situación similar.

Cultiva la gratitud: hazlo desarrollando el hábito de enfocarte en los aspectos positivos de tu vida, incluso durante tiempos difíciles. Practicar la gratitud tiene un gran impacto en el bienestar mental y emocional. Puede ayudar a aliviar el estrés, la ansiedad y los síntomas de la depresión, al tiempo que fomenta la resiliencia y mejora su capacidad para hacer frente a la adversidad.

Usa afirmaciones: incorpora afirmaciones en tu rutina diaria para reforzar la aceptación radical. Frases como "Acepto este momento tal como es", "No puedo cambiar el pasado, pero puedo influir en mi futuro" o "Estoy en paz con lo que es", pueden ser herramientas poderosas para desarrollar una mentalidad de aceptación.

Busca apoyo si es necesario: la aceptación radical puede ser un desafío, especialmente en situaciones difíciles. No dudes en buscar el apoyo de un terapeuta, consejero, sacerdote, pastor o grupo de apoyo para que te ayude a navegar el proceso.

No lo voy a endulzar: aceptar la realidad puede ser complicado, especialmente cuando la realidad no cumple con tus expectativas. Debes saber que esta lucha es completamente normal. La clave es no vivir en la negación, la comparación o los arrepentimientos del pasado, ya que estos solo traerán más dolor. En su lugar, elige dejarlo ir. Recuerda: resistirte a lo que es no cambia la realidad, solo te impide encontrar la paz y seguir adelante.

CAMBIAR

Ahora viene la parte emocionante: el momento en el que tienes el poder de crear un cambio y transformar lo que no te gusta. Esta fase requiere coraje porque el cambio no es fácil; exige esfuerzo, disciplina y la voluntad de salir de tu zona de confort. Sin embargo, con determinación y persistencia, puedes comenzar a remodelar lo que no te gusta y crecer a través del proceso.

Entonces, ¿yo qué pasos tomé? Primero, me inscribí en clases de inglés para desarrollar mejorar mi comunicación, lo que me brindó nuevas oportunidades de conexión y confianza. Luego, exploré nuevos pasatiempos que añadieron alegría y satisfacción a mi vida diaria, también descubrí clases de ejercicio en interiores para mantenerme activa y mantener mi bienestar. Para mantener un sentido de hogar en mi casa nueva, le pedí a mi familia y amigos que viajaron de México que trajeran algunos de los ingredientes que no conseguía allá; por mi parte, cada vez que tuve la oportunidad de visitar México, me abastecí de artículos que me recordaban mis raíces.

Para integrarme aún más en mi nuevo entorno, comenzamos a invitar a la gente y a fomentar nuevas amistades, creando un sentido de comunidad que marcó la diferencia. Estos cambios tomaron tiempo, hubo momentos de duda y la paciencia fue clave, pero al final valió la pena cada gramo de esfuerzo. Cada pequeño paso se acumulaba, llevándome a una vida que se sentía más auténtica, llena de bienestar, conexión y crecimiento. ¿Qué pasos puedes tomar hoy para crear un cambio positivo en tu vida? Recuerda: comienza con pequeñas acciones y la disposición de aceptar el viaje. ¿Estás listo para salir de tu zona de confort y transformar lo que no te gusta en algo que amas? El poder está en tus manos, ¿qué harás con él?

Cómo implementar cambios

Identifica lo que necesitas cambiar: tómate el tiempo para evaluar tu situación actual e identificar lo que necesitas cambiar. ¿Es un hábito, una mentalidad, una relación o un aspecto de tu entorno? Comprender la raíz de tu insatisfacción es el primer paso.

Cree en ti mismo: esto es esencial para lograr tus objetivos. No dejes que el síndrome del impostor socave tu confianza o te impida avanzar. Suelta todo lo que te detenga. Pensamientos como "Soy demasiado viejo para aprender un idioma", "Soy demasiado joven para ese trabajo" o "No soy bueno para esto", son creencias limitantes que te mantendrán atascado a menos que las desafíes. Presta mucha atención a tu diálogo interno y cámbialo por uno que te empodere.

Sí, puede ser un desafío. Sí, puede llevar tiempo, esfuerzo y resiliencia. Es posible que tropieces en el camino, pero está bien, siempre puedes levantarte y seguir avanzando. Recuerda, ¡lo tienes! Confía en ti mismo y no dejes que las dudas o los pensamientos negativos te impidan alcanzar tu potencial.

Recuerda que siempre hay alguien por ahí que se ha enfrentado a "limitaciones" similares y aun así ha alcanzado las metas que aspiraba a alcanzar. Deja que su viaje te inspire y te recuerde que es posible. Lo más importante es que te concentres en todo lo que ya has logrado, en los obstáculos que has superado, en las habilidades que has desarrollado y en la fuerza que has demostrado. Reconoce tu progreso y deja que alimente tu creencia en lo que puedes lograr.

Encuentra satisfacción: el cambio debe llevarte hacia una vida más enriquecida y satisfactoria. Tómate un momento para reconocer los beneficios potenciales de cambiar y visualiza cómo tu vida podría mejorar. Imagínate la confianza y las oportunidades que vendrían con hablar y comprender el idioma local, obtener esa certificación tan buscada o asegurar el trabajo que siempre has querido. Ahora, compara la sensación de orgullo y logro que sentirías después de alcanzar estas metas con la forma en que te sientes ahora.

Entender el "por qué" de tus objetivos es crucial. Sé muy claro acerca de tus motivaciones y asegúrate de que se alineen con tus valores y las cosas que realmente te importan. La experiencia mejora cuando tus objetivos resuenan con tus creencias y pasiones fundamentales. La visión del resultado deseado debe ser lo suficientemente poderosa como para inspirarte y energizarte, impulsándote a trabajar duro y perseverar para lograrlo. Deja que esa visión sea tu brújula y te guíe hacia una realización duradera.

Desarrolla un plan de acción: para crear un plan de acción efectivo, primero debes comprender los pasos necesarios para lograr tus objetivos. ¿Cuál es el enfoque más eficaz para alcanzar tu objetivo? ¿Conoces los pasos específicos que debes seguir? ¿Qué desafíos podrían surgir y qué recursos necesitarás? Antes de comenzar, reúne la mayor cantidad de información posible. Sin una comprensión clara del proceso, es fácil perderse y correr el riesgo de fracasar.

Si no estás seguro de los pasos involucrados, busca ayuda. Consulta a un profesional en la materia, o únete a un grupo o comunidad relacionada con tu objetivo, donde otros puedan guiarte en la dirección correcta.

Figura 13. Pequeños pasos.

Por ejemplo, si quieres aprender un nuevo idioma, pero no sabes por dónde empezar, busca tutores o clases de idiomas. Si quieres correr un maratón por primera vez, investiga los pasos necesarios en línea, compra un libro o contrata a un entrenador. Comprender el proceso es crucial para trazar su éxito.

El cambio requiere estructura. Identifica las acciones, actividades, materiales, cronogramas y sistemas de apoyo que funcionarán para ti y determina cuáles no.

Divídelo: divídelo en pasos más pequeños y manejables. Los objetivos poco realistas pueden ser abrumadores, lo que genera frustración y falta de motivación. Por ejemplo, si tu objetivo es aprender un nuevo idioma en solo dos meses mientras trabajas de 8 a.m. a 6 p.m., recogiendo niños desde la escuela, cocinar, limpiar, encargarte de otras tareas y pasar tiempo con tu familia, es posible que solo tengas unas pocas horas a la semana para estudiar. En estas circunstancias, aprender un nuevo idioma en tan poco tiempo no es un objetivo realista.

Divide los grandes objetivos en pasos más pequeños y manejables para hacerlos más alcanzables. Tómalo un día a la vez, un paso a la vez.

Establecer M.E.T.A.S.: George T. Doran introdujo el concepto de "M.E.T.A.S." en su artículo de 1981, "Hay una manera M.E.T.A.S de escribir los objetivos de la gerencia". En su artículo, Doran enfatizó la importancia de establecer metas **M**edibles, **E**specíficas, **T**emporales, **A**lcanzables, **S**ignificativas y con plazos determinados. Desde entonces, este marco ha ganado gran popularidad en el desarrollo personal y la gestión empresarial.

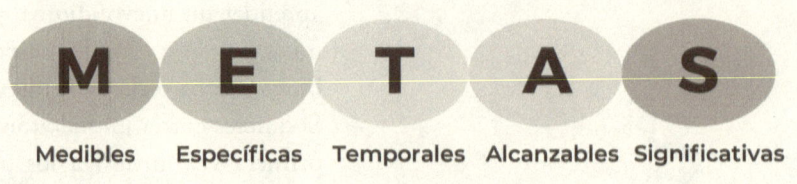

Figura 14. M.E.T.A.S.

Medibles

Es crucial medir tu progreso. Determina tu fecha límite y los criterios que utilizarás para evaluar tu éxito. Utiliza indicadores específicos como tiempo, cantidad, porcentaje, dinero u otros resultados medibles. Por ejemplo: "Quiero obtener una puntuación superior a 90 en mi examen TOEFL".

Específicas

Tu objetivo debe ser claro y detallado. Pregúntate: ¿Qué es exactamente lo que quiero lograr? ¿Por qué es importante? ¿Quiénes participarán? ¿Dónde y cuándo quiero lograrlo? ¿Qué recursos tengo y qué me sigue faltando? Cuanto más específico seas, mejor.

Por ejemplo, en lugar de decir: "Quiero aprender inglés en un año", sé más preciso: "Quiero leer un libro en inglés y solo necesito buscar menos de dos palabras por página. Quiero ser capaz de contestar el teléfono, entender la conversación y participar en una discusión de 30 minutos en inglés". O "quiero ir a un restaurante y poder pedir sin señalar el menú".

Temporales

Establece un marco de tiempo específico para tu objetivo. Por ejemplo: "Para el próximo mes, habré aprendido 50 palabras nuevas, 20 frases y 10 conjugaciones verbales, y aprobaré mi examen".

Establece un horario: ¿Cuándo planea comenzar? Elige una fecha de inicio significativa y márcala en tu calendario. Puede ser un día simbólico, como tu cumpleaños, el día de Año Nuevo o el comienzo de un nuevo mes o semana. Elegir un nuevo comienzo te ayuda a visualizar el "nuevo tú" en comparación con el "viejo tú".

A continuación, bloquea días y horas específicas para trabajar en tu objetivo. Esto aumentará tu compromiso y facilitará el logro de tus objetivos. Además, establece un recordatorio mensual para verificar tu progreso.

Alcanzable

Establece metas que sean ambiciosas pero realistas. Divídelas en pasos más pequeños y factibles y desarrolla una estrategia para lograrlas. Por ejemplo: "Voy a estudiar dos horas, cinco días a la semana. Mi objetivo es aprobar mis exámenes de inglés a la primera".

Significativas

Asegúrate de que tu objetivo sea importante y se alinee con tus deseos. Debe ser algo que te importe y contribuya a tus objetivos generales. Por ejemplo, "Aprender inglés me ayudará a hacer amigos, conseguir un trabajo y comunicarme de manera efectiva en la escuela".

Priorizar y simplificar: concéntrate primero en los cambios más impactantes. Determina qué pasos tendrán el efecto positivo más significativo y comienza con ellos.

Mudarse a un nuevo país implica navegar por muchos cambios: adaptarse a un nuevo trabajo, mejorar las habilidades lingüísticas, aprender a navegar por los sistemas locales, encontrar médicos, escuelas y peluquerías, comprender la cultura, dominar las reglas de tráfico y mucho más. La lista puede parecer interminable.

Todo puede parecer importante, pero no todo lo es realmente.

Es crucial priorizar. Identifica tus tres prioridades principales para la semana y concéntrate en un objetivo a la vez. Comienza con la tarea más crítica antes de pasar a las demás.

Un buen ejemplo es Nanette, una amiga mía brasileña casada con un sueco, se mudó temporalmente a los Estados Unidos para una estadía de tres años. Desde el principio, Nanette decidió conscientemente no centrarse en aprender inglés, a pesar de que era lo que la mayoría de la gente esperaba que hiciera. Su razonamiento era sencillo: simplemente no era una prioridad para ella.

Nanette ya hablaba sueco, portugués y español y tenía una agenda llena. Quería dedicar su tiempo a lo que realmente le importaba: viajar, organizar reuniones con amigos y perseguir sus pasiones en la repostería, la cocina, la jardinería, la moda y otros intereses personales que enriquecerían su vida cuando regresara a Suecia.

Era realista acerca de sus circunstancias. ¿Por qué debería dedicar tiempo y energía a aprender inglés? Su visa no le permitía trabajar, y su esposo estaba allí para traducir para citas médicas o administrativas cuando era necesario. Sin niños que navegaran por las comunicaciones relacionadas con la escuela y equipados con un traductor de IA para emergencias, Nanette vio poco beneficio en invertir tiempo en aprender inglés, especialmente porque no planeaba quedarse en los EE. UU. a largo plazo.

La única razón de peso podría haber sido hacer amigos que hablaran inglés. Sin embargo, para cuando hubiera aprendido a hablar con fluidez, casi sería el momento de regresar a Suecia. Además, Nanette ya tenía un fuerte círculo de amigos.

Admiro el enfoque reflexivo de Nanette. Priorizar objetivos de manera efectiva requiere una profunda autoconciencia, expectativas realistas y un enfoque firme. Alcanzó lo que realmente importaba para ella manteniéndose fiel a su camino, sin dejarse influenciar por presiones externas o las expectativas de los demás. La enseñanza es clara y poderosa: enfócate en lo que realmente impulsa tus metas e intenciones, y entrégate a esas iniciativas con total compromiso y deja lo demás de lado. **Hazlo agradable:** muchos de nosotros procrastinamos cuando no disfrutamos de la actividad o el proceso. Seamos honestos: estudiar inglés durante varias horas seguidas no es exactamente divertido. Sin embargo, puedes encontrar formas de hacerlo más atractivo incorporando elementos divertidos.

Si te gustan las películas, intenta ver una sin subtítulos y concéntrate en seguir el diálogo o practicar la pronunciación. Puedes hacer lo mismo con la música, escuchando canciones y tratando de entender las letras. O escucha un podcast mientras sales a correr. También puedes estudiar en tu cafetería favorita o practicar con un amigo. (ver más en el capítulo 13). Si bien, inevitablemente, habrá momentos en los que necesites sentarte y estudiar de manera tradicional, puedes complementar esto con métodos de aprendizaje más agradables.

Reconoce tu progreso: encuentra una manera de realizar un seguimiento de tu progreso con regularidad. Sin un seguimiento constante, es fácil sentirse estancado, lo que rápidamente conduce a la frustración y la pérdida de motivación. Ser coherente es esencial para lograr un cambio profundo y duradero. Sigue avanzando, incluso cuando el progreso no sea visible de inmediato; los pasos firmes marcan la diferencia con el tiempo.

Tomemos como ejemplo mi experiencia al escribir este libro. Durante los últimos dos años, he invertido innumerables horas en este proyecto. A veces, se siente abrumador e interminable cuando pienso en todas las tareas pendientes: terminar los capítulos, encontrar un editor, decidir un título, diseñar la portada y conectarme con editores e impresores. Puede ser desalentador.

Sin embargo, cuando me tomo un momento para reflexionar sobre lo que ya he logrado (más de 85,000 palabras escritas y alcanzando mis metas mensuales de escritura durante la mayor parte del tiempo), siento una renovada sensación de motivación. Este progreso me asegura que me estoy moviendo constantemente hacia mi meta. Reconocer regularmente estos logros me ayuda a mantenerme con energía y segura de que estoy en el camino correcto.

Hazlo gratificante: cuando te enfrentes a cambios importantes, como aprender un nuevo idioma, obtener un ascenso o sumergirte en una nueva cultura, no esperes hasta llegar al final para recompensarte.

Divide el gran objetivo en pasos más pequeños y celebra cada logro. Celebrar incluso las pequeñas victorias desencadena una liberación de sustancias químicas "felices" en el cerebro, lo que refuerza los sentimientos de éxito. Esto mantiene tu mentalidad positiva, tu motivación alta y tu autoestima en crecimiento.

Las recompensas pueden ser tan simples como darte un capricho con tu bocadillo o bebida favorita después de cada lección de inglés. De esta manera, comienzas a asociar el aprendizaje con algo positivo, como disfrutar de un postre o un café.

A medida que alcances metas intermedias, como avanzar del nivel 1 al nivel 2, celébralo con algo más único, como una noche de fiesta con alguien con quien disfrutes pasar tiempo. Para metas más grandes, considera darte un capricho con un viaje, una fiesta o comprar algo que hayas querido durante mucho tiempo. Elige recompensas que realmente resuenen contigo y te den alegría.

Recuerda: a la mayoría de las personas les cuesta continuar con actividades poco gratificantes, así que asegúrate de que tu viaje esté lleno de recompensas valiosas y satisfactorias.

Rodéate de las personas adecuadas: busca personas que te inspiren, te desafíen y te animen. Conéctate con aquellos que ya han alcanzado las metas a las que aspiras y pueden compartir su proceso contigo. Aprende de sus experiencias: cómo superaron los desafíos, planificaron el éxito y utilizaron estrategias para alcanzar sus objetivos.

Reconoce los beneficios del resultado: fortalece tu compromiso con el cambio enfocándote en los beneficios de tu progreso. Por ejemplo, estudiar y aprender las reglas gramaticales puede no ser agradable, pero notar que mejora tu comunicación, te ayuda a hacer nuevos amigos, o que te permite entender las noticias en la radio, puede reforzar tu dedicación al estudio.

Adopta una mentalidad positiva que vea el cambio como una oportunidad de crecimiento en lugar de una amenaza. Como dijo sabiamente Tony Robbins: "El propósito de un meta no es alcanzarla, sino convertirte en la persona en la que te vas transformando a lo largo del camino".

Cultiva la paciencia: comprende que un cambio importante lleva tiempo. Sé paciente contigo mismo y con el proceso, reconociendo que la transformación no ocurre de la noche a la mañana.

Practicar. Practicar. ¡Practicar! La repetición hace progreso y aumenta la probabilidad de éxito.

SOLTAR

Si estás profundamente insatisfecho con tu situación actual y eres incapaz de aceptarla o cambiarla, solo tienes dos opciones: soltar (regresarte) o quedarte y seguir sintiéndote infeliz. La decisión de irse es difícil y compleja, por lo que es esencial evaluar si es realista mudarse a un lugar donde "el césped sea más verde".

Comienza por considerar las posibles consecuencias. ¿Qué tan factible es regresar o mudarte a un lugar completamente nuevo? Sopesa los beneficios frente a los sacrificios que tendrías que hacer. ¿Sería más fácil irse que intentar aceptar o cambiar tu realidad actual? Y lo que es más importante, ¿irte realmente te haría más feliz a largo plazo?

Considera varios escenarios. Tal vez dejaste un hermoso país debido a la guerra, la inseguridad o por razones políticas, pero aún sientes que la vida era mejor allí. ¿Podría regresar, y si es así, estarías dispuesto a sacrificar la paz y la estabilidad que tienes por lo que extrañas?

O tal vez te casaste con alguien de otro país, te mudaste allí y formaste una familia, pero ahora anhelas la vida en tu propio país. ¿Tu pareja está dispuesta a dar el paso contigo? ¿Serían capaces de encontrar un trabajo allí? ¿Cuáles serían las implicaciones para sus hijos, su estilo de vida y su futuro?

Alternativamente, es posible que te hayas mudado por trabajo, pero ahora encuentras desafiante el nuevo país. ¿Puedes regresar y encontrar empleo en casa? ¿Preferirías estar desempleado en tu entorno familiar en lugar de trabajar en un lugar que te parezca extraño o insatisfactorio?

Estos escenarios exigen una reflexión y una consideración cuidadosas. Sopesa los pros y los contras y evalúa tus necesidades emocionales y prácticas. En última instancia, la elección debe guiarse por la alineación de tu corazón y tu mente, ya sea que eso signifique quedarse y encontrar formas de hacer las paces con tu situación actual o tomar la valiente decisión de partir hacia un camino mejor y más satisfactorio.

REFLEXIONES FINALES

Todos soñamos con encontrar ese lugar perfecto donde todo se alinea, donde nuestros deseos se cumplen y la vida se siente completa. Pero la realidad es que ese lugar no existe. Tomar decisiones puede ser desalentador, especialmente cuando no hay una respuesta obvia. Sin embargo, es esencial recordar que siempre tienes opciones: aceptar, cambiar o soltar (irte). Independientemente de lo que decidas, aléjate de la cuarta opción: permanecer atascado o infeliz, porque ese es el camino más difícil y doloroso de todos.

Si te sientes decepcionado, deprimido o perdido, tómate un momento para hacer una pausa y reflexionar. Espero que encuentres la claridad, la sabiduría y el coraje para tomar la decisión que realmente sea la mejor para ti.

El primer paso hacia cualquier cambio importante es la concientización. Reconocer dónde te encuentras y comprender los factores en juego, es vital antes de poder actuar. La conciencia sienta las bases para cada paso que sigue, ya sea que implique mejorar tu situación actual, cambiar tu mentalidad o perseguir un objetivo. Te permite identificar lo que está bajo tu control y lo que no, guiándote hacia la toma de decisiones informadas y preparando el escenario para un progreso real.

¿Por qué la hierba a menudo parece más verde del otro lado? Si bien algunos elementos pueden estar fuera de tu control (como la ubicación, la exposición al sol o la calidad del suelo), hay pasos que puedes tomar para hacer que tu césped sea más verde y prospere donde se encuentre. ¿Estás listo para esforzarte por nutrir tu crecimiento?

- **Riégalo con más frecuencia:** cultiva una mentalidad positiva, practica la atención plena, expresa gratitud y busca lo bueno en tu vida.
- **Elimina las malas hierbas:** elimina los pensamientos negativos, rompe los malos hábitos y libera la negación o la resistencia.

- **Fertilízalo:** toma medidas proactivas como conocer gente nueva, aprender un nuevo idioma, sumergirte en la cultura local u obtener las licencias o certificaciones necesarias para avanzar en tu carrera.

> "El cambio es doloroso, pero nada es tan doloroso como quedarte atrapado en el lugar al que no perteneces".

Recuerda: las cosas buenas toman tiempo. No te desanimes si alcanzar tus metas lleva meses o incluso años. Cada acción que realizas y cada paso adelante te acerca a tu objetivo.

Por último, un cambio valioso a menudo requiere la creación de nuevos hábitos y rutinas. Muchas personas desean cambiar, pero no saben cómo o por dónde empezar. Comienza poco a poco con pasos intencionales y el camino se aclarará a medida que avances. Mantente comprometido con tu viaje, sabiendo que cada paso, por pequeño que sea, es un progreso hacia la vida que mereces.

CONCLUSIONES CLAVE

- Cuando nos enfrentamos a los desafíos de la vida, la noción de que cada problema tiene tres soluciones posibles (aceptarlo, cambiarlo o dejarlo) es un poderoso principio rector para el empoderamiento y el crecimiento.
- La aceptación exige que aceptemos la realidad, incluso cuando es incómoda o está lejos de lo que esperábamos.
- La aceptación radical implica dejar ir lo que no puedes controlar.
- El cambio exige acción, determinación y la voluntad de salir de nuestra zona de confort para crear una realidad mejor siempre que sea posible.
- Irse implica dejar ir lo que ya no nos sirve y avanzar con claridad y propósito.

CAPÍTULO 16

Donde fueres, haz lo que vieres... o no

"Adapta lo que es útil, rechaza lo que es inútil y añade lo que es específicamente tuyo".
—Bruce Lee

Una de las reglas de oro de mi abuelo era: *"Donde fueres, haz lo que vieres"*. Esto se asemeja al conocido dicho: *"Cuando estés en Roma, haz lo que hacen los romanos"*. En otras palabras, cuando te encuentres en un país extranjero, es aconsejable seguir las tradiciones, reglas y costumbres locales. Al comer, vestirse, comportarse y actuar como lo hacen los lugareños, puedes mezclarte más rápidamente y evitar ofender involuntariamente a nadie. Después de todo, como visitante, es respetuoso adherirse a su código de conducta.

Siempre he pensado que es un buen consejo. No solo es cortés y te ayuda a no meterte en problemas en un país extranjero, sino que también te permite sumergirte por completo en la nueva cultura y sacar más provecho de la experiencia. Permite una mejor interacción con los lugareños y hace que la vida en el extranjero sea mucho más fluida.

Sin embargo, una parte de mí siempre ha tendido a desafiar las reglas. No me malinterpretes, sigo la mayoría de las reglas, pero también las cuestiono. Debo estar convencida de que seguir una regla es mejor que romperla. Entonces, me he preguntado: ¿Qué pasa si hacer lo que hacen los lugareños va en contra de mis valores fundamentales? ¿Qué pasa si pone mi vida en peligro, me hace perder la autenticidad o me hace daño a mí misma o a otros? En tales casos, creo que es mejor ser un infractor de las reglas.

Si no puedes encontrar una razón sólida y válida para no probar algo nuevo, hazlo siempre que sea posible. Sal de tu zona de confort y enfréntate a tus miedos. Estas nuevas experiencias enriquecerán tu vida al máximo. Pero nunca hagas algo que comprometa tu bienestar o tus valores.

ADAPTACIÓN A NUEVOS ENTORNOS

En esencia, la frase *"Donde fueres, haz lo que vieres"* nos anima a respetar y adoptar las costumbres del lugar que visitamos o habitamos. Este enfoque demuestra respeto por la cultura local y nos permite experimentar la vida desde una perspectiva diferente.

Uno de los mayores beneficios de adaptarse a nuevos entornos es ampliar y enriquecer nuestra comprensión cultural. Cuando nos tomamos el tiempo para aprender y participar en las costumbres de los demás, obtenemos información sobre sus valores, creencias y visiones del mundo. Esta inmersión cultural puede desafiar las nociones preconcebidas y ampliar nuestra visión del mundo. Por ejemplo, un viajero que adopta las costumbres locales, como participar en un festival tradicional o aprender algunas frases en el idioma local, a menudo se siente bienvenido y apreciado por la comunidad.

La adaptabilidad no es solo una cuestión de sensibilidad cultural, sino también un factor clave para el éxito personal y profesional. Ampliamos nuestras capacidades y resiliencia adoptando nuevas formas de pensar y hacer. Adaptarse a un nuevo entorno (aprender un nuevo idioma, adaptarse a una cultura laboral diferente o navegar por normas sociales desconocidas) puede ser difícil. Sin embargo, superar estos desafíos fortalece nuestros músculos de adaptabilidad y genera confianza en nuestra capacidad para manejar el cambio. Con el tiempo, nos convertimos en individuos más abiertos, ingeniosos y versátiles.

Sin embargo, la adaptación no significa abandonar nuestra identidad o conformarnos sin pensar a cada nueva situación. La verdadera adaptabilidad implica encontrar un equilibrio entre el respeto al nuevo entorno y permanecer fieles a nuestros valores y creencias fundamentales. Se trata de ser flexibles sin perdernos. En este contexto, la sabiduría de *"Donde fueres, haz lo que vieres"* no tiene que ver con la conformidad, sino con la armonía, con la búsqueda de formas de coexistir y prosperar dentro de diferentes marcos culturales y sociales.

COMER CON LAS MANOS

En mi familia, las reglas de etiqueta no eran negociables, especialmente para mi mamá. Los modales en la mesa no fueron la excepción. Nos inculcó la colocación correcta de tenedores, cuchillos, cucharas, vasos, servilletas y platos. Teníamos utensilios especiales para todo: pescado, carne, postre, lo que fuera. ¡Y que el cielo te ayude si te atreviste a poner los codos sobre la mesa! Nos enseñó dónde sentarnos si éramos los anfitriones y a preguntar si éramos los invitados. Había reglas sobre reglas, y usar las manos para comer era generalmente un gran "No", a menos que estuvieras comiendo tacos, pizza, hamburguesas o tal vez algunos aperitivos.

Entonces, puedes imaginar mi sorpresa cuando me encontré en un auténtico restaurante indio durante un viaje a Asia. Siempre me había gustado la comida india, pero hasta entonces solo la había probado en restaurantes americanos. Esta vez, estaba en una zona no turística, rodeada de indios que sabían de qué se trataba la auténtica cocina india. Pedí recomendaciones y terminé en un restaurante lleno donde probablemente era la única persona no india presente. El aroma de las especias era fantástico y todos a mi alrededor parecían estar en un estado de satisfacción gastronómica.

No sabía los nombres de ninguno de los platillos, así que pregunté por la especialidad de la casa. Aquí es donde las cosas se pusieron interesantes. La comida se servía en una hoja de plátano en lugar de un plato, y me trajeron pollo marinado con curry, arroz basmati blanco, tres tipos diferentes de salsas y pan Naan. ¿Una ausencia notable? Utensilios.

Mientras miraba a mi alrededor, me di cuenta de que todos estaban comiendo con la mano derecha, usando sus dedos como cucharas improvisadas. Ahora, comer pizza o un taco con las manos es una cosa, pero ¿el curry húmedo y el arroz solo con los dedos? Es un arte. Comer un taco sin dejar caer los ingredientes requiere algunas habilidades, pero mis habilidades para comer tacos fueron inútiles aquí. Comer comida húmeda con los dedos es otro nivel.

Pero no permitiría que mi preocupación por ensuciarme los dedos con la comida arruinara la experiencia. Me puse manos a la obra, literalmente, usando los dedos y el pan para recoger la comida. Al principio, fue una sensación extraña, una combinación de emoción y desafío. . En casa esto se consideraría un comportamiento inapropiado en la mesa. En México, o en la mayoría de los países occidentales, este tipo de conductas te valdría la etiqueta de alguien terrible, o peor aún, como un "comedor repugnante". Sin embargo, ahí, no solo se aceptaba, sino que se esperaba. Fue liberador romper con la etiqueta gastronómica occidental y disfrutar de la comida india.

¿Alguna vez has observado de cerca a un bebé comiendo? Bueno, me sentí como uno (en el buen sentido), un niño pequeño, asombrado por la sensación de tocar y descubrir nuevas sensaciones a través de las yemas de mis dedos. Explorar los alimentos con todos los sentidos y probar la temperatura, la textura y la consistencia de los alimentos. Me conectó mejor con la comida y el momento presente.

Comer con las manos involucra todos los sentidos en la comida. Puedes oler las ricas especias más vívidamente y apreciar los colores vibrantes del curry, el arroz, las salsas y el pan, todos bellamente contrastados con la hoja de plátano verde brillante. Sientes la calidez, la textura y la consistencia de cada bocado, incluso antes de que llegue a tu boca. Y mientras saboreas cada bocado, puedes escuchar el sutil crujido en tu boca. Era una forma completamente nueva de experimentar la comida que hizo que la comida supiera aún mejor.

Rompí las reglas de etiqueta con las que fui educada y adopté las locales. Puede que no parezca elegante para los estándares occidentales, pero la comida sabía mejor de esta manera. A veces, para disfrutar realmente de la vida y la comida, hay que estar dispuesto a ensuciarse las manos.

EL SPA

Viviendo en Bélgica, busqué el regalo de aniversario de bodas perfecto para mi esposo. Como alguien que valora las experiencias por encima de las posesiones materiales, quería encontrar algo único.

Bélgica es famosa por sus balnearios; curiosamente, el término "spa" se originó en Balneario, ubicado en la provincia de Lieja. En el siglo XIV, esta ciudad se hizo famosa por sus aguas termales curativas. "Spa" deriva del latín spargere, que significa espolvorear o humedecer.

¿Qué podría ser mejor para un aniversario de bodas que un masaje en pareja en un spa ubicado en Spa?

Busqué los mejores spas de Bélgica y encontré uno que me parecía extraordinario. El exterior se asemejaba a un castillo, y el interior contaba con instalaciones prístinas, como saunas, piscinas termales de diferentes temperaturas, piscinas de hielo, jacuzzis y baños de vapor. Se sentía como un lugar sacado de un cuento de hadas.

Sin dudarlo, reservé un paquete para parejas, que incluía una copa de champán y aperitivos de bienvenida, un masaje para parejas de una hora y tiempo ilimitado en el spa. Estaba encantada de haber encontrado el regalo de aniversario perfecto y no podía esperar para experimentarlo.

El día de nuestra cita, nos levantamos temprano y nos dirigimos al spa, llegando unas horas antes de nuestro masaje para aprovechar al máximo las instalaciones. A nuestra llegada, fuimos recibidos por nuestra conserje, quien, como habían prometido, nos recibió con una copa de champán y aperitivos bellamente arreglados. Nos invitó a relajarnos en la sala de estar, donde señaló la ubicación de los casilleros, las salas de masajes, los baños, las duchas y otras comodidades y explicó el procedimiento y nuestro horario de masajes.

Después de disfrutar de nuestro champán y aperitivos, la anfitriona regresó con dos batas de baño en una elegante bandeja. —Aquí están sus batas de baño —dijo—. Pueden dirigirse al vestuario, desvestirse, dejar sus pertenencias en los lockers y disfrutar de las instalaciones. Las batas solo son necesarias en la sala de estar. Los recogeré aquí diez minutos antes de su cita de masaje para acompañarlos".

Espera, ¿Qué? ¿Dijo "desnudarse"? Supuse que se refería a ponerse un traje de baño. Sintiendo mi confusión, agregó: "Los trajes de baño u otras prendas están prohibidos en el spa. Las batas de baño son solo para secarse o usar mientras se come o bebe".

Miré a mi esposo con incredulidad. De alguna manera, ¡me había perdido el hecho de que este era un spa nudista! ¡Un spa mixto y nudista!

Habiendo crecido en una familia conservadora con creencias estrictas sobre la modestia, la idea de estar desnuda frente a extraños, especialmente hombres, era impactante para mí. Mi educación me había inculcado la noción de que exponer demasiada piel era inapropiado, incluso provocativo. Estar desnuda frente a alguien que no fuera tu pareja se consideraba casi inmoral en mi cultura.

Pero aquí estábamos. Había gastado mucho dinero en esta experiencia, conduje casi dos horas y fue nuestro regalo de aniversario de bodas. No quería perdérmelo, pero la idea de estar desnuda frente a extraños me angustiaba.

Después de discutirlo con mi esposo, decidimos probarlo. Al fin y al cabo, ya estábamos allí. Siempre podíamos retirarnos a la sala de estar y esperar nuestro masaje si nos sentíamos incómodos.

¡En ese momento, necesitaba desesperadamente más champán! Pero en lugar de eso, me dirigí al vestuario y me desvestí. La piscina parecía el mejor lugar para comenzar, ya que el agua cubriría al menos parcialmente mi cuerpo desnudo. Mientras caminaba hacia la piscina, me volví híper consciente de mi cuerpo. ¿Me había afeitado correctamente? ¿Estaba demasiado pálida? ¿Se me veía demasiado la barriga? ¿Estaba en buena forma? Se sentía increíblemente incómodo caminar desnuda en el área común, rodeada de otras personas desnudas. Conscientemente traté de resistir la tentación de cubrirme con las manos. Me sentí tan torpemente expuesta.

Finalmente, me armé de valor para meterme en la piscina y luego probé la sauna, el baño de vapor y varias piscinas. Los primeros 10 o 15 minutos fueron los más incomodos. Pero poco a poco, empecé a sentirme más segura en mi propio cuerpo. ¿Por qué? Porque a nadie más parecía importarle. Los demás estaban acostumbrados a la desnudez en estos escenarios y la veían completamente natural.

Nadie miraba, acosaba o hacía que alguien se sintiera incómodo. Ni a los nerviosos recién llegados como nosotros, ni a los jóvenes con cuerpos de modelos, ni a los mayores o a los menos atractivos. Todos eran respetuosos, se ocupaban de sus propios asuntos y se relajaban. Al fin y al cabo, para eso está un spa, ¿no?

A medida que comencé a relajarme, me encontré disfrutando de la experiencia. Me encantaba cómo el agua, el vapor, el sol y el aire se sentían directamente en mi piel.

Empecé a preguntarme por qué creamos tantos tabúes en torno a la desnudez. ¿Por qué algunas culturas hacen que las personas se sientan tan avergonzadas de sus cuerpos? ¿Por qué tememos mostrar nuestras imperfecciones? ¿Por qué es aceptable que los jóvenes expongan parte de su piel, pero no los ancianos? ¿Por qué los humanos, en muchas sociedades, sienten vergüenza o incomodidad por su desnudez a pesar de haber nacido desnudos? ¿Cómo influyen las dinámicas de género en las actitudes sociales hacia la desnudez y por qué la desnudez femenina suele estar más vigilada que la masculina?

La ropa se creó inicialmente por necesidad, diseñada para protegernos de los elementos climáticos, manteniéndonos calientes en el frío, protegiéndonos del sol y ofreciendo protección contra el medio ambiente. Con el tiempo, la ropa evolucionó más allá de la mera funcionalidad para convertirse en una poderosa herramienta de autoexpresión, permitiendo a las personas transmitir su identidad, estatus social, antecedentes culturales y estilo personal. Sin embargo, el papel de la ropa en la sociedad se ha vuelto mucho más complejo, influenciado por los tabúes, el marketing y las creencias religiosas, que han moldeado profundamente la forma en que vemos y usamos la ropa hoy en día.

Esta experiencia desafió mi perspectiva. Fue una experiencia inolvidable y que valió la pena y me alegro de que haya ocurrido en un entorno seguro, respetuoso y controlado: un spa naturista. Es importante tener en cuenta que no todos los lugares centrados en la desnudez son iguales. Algunas playas o resorts nudistas se dedican más a actividades hedonistas, donde la gente va por placer sexual. Los lugares naturistas, por otro lado, tienen códigos de conducta estrictos para garantizar que todos se sientan cómodos (por ejemplo, no tomar fotografías, mirar fijamente o tener actividad sexual).

Salí del spa sintiéndome como una persona diferente.

Me sentí renovada, segura y rejuvenecida, no solo por el espléndido masaje, sino porque había salido de mi zona de confort. Me enfrenté a mi miedo a estar desnuda frente a extraños y, al hacerlo, cambié la forma en que veo la desnudez, dejando atrás los tabúes. A partir de ese día, empecé a ver la desnudez como algo natural.

Adquirí más confianza en mi piel, acepté y amé más mi cuerpo tal como es y juzgué menos el cuerpo de los demás.

Muy pocas personas conocen esta historia. Nunca imaginé que lo compartiría tan abiertamente, y mucho menos que escribiría sobre ello en un libro. Mis padres, mi familia y mis amigos no lo saben. ¿Por qué? Tal vez porque temo a su reacción, su decepción, su juicio o su falta de aprobación. quizá porque prefiero evitar el sermón que, inevitablemente, vendría después. Comparto esto ahora porque esta experiencia me liberó de las creencias que se me imponían, creencias transmitidas de generación en generación. Lo comparto para enfatizar la importancia de tener la mente abierta y aprender a ver las cosas desde nuevas perspectivas. Esto no significa que tengas que estar de acuerdo o tomar el mismo camino, sino reconocer que otras perspectivas son igualmente válidas. También es esencial enfatizar la importancia de cuestionar tus creencias, no para determinar si son correctas o incorrectas, sino para explorar las razones más profundas detrás de ellas.

Pregúntate: ¿Mantengo estas creencias porque resuenan conmigo o porque alguien más me dijo que esto es lo que debería creer? ¿Estoy convencido de esa verdad, o la he aceptado sin reflexión? Esta introspección puede conducir a una comprensión más rica de ti mismo y del mundo, lo que te permite vivir de manera más auténtica.

Al aceptar la desnudez en ese spa, no hice daño a nadie, ni puse en riesgo mi vida, ni comprometí mis valores fundamentales. Sí, fue muy incómodo, pero también fue profundamente liberador. Era increíble presenciar cómo los demás interactuaban con la desnudez de una manera tan natural, sin prejuicios, desprovista de cualquier curiosidad mórbida.

Esta apertura hacia la desnudez no se limita solo a los spas o las playas, sino que también se extiende a vestidores mixtos, consultorios médicos y otros entornos cotidianos.

Cuando visité a mi ginecólogo allí, me dijo: "Bien, desvístete y acuéstate en la camilla." Dudé por un momento, esperando que saliera de la habitación o me entregara una bata, como es habitual en otras culturas. Pero no, simplemente se quedó sentado, esperando. Así que, con nervios y algo de incomodidad, comencé a desvestirme, me acosté en la camilla e intenté actuar como si todo fuera normal. Él revisó rápidamente, dijo que todo estaba bien y volvió a su escritorio con total naturalidad, como si nada hubiera pasado.

En México, los médicos salen de la habitación y te dan una bata. En Estados Unidos sucede lo mismo, pero cuando regresan, por lo general traen a una enfermera, probablemente para asegurarse de que no los demandes por contacto inapropiado.

Ahora, ya puedo imaginar a mi madre, a mi suegra y a algunas amigas abriendo los ojos con incredulidad mientras leen esto. Pero en mi defensa, estaba siguiendo el sabio consejo de mi abuelo: *"Donde fueres, haz lo que vieres"*. ¿El único problema? ¡Olvidó incluir la letra pequeña sobre las excepciones! Así que, a celebrar la vida, salir de tu zona de confort y descubrir que, a veces, las mejores experiencias vienen de lo inesperado, ¡incluso si eso significa dejar caer algo más que las inhibiciones!

¿CUÁNDO EN ROMA? NO SIEMPRE

Si bien *"Cuando estés en Roma, haz lo que hacen los romanos"* puede fomentar la comprensión cultural y el respeto, hay ocasiones en las que seguir a la multitud puede llevar a comprometer tus valores y participar en prácticas poco éticas o dañinas. En tales situaciones, es crucial recordar que no vale la pena adoptar todas las costumbres y, a veces, mantenerte firme en tus principios es la mejor opción.

Por ejemplo, si te encuentras en un entorno empresarial en el que tomar atajos o participar en prácticas deshonestas es la norma, o puede ser habitual como falsificar informes, o inflar los números y para lograr objetivos o asegurar acuerdos. Incluso si todos los que te rodean parecen estar haciéndolo, participar en tal comportamiento puede tener consecuencias legales, dañar tu reputación profesional, entrar en conflicto con tu ética y afectar tu autoestima. En este caso, es esencial mantener tu integridad y negarte a participar en prácticas que comprometan tus valores.

Otro ejemplo es si viajas a una región donde la crueldad animal es parte del entretenimiento tradicional, como las corridas taurinas, peleas de perros o gallos, etc. en algunos países. A pesar de que es una costumbre local y tiene un significado cultural, participar o apoyar tales eventos puede ir en contra de tus creencias éticas sobre el trato a los animales. En este caso, es imperativo defender tus valores en lugar de simplemente seguir las costumbres locales, ya que hacerlo podría contribuir a prácticas con las que fundamentalmente no estás de acuerdo.

Del mismo modo, hay momentos en la vida cotidiana en los que defender lo que crees es esencial, incluso cuando eso significa ir en contra de las tradiciones familiares o de las expectativas de quienes te rodean.

Estoy orgullosa de mi hija por atreverse a hablar y defender sus valores. Mientras pasaba tiempo con sus primos, comenzaron a hacer bromas con un tono racista. Como he mencionado antes, en México, el humor a menudo cubre todo, incluidos nosotros mismos, y por lo general no tiene la intención de ofender, por lo que las personas generalmente no se ofenden fácilmente o se inclinan a tomarlo como algo personal o negativo. Todos se rieron menos mi hija. Con voz firme, dijo: "Oye, sé que puede que no haya sido tu intención, pero bromas como esa pueden ser hirientes y perpetuar estereotipos negativos. Por favor, detente".

Un momento de tensión llenó la habitación. Para sus primos, era simplemente "diversión inofensiva". Uno de ellos respondió: "¿Por qué estás tan molesta? El chiste ni siquiera es sobre ti. No seas tan seria". Sin perder el ritmo, ella respondió: "No tiene que ser sobre mí para que me oponga a eso. El humor no tiene por qué ser a expensas de los demás, aunque no estén aquí. Siempre debemos mostrar respeto".

No podría estar más orgullosa de ella por defender sus valores y no quedarse callada, incluso cuando eso significaba ir en contra de la multitud y de sus primos que tanto quiere. En estas situaciones, es esencial recordar tus valores fundamentales y los principios que guían tus acciones. Mantener tu integridad, incluso frente a la presión del grupo, no solo preserva tus valores morales, sino que también es un ejemplo positivo para los demás.

En última instancia, *"Cuando estés en Roma, haz lo que hacen los romanos"* debe tomarse con cautela. Al mismo tiempo que se respetan las diferencias culturales y se adapta cuando corresponda, es igualmente importante reconocer cuándo una práctica local entra en conflicto con tus estándares éticos. En esos momentos, mantenerte fiel a tus valores es la opción correcta, asegurando que tus acciones se alineen con tu integridad y los principios más amplios de justicia y equidad.

NOS GUSTE O NO: COSTUMBRES Y LEYES LOCALES

A veces, mientras viajas o vives en el extranjero, es posible que te encuentres con costumbres, tradiciones o leyes considerablemente diferentes a las que estás acostumbrado y, en ocasiones, es posible que no estes de acuerdo con ellas. Sin embargo, a menudo es más prudente seguir estas prácticas por tu seguridad y mostrar respeto por la cultura local, incluso si te resultan desconocidas o incómodas.

Comprender cómo la gente local espera que te comportes y reconocer sus prácticas diarias es esencial para adaptarte y evitar posibles problemas. Hay dos tipos principales: las leyes impuestas y los códigos de conducta tácitos.

Las leyes aplicadas son las reglas que debe obedecer para evitar consecuencias legales como multas o encarcelamiento. Por ejemplo, en Irak, se espera que las mujeres se cubran todo el cuerpo en público. En Singapur, la goma de mascar está prohibida y soplar burbujas en la calle puede hacer que te multen. Decir palabrotas en los Emiratos Árabes Unidos es ilegal y puede dar lugar a severas sanciones. En Roma, los dueños de perros están obligados por ley a pasear a sus mascotas a diario, y en Japón, está prohibido bailar en la mayoría de los lugares públicos después de la medianoche. Si bien estas leyes pueden parecer excesivas o innecesarias según tus normas culturales, ignorarlas puede poner en riesgo tu seguridad, libertad o finanzas.

Los códigos de conducta no tácitos son comportamientos que, aunque no se aplican legalmente, son esperados por los lugareños y pueden hacer que las interacciones sean más fluidas y agradables. Adaptarse a las costumbres locales, como practicar el saludo local, quitarse los zapatos al entrar en la casa de alguien, tener en cuenta el volumen de la voz y el espacio personal, y evitar gestos o acciones ofensivas, puede ayudarte a conectar con la cultura y evitar malentendidos.

En muchos casos, las acciones que parecen inofensivas en tu cultura, como masticar chicle, usar un vestido de verano o hacer contacto visual, pueden interpretarse de manera diferente en otro país. Para garantizar una experiencia segura y respetuosa, a menudo es aconsejable seguir las reglas y costumbres locales, incluso cuando difieren de lo que crees o a lo que estás acostumbrado.

MANTENTE FIEL A TUS VALORES

¿Cómo equilibras honrar las tradiciones y las expectativas culturales mientras te mantienes fiel a tus valores? ¿Cómo determinas cuándo desafiar las normas que han dado forma a tu identidad, incluso si eso significa quedarte solo?

Navegar por diferentes culturas, entornos y situaciones sociales a menudo requiere un delicado equilibrio entre mantenerte fiel a tu auténtico yo y adaptarte a las expectativas y normas del entorno.

El yo adaptativo

Todos los seres humanos necesitan sentirse amados, aceptados, conectados y tener un sentido de pertenencia. Para satisfacer estas necesidades, a menudo desarrollamos un yo adaptativo, una versión de nosotros mismos que nos ayuda a navegar por situaciones desafiantes y adaptarnos a diferentes entornos al alinearnos con las expectativas y normas de un grupo o sociedad.

La adaptación es esencial para construir relaciones, encontrar puntos en común y tener éxito en diversos contextos, ya sea en un país extranjero, en un nuevo trabajo o en un círculo social diferente.

El yo adaptativo es el aspecto de tu personalidad que te permite encajar, conectarte con los demás y navegar por las complejidades de las interacciones sociales. Actúa como un escudo, protegiéndonos del rechazo y el juicio; es el que sigue las reglas, se ajusta a las normas sociales y representa lo que creemos que deberíamos ser, en lugar de lo que realmente somos.

Si bien la adaptación suele ser necesaria, conlleva el riesgo de perder el contacto con tu auténtico yo. Cuando te adaptas constantemente para encajar, puedes comprometer tus valores o suprimir tus verdaderos sentimientos y creencias. La clave es adaptarse de una manera que te permita interactuar con el mundo que te rodea sin dejar de aferrarte a tu identidad central.

El yo auténtico

El yo auténtico es el núcleo de lo que eres: tus valores, creencias, personalidad, las cosas que realmente te hacen feliz y los deseos que definen tu identidad (Capítulo 1). Es la parte de ti que permanece constante, independientemente de las influencias externas. Estar en contacto con tu auténtico yo significa entender tus principios y lo que representas, incluso cuando te presionan a conformarte. Es el yo el que se siente real, seguro y completo. El

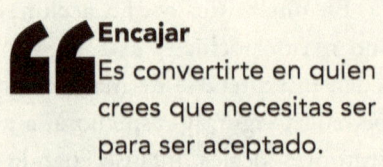

Encajar
Es convertirte en quien crees que necesitas ser para ser aceptado.

Pertenecer
Es ser auténtico y saber que pase lo que pase, te perteneces.

—*Brene Brown*

que se enfrenta a los miedos, sale de su zona de confort y explora experiencias nuevas y desconocidas con valentía.

Mantenerte fiel a tu auténtico yo es crucial para mantener la integridad y el respeto por ti mismo. Te permite decidir en función de lo que realmente te importa en lugar de simplemente seguir a la multitud o sucumbir a las expectativas externas. Sin embargo, mantenerte arraigado en tu auténtico yo, a veces puede ser un desafío en un mundo donde estamos constantemente expuestos a diferentes culturas, ideologías y normas sociales.

Cuando traicionamos nuestro auténtico yo para ganar la aceptación de la sociedad, a menudo sentimos resentimiento, tristeza e ira. Esta desconexión entre lo que realmente somos y lo que nos presentamos a nosotros mismos puede conducir a un conflicto interno.

Encontrar el equilibrio

Exponernos a una nueva cultura nos permite cuestionar nuestras creencias, valores y emociones, lo que nos ayuda a conectarnos más profundamente con nuestro yo auténtico. Sin embargo, existe el riesgo de esforzarse demasiado por encajar en una nueva cultura, lo que lleva a perder el contacto con lo que somos. Esto puede crear una sensación de no pertenecer a ningún lugar, ni en la cultura de origen ni en la nueva.

El reto consiste en encontrar el equilibrio adecuado entre autenticidad y adaptabilidad. Este equilibrio no se trata de sacrificar uno por el otro, sino de integrar ambos aspectos para enriquecer tu experiencia y crecimiento personal. Estas son algunas estrategias que te ayudarán a lograr este equilibrio:

Conoce tus valores no negociables: identifica los valores y creencias fundamentales para tu identidad y no negociables en cualquier situación. Sería mejor nunca comprometer estos aspectos de tu auténtico yo, independientemente de las presiones externas. Conocer tus no negociables te permite navegar por diferentes entornos con confianza sin perder tu sentido de identidad.

Adáptate sin perder la integridad: la adaptación no significa abandonar tus principios. En su lugar, encuentra formas de alinear tu auténtico yo con las expectativas de tu entorno. Por ejemplo, supongamos que valoras la honestidad, pero te encuentras en una cultura donde la comunicación directa está mal vista. En ese caso, aún puedes mantener la integridad siendo sincero de una manera respetuosa y culturalmente apropiada.

Practica la sensibilidad cultural: comprender y respetar las costumbres y normas de las diferentes culturas no significa que tengas que adoptarlas por completo. Puedes interactuar con nuevas culturas de una manera que honres sus tradiciones mientras te mantiene fiel a tus valores. La sensibilidad cultural implica escuchar, aprender y encontrar puntos en común, en lugar de simplemente conformarse o rechazar lo que no es familiar.

Reflexiona y recalibra: la autorreflexión regular es crucial para mantener la autenticidad y la adaptabilidad. Evalúa si tus acciones se alinean con tu verdadero yo y si tus adaptaciones mejoran o disminuyen tu sentido de identidad. Si te estás alejando demasiado de tu auténtico yo, recalibra y realinea tus acciones con tus valores fundamentales.

Acepta tu naturaleza dinámica: reconoce que tu identidad no es estática sino flexible, capaz de evolucionar y crecer a través de nuevas experiencias. El equilibrio entre tu yo auténtico y adaptativo no es un punto fijo, sino un proceso fluido que cambia con el tiempo. Aceptar esta fluidez te permite permanecer abierto al crecimiento mientras te mantienes conectado a tu esencia.

Prepárate para ser vulnerable: ser honesto contigo mismo y con los que te rodean requiere vulnerabilidad. A medida que expresas tus pensamientos y sentimientos, muestras tus imperfecciones y, potencialmente, decepcionas a aquellos con puntos de vista diferentes.

***

El equilibrio ideal radica en ser fiel a ti mismo mientras adoptas lo mejore de las culturas que encuentras y dejas de lado los patrones y creencias obsoletas que ya no te sirven. En otras palabras, *"haz lo que hacen los romanos"* cuando se alinee con tus valores, creencias y objetivos, pero sigue siendo auténtico cuando las costumbres locales entren en conflicto con quien eres. Si mantenerte fiel a ti mismo te pone en riesgo, prioriza tu seguridad, considera mudarte a un entorno más seguro o conviértete en un catalizador para el cambio, plenamente consciente de los riesgos involucrados.

Equilibrar tu yo auténtico y adaptativo no significa elegir uno sobre el otro; se trata de integrar ambos para crear una vida que resuene con tu verdadera esencia y conectarte con el mundo. Este equilibrio te permite construir vínculos profundos, encontrar un propósito y alcanzar tus metas. Al vivir con autenticidad, enriquece tu vida y anima a los demás a hacer lo mismo, creando un efecto dominó de honestidad, integridad y conexión genuina que fomenta una comunidad arraigada en la confianza y el respeto. Contribuyendo a celebrar la diversidad, la inclusión y la verdadera esencia de la humanidad.

CONCLUSIONES

- El yo adaptativo es el aspecto de tu personalidad que te permite encajar, conectarte con los demás y navegar por las complejidades de las interacciones sociales.
- El yo auténtico es el núcleo de lo que eres: tus valores, creencias, personalidad, las cosas que realmente te hacen feliz y los deseos que definen tu identidad.
- La verdadera adaptabilidad implica equilibrar el respeto por los nuevos entornos y mantenerse fiel a los valores y creencias fundamentales de uno.
- Adaptarse demasiado a nuevas culturas puede llevar a perder el contacto con el auténtico yo y sentirse desconectado del hogar y de las nuevas culturas.

- Vivir de manera auténtica y celebrar la diversidad ayuda a desafiar las normas sociales e inspira a otros, fomentando un mundo más compasivo e inclusivo.

"La verdadera pertenencia no requiere que cambies quién eres; requiere que seas quien eres".[48]

---

[48] Brown, Brené. *Desafiando la naturaleza*. Libros de bolsillo de Random House; Edición reimpresa. 27 de agosto de 2019.

EPÍLOGO/CONCLUSIÓN

Vivir en el extranjero o sumergirse en otras culturas no se trata solo de exploración externa, es un viaje profundamente personal y transformador que comienza con la comprensión de uno mismo. Como capitán de tu viaje, es esencial conocer tus valores, creencias y prejuicios, lo que permite una comprensión más profunda de los demás.

Cada uno de nosotros ve el mundo de manera única, y al aprender a ver a través de diferentes lentes culturales, podemos conectarnos, comunicarnos y empatizar de manera más efectiva. Este proceso conduce al crecimiento personal, ayudándote a deshacerte de las creencias limitantes y a adoptar nuevos valores que se alineen con tu auténtico yo.

Al abrirte la diversidad de otras culturas, descubres más sobre el mundo y sobre ti. Es un viaje de transformación constante, que te ayuda a evolucionar, enriqueciendo tu vida personal y profesional.

RECONOCIMIENTOS

Escribir Global Citizen ha sido un viaje extraordinario de crecimiento y reflexión, y estoy profundamente agradecida con todos los que han recorrido este camino conmigo.

A mi esposo, José Luis, mi compañero de aventuras de toda la vida, gracias por estar a mi lado en cada giro y vuelta, compartiendo sueños, desafíos y triunfos. Andrea y Luis, ustedes son los mejores maestros que podría pedir, mostrándome paciencia, resiliencia y cómo ver el mundo con curiosidad, amabilidad y esperanza.

A mis padres, Jorge y Toyi, mis mejores animadores, su inquebrantable creencia en mí, su aliento y su orgullo ilimitado han sido la base de todo lo que he logrado. Me han enseñado el poder de la confianza en mí misma, la persistencia y la determinación, y siempre atesoraré su amor y apoyo.

A mis hermanos, Paco y Jorge, que han sido mis mejores amigos constantes, trayendo humor, camaradería y apoyo inquebrantable a mi vida. A las familias de mis hermanos, a mis primos, tíos, tías, sobrinos y a mis abuelos, tanto los presentes como los que ya no están con nosotros; siempre he dicho que soy la más afortunada de ser parte de esta familia y que es lo que más atesoro en este mundo. Su amor y aliento me han llevado adelante en cada paso del camino.

Un agradecimiento especial a Nelson y Mindy Worden por darme la bienvenida a su casa y darme mi primera experiencia inolvidable de vivir en el extranjero. Me enseñaron la belleza de la bondad y la generosidad.

A mis talentosos amigos del club de escritura —Brooke Manning, William Johnson, Christy Hubbard y Ruby Lopes— sus invaluables comentarios, paciencia y apoyo ayudaron a dar vida a este libro. No habría sido posible sin su guía.

A mis amigos y colegas de todo el mundo, gracias por desafiar mi pensamiento e inspirarme a crecer. Cada uno de ustedes ha desempeñado un papel especial en la formación de este libro. Agradezco especialmente a quienes creyeron en mi sueño, me animaron y contribuyeron directamente: Mónica Chávez, Adriana Ugarte, María Castañeda, Bonnie Boatwright, Francisco Olguín y Adriana Brito. Su apoyo, ya sea a través del diseño, la revisión o el intercambio de recursos, fue indispensable.

Para mis clientes, quienes fueron la chispa que encendió este proyecto. Sus historias, desafíos y triunfos inspiraron cada palabra.

Para mis lectores, porque son el corazón de este libro. Su curiosidad, apertura y entusiasmo por la ciudadanía global han sido mi guía. Gracias por embarcarse en este viaje y creer en el poder de la conexión entre culturas.

A todos los que me han ayudado en el camino, a los autores y a las fuentes que han informado mi trabajo, he hecho todo lo posible para darles todo el crédito.

Finalmente, a los ángeles que he encontrado en mi viaje, aquellos que me han mostrado que este mundo está lleno de bondad y compasión, su luz me ha guiado y continúa inspirando mi creencia en la belleza de la humanidad.

Este libro existe gracias a todos ustedes. Gracias desde el fondo de mi corazón.

LA AUTORA

Toyi Rodríguez es consultora intercultural con amplia experiencia colaborando con empresas *Fortune 500* y guiando a familias de más de 28 nacionalidades en su adaptación a la cultura y vida en el extranjero.

También es una emprendedora exitosa, dueña de un pequeño negocio, defensora de la diversidad e inclusión y apasionada viajera del mundo. Toyi ha explorado 47 países en cuatro continentes e interactuado con personas de más de 100 nacionalidades. Sus experiencias de primera mano dan forma a su misión de inspirar el respeto y la comprensión hacia diversas culturas y perspectivas, construyendo puentes de conexión humana, al tiempo que fomenta la autenticidad y celebra lo que nos hace únicos.

ToyiRodríguez.com
⊙ f in @toyi.Rodriguez

CIUDADANO GLOBAL
Guía cultural para adaptarte
y triunfar en el extranjero
de Toyi Rodríguez

Se terminó de editar en marzo de 2025 en México. Para su diseño se usaron fuentes de la familia Garamond Pro a 11-14 puntos. Cuidó de la edición la autora. El diseño editorial fue por cuenta de los servicios editoriales de Galaxia Literaria.

hola@galaxialiteraria.com
www.galaxialiteraria.com
informes@puntoycomaeditores.com
www.puntoycomaeditores.com
Tel. y WhatsApp: +52 33 14822765

DISPONIBLE EN RÚSTICA, E-BOOK
Y APPLE E-BOOK